本书系国家社科基金项目（12CKS029）、教育部人文社科基金项目（11YJC710027）研究成果，获温州大学人文社科处出版资助、温州大学马克思主义理论省一流学科经费资助

国外中国模式
研究评析

刘爱武 ◎ 著

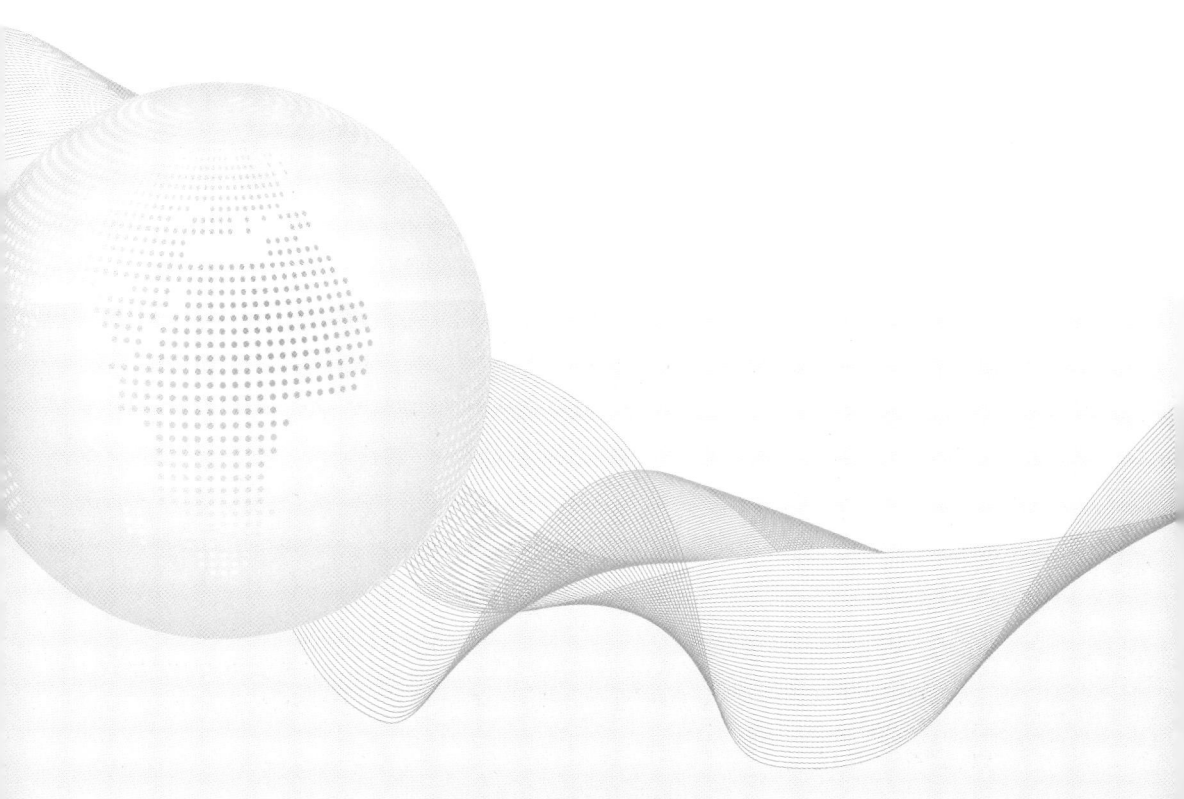

中国社会科学出版社

图书在版编目（CIP）数据

国外中国模式研究评析 / 刘爱武著 . —北京：中国社会科学出版社，2022.7
ISBN 978 – 7 – 5227 – 0065 – 6

Ⅰ.①国⋯ Ⅱ.①刘⋯ Ⅲ.①社会主义建设模式—研究—中国 Ⅳ.①D616

中国版本图书馆 CIP 数据核字（2022）第 172101 号

出 版 人	赵剑英	
责任编辑	张　林	
责任校对	赵雪姣	
责任印制	戴　宽	

出　　版	中国社会科学出版社	
社　　址	北京鼓楼西大街甲 158 号	
邮　　编	100720	
网　　址	http://www.csspw.cn	
发 行 部	010 – 84083685	
门 市 部	010 – 84029450	
经　　销	新华书店及其他书店	
印　　刷	北京明恒达印务有限公司	
装　　订	廊坊市广阳区广增装订厂	
版　　次	2022 年 7 月第 1 版	
印　　次	2022 年 7 月第 1 次印刷	
开　　本	710×1000　1/16	
印　　张	16.75	
字　　数	259 千字	
定　　价	89.00 元	

凡购买中国社会科学出版社图书，如有质量问题请与本社营销中心联系调换
电话：010 – 84083683
版权所有　侵权必究

序　言

中国模式无疑是21世纪第一个十年国外学者研究中国最热门的一个话题，特别是2004年乔舒亚·库珀·雷默提出"北京共识"这个概念以后，国外掀起了一波研究中国模式的热潮，有关中国模式的专著、论文、研究报告等各种研究成果纷纷出炉，各类观点层出不穷。国外学者关于中国模式的一些观点确实有一定道理，值得我们借鉴和思考，但也有一些观点显失偏颇，需要对其进行坚决的批驳。然而，由于各种原因，对国外学者研究中国模式的这些观点，国内学术界和理论界并没有做出及时的回应，对于国外研究中国模式的这一波热潮，国内学术界和理论界基本上采取了冷处理的态度。出于对国外中国模式研究这一话题的兴趣，也为了回应国外对中国模式如火如荼的研究，2010年我将国外中国模式研究作为自己博士学位论文的选题，并于2012年完成了博士学位论文《国外中国模式研究评析》，本书就是在我博士学位论文的基础上修改而成。

国外学者关于中国模式的研究，在我看来就是关于中国特色社会主义道路的研究。之所以使用中国模式而不是中国道路来分析当代中国，事实上反映了国外学者对中国特色社会主义整个话语体系的态度。遍历国外学者关于当代中国的研究，在他们的话语体系里根本找不到"中国特色社会主义"（socialism with Chinese characteristics）这个概念。从他们使用中国模式这个概念本身来看，就带有对中国特色社会主义的某种偏见，因此，国外学者关于中国模式的研究自然也难以避免各种样式的主观色彩，这也导致他们的许多观点偏离中国特色社会主义实践，不能反映改革开放以来中国特色社会主义道路的全貌。本书最主要的目的，就是把国外学者关于中国特色社会主义的种种不同观点呈现出来，并通过对这些观点的评析，使人们对国外学者研究中国特色社会主义有一个基本的认识。特别是国外学者的许多错误观点，也常常是我们全面客观理解中国特色社会主义的困惑所在，因此，通过评析国外学者的观点，解疑释惑，也有助于我们更深刻地理解为什么改革开放以来我们选择了中国特色社会主义道路，理解中国特色社会主义道路是实现中华民族伟大复兴的必由之路，进而增强中国特色社会主义道路自信、理论自信、制度自信和文化自信。

2012年年初博士学位论文完成以后，原本计划修改出版，但考虑到国外中国模式的研究热潮在短时间内不会消退，各种新的研究成果还会不断涌现，我的博士学位论文难以涵盖可能出现的一些新观点，因此，在当时放弃了出版计划。然而，没有想到的是，随着2012年以后中国经济进入一个新常态，与中国经济增速下滑相对应，国外关于中国模式的研究也急剧降温。从2012年至今，国外关于中国模式的研究虽然也有一些新的成果出现，但只是凤毛麟角，并且这些研究所聚焦的范围仍然是从改革开放到中国经济进入新常态之前这一历史阶段。之所以如此，是因为在一些国外学者看来，中国在2012年发生了一个巨大转变，此后的中国事实上已经放弃了改革开放所开创的中国模式。基于此，我觉得原来的博士学位论文基本上涵盖了对国外学者关于中国模式所有主要观点的评析，应该能够算作对国外中国模式研究的一个系统性回应，在今天修改出版也还为时未晚。因此，在博士学位论文的基础上，我把2012年以来国外有关中国模式的研究成果进行了详细梳理，对出现的新观点给予了有针对性的回应，把一些新材料吸收到对相关观点的评析中，尽可能把21世纪初以来国外有关中国模式的研究整体连续地呈现出来。

对国外中国模式研究进行系统评析是一个庞大的课题，也具有非常重大的理论和现实意义。然而，由于理论水平和外语水平所限，本书难言对国外学者观点的评析都能够精确到位，也难免在一些观点上有所疏漏，只愿通过对国外学者不同观点尽可能全面而客观的呈现和评析，为人们了解这一时期国外有关中国模式的研究热潮提供一些可靠的参考资料和有意义的思考，进而对当代中国选择中国特色社会主义道路多一分理解，多一分认同。

2019年12月于浙江温州茶山高教博园

目 录

第一章 国外中国模式研究的缘起 …………………………… (1)
  一 国外中国模式研究的演进 ………………………………… (1)
    （一）中国模式概念的早期演变 ……………………………… (1)
    （二）"北京共识"的提出 …………………………………… (6)
    （三）金融危机后的研究进展 ………………………………… (9)
    （四）经济新常态背景下的中国模式研究 …………………… (12)
  二 国外中国模式研究兴起的主要原因 ……………………… (19)
    （一）当代中国经济社会的持续发展 ………………………… (20)
    （二）苏东国家改革失败与转型的困境 ……………………… (21)
    （三）"华盛顿共识"的破灭 ………………………………… (23)
  三 国内外关于中国模式概念的争论 ………………………… (27)
    （一）西方语境中的中国模式 ………………………………… (28)
    （二）国内学者对中国模式概念的认识 ……………………… (30)
    （三）如何正确理解中国模式的概念 ………………………… (33)

第二章 国外关于中国模式内涵的研究 …………………… (39)
  一 争议颇多的"北京共识" ………………………………… (39)
    （一）"北京共识"的内涵及其演变 ………………………… (40)
    （二）"北京共识"：一个没有共识的共识 ………………… (42)
    （三）"北京共识"：应该成为共识的共识 ………………… (46)
  二 "经济自由加政治压制"的二元悖论 …………………… (50)
    （一）罗恩·卡利克的"经济自由加政治压制"论 ………… (51)

（二）国外学者对"经济自由加政治压制"的认识 ………… (53)
　　（三）"经济自由加政治压制"是对中国模式的误读 ………… (55)
　三　"混合经济"加"一党政治"的片面判断 ………………… (61)
　　（一）国外学者对"混合经济"的理解 …………………… (62)
　　（二）国外学者所理解的"一党政治" …………………… (67)
　　（三）"混合经济"和"一党政治"错误的实质…………… (71)
　四　中国模式的真正内涵 ……………………………………… (74)
　　（一）国外学者对中国模式内涵概括存在的问题………… (74)
　　（二）国内学者对中国模式内涵的认识…………………… (75)
　　（三）正确理解中国模式的内涵…………………………… (76)

第三章　国外关于中国模式性质的研究 ……………………… (81)

　一　中国特色新自由主义模式 ………………………………… (81)
　　（一）国外学者对中国模式与新自由主义关系的理解…… (82)
　　（二）国外学者对中国模式新自由主义本质的理解……… (85)
　　（三）中国模式与"标准新自由主义模式"的差异 ……… (89)
　　（四）"新自由主义中国化"的谬误 ……………………… (93)
　　（五）中国模式与新自由主义模式的本质区别…………… (97)
　二　中国特色资本主义模式 …………………………………… (104)
　　（一）所谓的"资本主义在中国的复辟"………………… (104)
　　（二）所谓的"非典型的资本主义发展模式"…………… (109)
　　（三）"中国特色资本主义发展模式"错误理解的根源 … (114)
　三　实用主义发展模式 ………………………………………… (121)
　　（一）褒贬不一的"实用主义模式"……………………… (122)
　　（二）误解为"实用主义模式"的根源…………………… (126)
　　（三）实事求是与实用主义的区别………………………… (129)
　四　中国特色的社会主义发展模式 …………………………… (136)
　　（一）社会主义是中国模式的内核………………………… (137)
　　（二）社会主义制度基础决定了中国模式的性质………… (138)
　　（三）中国模式目标坚定性与手段灵活性的统一 ………… (139)

五　正确理解中国模式的社会主义性质 …………………………（141）
　　　（一）中国特色社会主义理论是中国模式的思想基础 ………（141）
　　　（二）中国特色社会主义制度是中国模式的制度保障 ………（143）
　　　（三）以人为本是中国模式的鲜明价值取向 …………………（144）

第四章　国外关于中国模式特征的研究 …………………………（146）
　　一　"渐进式改革" ……………………………………………（146）
　　　（一）渐进式改革及其意义 ……………………………………（147）
　　　（二）选择渐进式改革的原因 …………………………………（150）
　　　（三）渐进式改革的可能性 ……………………………………（152）
　　　（四）渐进式改革存在的问题 …………………………………（154）
　　　（五）国外学者对渐进式改革理解的局限 ……………………（155）
　　二　"开放包容" ………………………………………………（157）
　　　（一）中国模式汲取了其他模式的有益因素 …………………（158）
　　　（二）"改革的密度"反映了中国模式的开放性 ……………（160）
　　　（三）"制度性外包"是中国模式开放性特征的体现 ………（161）
　　　（四）如何理解中国模式的开放性特征 ………………………（163）
　　三　"共产党领导下的强势政府" …………………………………（166）
　　　（一）"强势政府"的表现 ……………………………………（166）
　　　（二）"强势政府"的积极意义 ………………………………（168）
　　　（三）"强势政府"的弊端 ……………………………………（171）
　　　（四）如何理解中国政府在改革发展中的角色 ………………（173）

第五章　国外关于中国模式价值和意义的研究 …………………（177）
　　一　中国模式对自由资本主义世界的冲击 ………………………（177）
　　　（一）中国模式挑战了西方资本主义的
　　　　　　"自由民主逻辑" ……………………………………（178）
　　　（二）中国模式为西方社会克服危机提供了借鉴 ……………（183）
　　　（三）中国模式是自由资本主义在发展中国家
　　　　　　成功的"例外" ………………………………………（185）

（四）客观认识中国模式对资本主义的影响 …………… (188)
　二　中国模式对于发展中国家的重要意义 ………………… (190)
　　（一）中国模式是可供模仿的"现实方案" …………… (191)
　　（二）中国模式提供了可资借鉴的经验 ………………… (193)
　　（三）中国模式既不能被模仿，也毫无借鉴意义 ……… (196)
　三　中国模式的探索对世界社会主义运动的影响 ………… (199)
　　（一）扩大了社会主义的影响 …………………………… (200)
　　（二）加深了对社会主义的理解 ………………………… (201)
　　（三）深化了对马克思主义的认识 ……………………… (203)
　　（四）有些学者认为中国模式误导了对社会主义的认识 … (204)
　四　中国模式对当代中国发展进步的重要意义 …………… (208)
　　（一）中国模式提升了当代中国的软实力 ……………… (208)
　　（二）中国模式限制了对当代中国的客观认识 ………… (209)
　　（三）中国模式促进了中国经济社会的快速发展 ……… (211)

第六章　国外中国模式研究的特点、方法、存在的问题及其启示 ………………………………………………… (213)
　一　国外中国模式研究的基本特点 ………………………… (213)
　　（一）主张多维度研究 …………………………………… (213)
　　（二）强调全球化的时代背景 …………………………… (215)
　　（三）注重对中国模式的世界意义的研究 ……………… (216)
　　（四）正确与错误的两种发展趋向 ……………………… (218)
　　（五）注重研究改革开放前后两个历史时期的关系 …… (219)
　二　国外中国模式研究的主要方法 ………………………… (221)
　　（一）通过比较研究揭示中国模式的独特性 …………… (221)
　　（二）通过调查走访获得具体材料 ……………………… (225)
　　（三）联系中国历史文化挖掘影响中国模式的深层因素 … (226)
　三　国外中国模式研究存在的问题 ………………………… (228)
　　（一）呈现"捧杀"和"棒杀"两个极端 …………… (228)
　　（二）强烈的意识形态偏见 ……………………………… (231)

（三）回避当代中国发展进步的内在原因 …………………… (233)
四　国外中国模式研究的启示 ………………………………………… (234)
　　（一）正视中国模式的概念及其意义 …………………………… (234)
　　（二）拓展中国模式的研究思路 ………………………………… (235)
　　（三）注重中国模式研究的整体性 ……………………………… (237)

结　语 ………………………………………………………………… (239)

参考文献 ……………………………………………………………… (245)

第一章

国外中国模式研究的缘起

21世纪的第一个十年,国际形势错综复杂,风云变幻,层出不穷的热点问题不断争夺人们的眼球。震惊世界的"9·11"事件、奥巴马成为美国第一位黑人总统、本·拉登被击毙、"阿拉伯之春"等都曾长时间占据世界各大媒体的头条。但所有这些,与另一个更能聚焦的热点比起来,都显得相形见绌。这个热点就是"中国崛起"。与中国崛起相伴而生的另一个热点,就是"中国模式"。中国崛起令世人瞩目,中国崛起的秘诀是什么?崛起的中国能为世界做出什么贡献?会对现存的国际秩序构成什么样的挑战?带着这样的疑问,一些国外学者开始了对中国模式的分析和研究,中国模式逐渐成为国外理论界和学术界研究的一个热点问题。

一 国外中国模式研究的演进

学术界普遍认为,2004年乔舒亚·库珀·雷默提出的"北京共识",掀起了一波研究中国模式的热潮,中国模式好像是一个崭新的课题突然跃入学术界和理论界的研究视野。但实际上,国外关于中国模式的研究早就开始了。

(一)中国模式概念的早期演变

"中国模式"(Chinese model; China model; China pattern)这一概念早在20世纪60年代就不断出现在《中国季刊》《时代周刊》《新闻周刊》等

国外报纸杂志，以及一些有关中国问题研究的著作中，一些国外学者基于不同视角，通过使用中国模式这一概念对当时的中国进行了许多有针对性的研究。1969年《时代周刊》一篇文章指出，许多第三世界国家的计划经济制定者已不再认真考虑"中国模式"。① 1976年《和平研究杂志》一篇题为"中国发展模式"（The Chinese Model of Development）的文章，对中华人民共和国成立以后的发展历程作了分析，并把中国的发展模式与苏联模式进行了比较。②

这一时期，国外学者主要是用中国模式来具体指代中国在某些方面的具体做法，在提到中国模式概念时，并没有对中国模式做具体的分析和研究，仅仅是使用了中国模式这一概念。从这里我们也可以看出，国外对中国模式一词的使用比较随意，并没有赋予中国模式特定的含义。在这一时期，只有香港大学出版社1965年出版的由牛津大学教授韦纳尔·克拉特（Werner Clatt）主编的《中国模式：政治、经济与社会综览》（*The Chinese Model：A political，Economic and Social Survey*）一书，对中国模式进行了较为深入的分析。英国学者斯图尔特·柯尔比③（E. Stuart Kirby）在本书序言中明确指出，这本书的目的就是要研究中国模式的特点、优势等问题。④ 本书的最后一篇文章，题为"中国模式与发展中国家"，也是本书的总结，还主要分析了当时所谓的中国模式对发展中国家的影响⑤。

起始于1978年的改革开放引起了国际社会的极大关注，国外学者对中国改革开放的研究日渐深入，中国的改革模式逐渐成为国外学者研究的一个热点。1984年新西兰《地理学》杂志刊登了一篇题为"中国模式：激励型社会主义"（The China Model：Incentive Socialism）的文章，

---

① "World – China's Two Decades of Communism", *Time*, Vol. 94, No. 14, 1969, p. 31.

② Asbjørn Løvbræk, "The Chinese Model of Development", *Journal of Peace Research*, Vol. 13, No. 3, 1976, pp. 207 – 226.

③ 韦纳尔·克拉特与斯图尔特·柯尔比均为当时世界知名的中国和苏联问题专家。

④ Werner Klatt, *The Chinese Model：A Political，Economic and Social Survey*, Hong Kong University Press, 1965, p. viii.

⑤ Werner Klatt, *The Chinese Model：A Political，Economic and Social Survey*, Hong Kong University Press, 1965, pp. 205 – 218.

认为自 1978 年中国共产党十一届三中全会以来，中国逐渐找到了一条通往现代化的新道路，这条新的道路可以称为激励型社会主义。① 1985 年 11 月，美国前驻华大使恒安石在谈到中国改革时，也提到中国模式这一概念。他认为，中国模式强调追求经济效益，要求发挥个体企业的作用，减少中央对物价、生产、投资等方面的行政控制，并扩大地方自主权等。他认为，在中国，正统的马克思主义经济学实际上被贬低了，也就是说中国并没有严格按照马克思主义的经济学观点作为经济发展的指导思想。② 1992 年 9 月《时代周刊》一篇文章则提到，要使朝鲜脱离斯大林主义，实现和韩国的统一，唯一的办法是劝说朝鲜实行中国经济改革和对外开放的模式。③ 此时，中国模式开始指代中国的经济改革和对外开放，但也比较笼统，并没有展开具体分析。而 1993 年 1 月《时代周刊》一篇名为"民主正在失去魅力吗？"（Is Democracy Losing Its Romance?）的文章则比较深入地分析了"中国模式"的内涵。文章指出，尽管民主和资本主义总是联系在一起，但中国模式表明在经济转向资本主义之时并不需要民主。中国模式是没有民主的资本主义，资本主义在短期需要一个威权政府去推动，当大量的中产阶级形成以后，民主自然产生。④ 在这里，已经非常明确提出了今天国外学者所热议的中国模式的内涵之一，即经济自由与政治压制相结合。南斯拉夫《我们的战斗报》1996 年 4 月 10 日和 11 日的文章《毫不犹豫地进行经济改革——你想知道但又无从了解的中国模式》详细分析了为什么中国的改革对南斯拉夫具有强大的吸引力。文章指出："南斯拉夫的公众、新闻媒体和各种名人都常常提起中国。一些官方人士在访问中国以后也异口同声地说要向中国学习，甚至

---

① R. G. Lister, "The China Model: Incentive Socialism", *New Zealand Journal of Geography*, Vol. 76, No. 1, 1984, p. 13.
② 张鸣、吴静妍:《外国人眼中的中国（第八卷）·中国改革开放》，吉林摄影出版社 2000 年版，第 201 页。
③ Strobe Talbot, "The Curse of the Answered Prayer", *Time International*, Vol. 140, No. 11, 1992, p. 25.
④ Michael Kinsley, " Is Democracy Losing Its Romance ", *Time*, Vol. 143, No. 3, 1994, p. 52.

接受中国社会主义的某些内容和价值观。"① 1996年3月13日《莫斯科真理报》一篇名为"俄罗斯和中国：共产主义后时代的两面性"的文章，比较俄罗斯和中国的改革模式，总结了中国的改革经验，提出"中国模式对于我们的现实意义，在于从整体概念上如何看待社会经济改革的战略"。② 1998年1月《经济学人》杂志一篇文章也提到中国模式，明确指出中国模式就是没有政治属性的经济自由化（economic liberalization without the political kind）。③

20世纪80年代末90年代初，东欧剧变、苏联解体使国际社会把更多目光集中在中国特色社会主义道路上。一些国外学者把中国的改革模式与苏联的改革模式相比较，分析苏联解体的教训以及中国特色社会主义红旗不倒的原因。这一时期有关中国模式的研究，主要是对比苏联的改革模式。美国《新闻周刊》1992年12月一篇名为"叶利钦的休克疗法"（Shock Therapy' For Yeltsin）的文章提出，叶利钦在访问北京之后，赞扬了中国的渐进式经济改革模式（the Chinese model of gradual economic reforms）。④ 这里主要把中国的渐进式改革与苏联、俄罗斯时期激进的休克疗法相对应。《新闻周刊》1993年4月一篇名为"为什么中国做得更好"（Why China Does It Better）的文章则提出，中国只是采取了在其他很多国家都发挥作用的相同的威权资本主义模式，这种威权模式也曾经使智利、韩国等国家走向繁荣。文章还指出，中国经济增长得益于三个因素，而其中两个是俄罗斯无法复制的。邓小平的转型模式比俄罗斯曾经试验过的模式要更为精细。邓小平先是逐步放开经济，通过放松价格管制鼓励农业增长农民增收，然后是通过吸引外资发展轻工业，从广东逐

---

① ［南斯拉夫］朱克奇：《毫不犹豫地进行经济改革——你想知道但又无从了解的中国模式》，载康绍邦《世界的反响：国外人士论建设有中国特色社会主义理论与实践》，学习出版社1997年版，第157页。

② ［俄］齐普科：《俄罗斯和中国：共产主义后时代的两面性》，载康绍邦《世界的反响：国外人士论建设有中国特色社会主义理论与实践》，学习出版社1997年版，第159页。

③ "A Survey of the Balkans: The Two Culprits", *The Economist*, Vol. 346, No. 8052, 1998, p. 13.

④ Dorinda Elliott and Carroll Bogert, "'Shock therapy' for Yeltsin", *Newsweek*, Vol. 120, No. 26, 1992, p. 40.

渐延伸到内地,实现了爆炸式增长。中国的转型是一个逐步诱导的过程,并非俄罗斯的休克疗法。中国模式对俄罗斯有一个有用的教训,那就是成功不是来自宏伟的"500天计划""五年计划"或者"大跃进",成功是逐步的,这个教训就是邓小平式的不断调整。繁荣不是靠颁布法令,繁荣来自从下到上的不断探索、稳定以及普通百姓生活的改善,繁荣同样也不是来自理论。① 1996 年《纽约时报》一篇名为"卡斯特罗的中国模式"(Castro's China Model)的文章认为,卡斯特罗希望古巴能够避免戈尔巴乔夫在苏联所犯的错误。在卡斯特罗看来,经济的私有化与政治的自由化最终导致苏联的崩溃。他认为,中国模式很好地解决了这个问题:中国既发展了市场经济、吸引大量的外国投资,却又避免了政治自由化。②

进入 21 世纪后,中国的经济社会发展取得了巨大的进步,中国的成就更加引起国际社会的瞩目,一些国家希望从总结中国经验的角度出发,借鉴中国的发展模式。这一时期,人们在探讨中国模式时,更多是关注中国模式的借鉴意义。2003 年 11 月《新闻周刊》一篇题为"中国的经验"(Chinese lessons)的文章,认为中国模式应该是阿拉伯国家的选择。文章开篇就指出,布什总统想以伊拉克为跳板,在阿拉伯世界激起一场民主革命,通过选举来推广民主。只可惜,只有选举是不够的,俄罗斯已经民主选举了 10 余年,而现实仍然是强人而不是法律在统治俄罗斯,俄罗斯的发展仍然依赖于石油。文章还指出,尽管阿拉伯世界和中国有许多不同的地方,但是,他们在历史上还是有很多相似之处。他们都曾是世界上最繁荣甚至是最"国际化"的社会,在科技、商业和艺术等方面领先世界。但在 20 世纪,他们都落后于西方世界。③《经济学人》杂志 2004 年 12 月一篇关于伊朗的文章也提到,在伊朗有一部分人认为伊朗可以采取中国模式,即在保证宗教的政治支配地位的同时,开放伊朗的经济。实际上,是指中国模式就是在不进行政治改革的前提下,进行经济改革。④ 在这一时期,中国模式的价值逐渐被其他国家所认识,正如布热

---

① Joe Klein, "Why China Does It Better", Newsweek, Vol. 121, No. 15, 1993, p. 21.
② Tad Szulc, "Castro's China Model", The New York Times, Febraury 29, 1996, p. 21.
③ Jeffrey E. Garten, "Chinese lessons", Newsweek, Vol. 142, No. 21, 2003, pp. 44–45.
④ "Still failing, still defiant", The Economist, Vol. 373, No. 8405, 2004, p. 24.

津斯基在冷战结束后不久所预言的那样，中国模式可能成为将来社会主义模式的领袖，并为广大第三世界国家所效仿。他指出："中国很可能会被许多发展中国家的人民，特别是被苏联各共和国的人民，看成是一个越来越有吸引力的替代选择模式，可以用它来代替已宣告失败的共产主义制度和西方式的建立在自由市场基础上的民主制度。"①

总体来说，国外早期使用"中国模式"这一概念，最初主要是指中国 20 世纪 50 年代的"大跃进"，到后来则主要指"文化大革命"，后来又指中国的改革开放。改革开放以后，中国模式的研究逐渐开始细化，有时指中国的渐进式改革，特别用来强调与"休克疗法"的区别。再往后，中国模式还被用来描述为经济上的自由与政治上的压制相结合，有时也用来指代"市场社会主义"，也即我们实施的社会主义市场经济等。因此，中国模式在国外学者那里并没有一个统一的认识。并且，大多数国外学者在使用中国模式这一概念时，并非从中国模式可以用来借鉴和模仿的角度出发去分析"中国模式"，更多还是为了强调中国发展的特殊性。

（二）"北京共识"的提出

"北京共识"的提出，把国外中国模式研究推向高潮。2004 年 5 月 11 日，《时代周刊》编辑、著名投资银行高盛公司顾问乔舒亚·库珀·雷默在伦敦外交政策中心②发表了一篇题为"北京共识"的文章，认为中国通过自己的努力、创新、实践，已经摸索出一个适合中国自己国情的新发展模式。他把这一模式又称为"北京共识"。"北京共识"这个概念一经提出，立即引起了国际社会的高度关注。因为有些学者把"北京共识"与"中国模式"等同起来，所以，自"北京共识"提出以后，国外掀起了研究中国模式的一波热潮。有学者认为，《北京共识》的发表成为讨论中国模式的一个新起点，因为"此前对'中国模式'的认识还是比较弱的。雷默的文章是西方学者第一次比较全面地论述中国的发展道路

---

① ［美］兹比格涅夫·布热津斯基：《大失控与大混乱》，潘嘉玢、刘瑞祥译，中国社会科学出版社 1994 年版，第 208 页。

② 1998 年由时任英国首相布莱尔和外交大臣罗宾·库克发起组建，中心宗旨是推动国际问题讨论，推动对跨国和跨部门政策的研究。

问题。"①

实际上，随着中国经济的持续快速增长，进入21世纪以后，有关中国模式的研究越来越多，越来越深化，一个新的研究中国模式的高潮到来。而北京共识的提出，正如一把干柴，迅速引燃了中国模式研究的烈火。北京共识提出以后，有关北京共识、中国模式的研究文章以及著作铺天盖地而来，对中国模式研究的范围、深度与此前相比不可同日而语。《金融时报》《纽约时报》《时代周刊》《新闻周刊》《泰晤士报》《经济学人》《回声报》《起义报》等世界各大报纸杂志纷纷出炉有关中国模式的研究文章。一些研究中国问题的国外学者纷纷著述，剖析中国模式。《对话中国模式》《当中国统治世界》《中国的逻辑》《走出神话》《中国模式：经验与困局》《没有中国模式这回事》《北京说了算？中国的威权模式将如何主导二十一世纪》等有关中国模式的专著在此后纷纷出版，国外学者对中国模式的研究达到一个新的高度。

北京共识的提出之所以能够迅速引起人们的关注，恐怕最主要在于"北京共识"这一提法特别能够吸引人们的眼球。仔细阅读雷默的《北京共识》，不仅晦涩难懂，恐怕连中国人都不能完全认同雷默的观点，不能与雷默达成"共识"。之所以"北京共识"如此引人注目，就在于一提北京共识，总让人联想到正在没落甚至已经走向终结的华盛顿共识。郑永年②曾经这样指出："实际上，在雷默之前，很多学者早就指出了中国改革的渐进主义特点。创新和实践也的确一直是邓小平以来中国领导人一直所提倡的。真正吸引人的或许就是意识形态味道十足的文章标题：北京共识。"③ 而因《中国特色的资本主义》一书闻名的华裔学者黄亚生更是认为，北京共识对华盛顿共识的每一个原则都提出了挑战。④

---

① 《世界在向中国献媚》，《瞭望东方周刊》2010年第3期。
② 本书中涉及多位华人学者，如郑永年、宋鲁郑等，虽是中国国籍，但因长期在国外从事研究工作，其研究方法、视角、话语等都有鲜明特色，他们的观点实际上代表了国际社会的某些观点，故本书中将这些华人学者的观点与国外学者的观点一并进行评析。
③ 郑永年：《为中国辩护》，浙江人民出版社2012年版，第31页。
④ Yasheng Huang, "Debating China's Economic Growth: The Beijing Consensus or The Washington Consensus", *Academy of Management Perspectives*, Vol. 24, No. 2, May 2010, p. 31.

如果说北京共识提出以前，人们对中国模式的研究更多集中在经济方面，对中国的关注更多集中在中国经济社会发展所取得的成就的话。自北京共识提出以后，人们则把更多的目光集中在中国模式对西方世界在意识形态方面的挑战上来。众所周知，华盛顿共识并不只是简单地拯救拉美国家的经济手段，它其实是一整套的新自由主义理念和政策措施。与此相对应，在一些国外学者看来，北京共识也并不仅仅是中国实现经济社会快速发展的手段的概括，而是代表着与西方根本不同的意识形态或发展理念。中国模式所代表的不同的发展理念和意识形态对以美国为代表的西方资本主义模式的冲击才是西方国家最担心的。正如有学者所言，北京共识的吸引力使其成为反对美帝国主义的一面旗帜，把那些反对美帝国主义的人召集至其麾下。① 所以，北京共识的提出，在客观上刺激了西方学者把对中国模式的研究迅速从经济层面转移到政治层面甚至意识形态层面上来，以致有学者明白地提出，研究中国模式就是要寻求对付中国的方法和策略，以此来挽救西方式资本主义的没落。而斯蒂芬·哈尔珀的《北京说了算？中国的威权模式将如何主导二十一世纪》则明确表达了这一观点。随着对北京共识抑或说中国模式可能带来的冲击越来越警惕，此后，国外学者对中国模式的性质、借鉴意义、存在的问题等方面的研究也逐渐拓展和深入。

北京共识提出以后，关于北京共识的争论持续了一段时间，北京共识随后逐渐淡出人们的视线，但中国模式始终是人们关注的焦点。也许，北京共识提出的最大意义，不在于是否真的存在北京共识，以及所谓的北京共识是否真的能够概括中国改革开放30年的发展，而在于北京共识引发了人们对于中国模式的深入研究。正如有学者指出的那样，"无论赞同与否，雷默的概念创新对于之后中国内外有关'中国模式'的讨论起到了具有里程碑意义的推动作用"②。

---

① Patrick Bond, "A Third World Challenge to Washington"，转引自［美］阿里夫·德里克《中国发展道路的反思：不应抛弃社会主义革命的历史遗产》，远山编译，《当代世界与社会主义》2005年第5期。

② ［美］乔舒亚·库珀·雷默：《在"北京共识"下"共同进化"》，《国际先驱导报》2010年4月26日第20版。

(三) 金融危机后的研究进展

如果说北京共识的提出掀起了中国模式研究的一个新的高潮，那么，2008年由美国次贷危机引发的国际金融危机则把中国模式研究推向高潮的顶点。在金融危机与全球经济衰退之际，为什么中国能够一枝独秀？国外媒体的答案通常是：中国是"唯一常常打破经济学教科书种种规则的国家"。这个一直被西方认为"不民主"和"缺乏人权"的国家，它的经济体系以及社会制度为什么在每一次的金融风暴中，都表现得比那些西方大国更加强劲和稳固，原因究竟何在？因此，最初只被一些发展中国家称赞并纷纷仿效的"中国模式"，也逐渐成为西方政治和经济界关注研究的对象，并进一步加剧了西方国家对中国模式的担忧。

这一次的金融危机不仅仅是对西方世界经济领域的一次沉重打击，更重要的是对西方的自由市场民主理念带来了剧烈冲击。用国内一些学者的话来说，这场不断深化的金融危机，从某种意义上讲，不仅是对美国的霸权主义和强权政治，特别是其金融霸权在全球肆意泛滥的"报复"，也是对美国等西方国家在全球推行的新自由主义政策和理论的有力清算，更带来对美国所谓的"民主制度"的根本挑战。[①] 金融危机发生后，美国《外交》杂志连发两篇文章，一篇是罗杰·阿尔特曼的《大崩溃》(The Great Crash, 2008)[②]，另一篇则是哈罗德·詹姆斯的《麻烦制造者》(The Making of a Mess)[③]，两篇文章的标题颇能体现此时西方世界对中国模式的担忧。2008年12月28日，《华尔街日报》也发表长文高呼："美国经济模式遭受重创，为中国模式走向世界铺平道路。"[④] 类似的

[①] 李慎明：《国际金融危机现状、趋势及对策的相关思考》，《马克思主义研究》2010年第6期。

[②] Roger C. Altman, "The Great Crash, 2008: A Geopolitical Setback for the West", *Foreign Affairs*, Vol. 88, No. 1, January/February 2009, pp. 2–14.

[③] Harold James, "The Making of a Mess: Who Broke Global Finance, and Who Should Pay for It?", *Foreign Affairs*, Vol. 88, No. 1, January/February 2009, pp. 162–168.

[④] 钟生：《中国模式威胁论》，《环球财经》2009年第2期。

观点在一些西方媒体不断出现，这些观点直接把中国模式的崛起与西方模式的衰落对立起来，无疑给中国模式研究加注了一支兴奋剂，迅速把国外对中国模式研究推向顶点。

2008年国际金融危机爆发以后，国外对中国模式的研究呈现出一些新的变化。

一方面，国外学者越来越重视分析中国模式对以美国为代表的自由民主模式的挑战。"2008—2009年席卷全球的金融危机、经济下滑引发了对新古典经济学一些重要方面的质疑。"① 如果说北京共识的提出，使西方学者越来越感觉中国改革开放以来经济社会的发展不仅提高了中国的经济地位，还对美国构成了发展理念的挑战。那么，这一次金融危机的发生，则使西方学者切实地感受到中国发展模式对西方式资本主义的挑战。这次危机"是华盛顿共识失败的证据，也是华盛顿共识终结的标志"②，并且为"为中国挑战华盛顿共识提供了绝佳机会"③。不仅如此，这一次席卷全球的经济危机"还为一种似乎将要取代西方的自由市场主义的意识形态打开了大门。于是，大家向'华盛顿共识'道别，向所谓的'北京模式'或是'中国模式'问好"。"华盛顿共识没用了，我们需要一种新的共识"④。《华尔街日报》也发表文章对美国提出警告，指出美国目前所面临的最严峻的挑战，不是那些有形财富的烟消云散，而是更为宝贵的无形财富的付之东流，特别是对于非常注重"软实力"的美国来说，更是如此。文章称，美国经济模式正被推下神坛。从当年里根总统宣称美国是地球这座圣山上闪闪发光的圣城、发誓要在全球推广美国模式，到后来柏林墙的倒塌和苏联的解体，从美国20世纪90年代带头拯救拉美危机到最近几年的股市繁荣，美国一直在带领全世界奔向自由

---

① Suisheng Zhao, "The China Model: can it replace the Western model of modernization", *Journal of Contemporary China*, Vol. 19, No. 65, 2010, p. 432.

② Bustanul Arifin, "The Failure of the Washington Consensus, the Need for a New Reform and the Rise of the Beijing Consensus", *AEGIS*, Vol. 1, No. 2, March 2017, p. 128.

③ Yang Jiang, "Rethinking the Beijing Consensus: how China responds to crises", *The Pacific Review*, Vol. 24, No. 3, July 2011, p. 338.

④ [美] 龙安志（Laurence J. Brahm）：《世界的未来：中国模式对全球新格局的重塑》，石盼盼译，中国人民大学出版社2017年版，第7页。

市场经济、自由贸易和尽可能少的政府管制。然而，美国模式在今天遇到了危险：那些本来追随美国模式的发展中国家很可能转向中国模式。而如果真的有越来越多的国家被中国模式所吸引，并且采取各种贸易保护主义政策和汇率操纵政策来保护国内市场，那么，全球经济衰退将会持续更长时间，而美国经济的复苏则需要更长时间的等待。① 经济危机发生以后，"中国相对干净利落地度过了经济衰退，其成功或许会鼓励其他发展中国家采用中国的资本主义模式。"② 这是中国模式在这一次金融危机后带给美国的最重大的挑战，这种挑战既是眼前的，又是长远的；既体现在现实中，又体现理念上。

一些国外学者试图破解中国之所以能够在金融危机中独善其身的秘诀。在这一次金融危机中，美国以及西方国家的衰退以及中国的一枝独秀，让世界把更多目光转向中国，希望从中国模式中寻找克服金融危机的智慧。一位南非学者分析中国之所以在2008年金融危机引发的全球经济衰退中保持强劲增长，认为"主要原因是中国特色的经济体制能够集中力量办大事，最大限度提高资金运用效率"③。郑永年也指出："无论是中国防御金融危机的能力，还是中国应付金融危机的方式或者中国未来在国际金融秩序中扮演的角色，都与中国自己的发展模式有关。"④ 郑永年认为，中国之所以能够在金融危机中把自己的损失降到最低，并快速实现经济增长，主要取决于三个方面。一是中国的多种所有制形式、产权形式。中国改革开放以后，有不同的所有制形式，尤其是国有经济占主导地位，对中国抵御金融危机的能力至关重要。二是中国模式的特点是出口导向与注重内需相结合，而不是纯粹的出口导向，使中国经济能够承受来自国际市场的巨大压力。三是重视政府和市场之间的关系。这次危机的原因，主要是因为西方国家对金融市场监管不够，但中国自

---

① 钟生：《中国模式威胁论》，《环球财经》2009年第2期。
② Powell Bill, Ramzy Austin, "China Flies High", *Time*, Vol. 174, No. 5, 2009, p. 21.
③ 《国际社会积极评价中国共产党取得巨大经济成就》，《人民日报》2011年6月23日第3版。
④ 郑永年：《中国在金融危机中表现出色与发展模式有关》，《中国发展观察》2009年第4期。

1997年东南亚金融危机以后,在金融体系建设方面做出了很大的努力,加强了对银行业等金融行业的监管。西方国家正是因为没有加强对自己的金融体系的监管,才导致出现了这一次影响全球的金融危机。总之,在一些学者看来,2008年席卷全球的金融危机对新自由主义模式提出了根本性质疑,同时也是对中国模式的肯定。就像一个观察家所说的那样,虽然在学术圈关于中国模式的有效性仍然在进行激烈的辩论,但席卷欧美的金融危机已经证明了中国模式的可行性。① 埃里克·伊兹拉勒维奇在谈到《资本主义4.0:危机之后一种新经济的诞生》一书时指出,未来世界将在另一种模式下发展,那就是一种受亚洲价值观启发并由国家领导的集权资本主义,而中国将是这种模式的推行者。②

(四) 经济新常态背景下的中国模式研究

尽管中国在2008年以后的国际金融危机中表现依旧良好,但受到国际经济大环境以及国内经济转型的影响,中国的经济增长速度明显放缓。自2012年以来,中国国内生产总值增速始终低于8%,2012年至2016年分别为7.9%、7.8%、7.3%、6.9%、6.7%③,经济发展进入一个"新常态"。与中国经济增长放缓相应的是,国际社会对中国模式的关注热度持续下降,无论是学术专著、论文还是相关网络话题,数量相较于此前都有大幅度下降。即便在2018年改革开放40周年之际,虽然有众多国外学者对改革开放40年中国所取得的成就大加赞赏,但少有对中国模式的赞美之词。这一现象说明,国外学者关注中国模式,其基本的着眼点还是在中国经济上;另外,这一现象也在某种程度上表明,有些国外学者对中国模式的研究多少有些"蹭热度"之嫌,而不是把中国模式当作一个严肃的学术问题进行研究。

---

① Ching Choeng, "Rise of the Beijing Consensus",转引自 Suisheng Zhao, "The China Model: can it replace the Western model of modernization", *Journal of Contemporary China*, Vol. 19, No. 65, June 2010, p. 432.

② [法] 埃里克·伊兹拉勒维奇:《中国傲慢?——来自〈世界报〉前社长的"盛世危言"》,范吉宏译,中央编译出版社2014年版,第102页。

③ 见国家统计局网站。

不过，自2012年以来，还是有一些学者在持续关注中国模式，并出版了一些新的研究成果。这些成果主要包括：麦克米伦出版社2014年出版的《融合经济学：中国的实用主义正在改变世界》（Fusion Economics：How Pragmatism Is Changing the World）①，2015年普林斯顿大学出版社出版的《中国模式：精英政治与民主的局限》（The China Model：Political Meritocracy and the Limits of Democracy）②、《中国模式：介于国家和市场之间》（The China Development Model：Between the State and the Market），2015年剑桥大学出版社出版的《国家资本主义，制度适应与中国奇迹》（State Capitalism，Institution Adaptation，and the Chinese Miracle），2017年麦克米伦出版社出版的《中国对印度的经验》第1卷（China's Lessons for India：Volume Ⅰ），2018年剑桥大学出版社出版的《中国成功背后潜在的危机》（China's Crisis of Success），哈佛大学出版社出版的《中国问题》（The China Questions）等。这些著作虽然出版于2012年之后，但其研究的内容仍是基于中国改革开放40年的实践，并没有集中分析中国经济新常态，或者把经济新常态作为中国模式的一个必然结果来加以分析。尽管这一时期国外关于中国模式的热度有明显下降，但其中的一些观点仍值得我们关注。

1. 肯定中国模式的生命力

中国经济放缓之际，国外自然出现唱衰中国模式的声音。《纽约时报》2012年5月11日一篇文章认为，2008年国际金融危机以后被高度赞扬的中国模式也遇到了困难，这种以威权政治与国家主导的资本主义相结合为特征的中国模式遭到质疑，要求恢复经济自由的呼声越来越高。③赵穗生在《中国模式何去何从》"Whither the China Model：revisiting the

---

① 2017年该书中文版由中国人民大学出版社出版，即《世界的未来：中国模式对全球新格局的重塑》。
② 2016年该书中文版由中信出版社出版，即《贤能政治：为什么尚贤制比选举民主制更适合中国》。
③ Wong Edward, Ansfield Jonathan, Li Bibo, Yin Edy, "As Growth Slows, Doubts on China's State-Driven Model", The New York Times, May 11, 2012, p.1.

debate"一文中也提出,经济"新常态""可能宣告中国模式的终结"①。但在许多学者看来,经济增速的放缓并不意味着中国模式的失败或终结,他们依然认为中国模式代表一种新的共识。龙安志(Laurence J. Brahm)在《融合经济学:中国的实用主义正在改变世界》(*Fusion Economics: How Pragmatism Is Changing the World*)一书中,其开篇的标题就是"华盛顿共识已死","我们需要一个新共识"。(The Washington Consensus Is Dead! We Need A New Consensus.)② 该书 2017 年出版中文版,书名更是改为《世界的未来:中国模式对全球新格局的重塑》,依然注重对中国模式世界意义的研究。特别是习近平提出人类命运共同体概念之后,一些西方学者更强调中国模式对其他发展中国家的意义。如马丁·雅克认为,"自 1978 年改革开放以来,中国的快速发展不仅为自身创造了经济奇迹,也为其他新兴经济体提供了一个新的发展模式","在此过程中,中国打破了先前的认识,即西方的发展模式是通往成功的唯一道路。……有效地激励了其他新兴国家去探索适合本国国情的发展道路"③。而郑永年认为,中国共产党是一个非常具有现代性的政党,不断进行"自我革命",从而使自己充满活力。他认为,与陷入危机的西方政党相比,中国共产党的领导能力不断提升,特别是 2012 年以来,中国共产党十分注重制度建设。郑永年指出:"对任何国家尤其是对发展中国家来说,制度建设是一切,所有其他方面的进步必须以制度的进步来加以衡量。……中共十八大以来最主要的进步也在制度层面。甚至可以说,无论是大规模的反腐败运动还是经济新常态,都为其他方面的制度建设提供了一个环境和条件。"他甚至提出:"可以预见,到中华人民共和国成立一百周年,一个以法治为中心的新型中国政治制度或者中国模式必将屹立在世界的

---

① Suisheng Zhao, "Whither the China Model: revisiting the debate", *Journal of Contemporary China*, Vol. 26, No. 103, 2017, p. 1.

② Laurence J. Brahm, *Fusion Economics: How Pragmatism Is Changing the World*, New York: Palgrave Macmillan, 2014, p. 1.

③ Liu Cecily, "China has shown the world an alternative, author says", *China Daily*, September 14, 2018, p. 7.

东方。"①

2. 更加注重从历史文化视角研究中国模式

从中国传统文化出发研究中国模式,日益成为一种时髦的研究方法。许多国外学者经常引用中国普通百姓都不十分理解的中国古代文献语句来阐述自己的观点。像龙安志在《世界的未来:中国模式对全球新格局的重塑》第一部分开篇就先引用了《周易》中的内容:"泽中有火,革。豹变为虎之象。改旧纳新之意。"② 而贝淡宁在《贤能政治》一书的扉页则引用了明代思想家吕坤《呻吟语》中的一段内容:"大其心,容天下之物;虚其心,受天下之善;平其心,论天下之事;潜其心,观天下之理;定其心,应天下之变。"③ 该书在写作过程中始终联系中国的历史传统和现实来分析中国模式。多米尼克·德·拉姆布雷斯在《中国模式:介于国家与市场之间》(*The China Development Model: Between the State and the Market*)这本书第一页第一句也是先引用了一句中国谚语:诸侯用夷礼则夷之,夷进于中国则中国之。(A Barbarian who knows the rites is Chinese. A Chinese who doesn't know their rites is a Barbarian.)(见韩愈:《五百家注昌黎文集》卷一一《原道》)这本书的最后一页则用了罗贯中《三国演义》中的一句话"分久必合合久必分"作为结尾。其内容共有九章,其中第七章内容的第一句都是引用中国传统文化的名言,其中分别用到老子、孔子、孟子、王阳明的名言,包括述而不作、仁者爱人、知行合一等。④ 之所以如此强调通过中国传统文化视角来分析中国模式,是因为在这些学者看来,无论是马克思主义理论,还是西方的现代化理论都没有办法解释当代中国的发展逻辑,而从中国传统出发,才能更深刻地揭示当代中国发展之谜。多米尼克·德·拉姆布雷斯就指出:

---

① 郑永年:《中国共产党的"自我革命"——中共十九大与中国模式的现代性探索》,《全球化》2018年第2期。

② [美]龙安志:《世界的未来:中国模式对全球新格局的重塑》,石盼盼译,中国人民大学出版社2017年版,第45页。

③ 吕坤:《呻吟语》卷一之《存心》一章。

④ Dominique de Rambures, *The China Development Model: Between the State and the Market*, Palgrave Macmillan, 2015.

"通过《易经》而不是马克思的《宣言》，人们更容易理解共产主义政权的实际运作。"①

2019 年新年之际，郑永年在新加坡《联合早报》发表两篇文章，一篇是《西方政治经济模式的困境》，另一篇是《中国政治经济模式及其未来》，两篇文章都从历史和文化的视角分析了中国模式与西方模式的关系及其面临的问题。郑永年认为，中国模式也好，西方模式也好，都建立在自己的文明基础之上，各自具有历史的基础和现实的合理性，因此，中国模式不会取代西方模式，西方模式也改变不了中国模式。他还把中美贸易冲突理解为两种发展模式之间的冲突。他指出："当下的中美贸易战，尽管表面上看是贸易冲突，但实际上是中西方两种政治经济学模式之间的冲突。由于这两种政治经济学模式是中西方文明长期演化的产物，它们都具有各自文明的内在合理性和可持续性。不管两者间怎样竞争、冲突，也无法改变对方，各自都会按照自己的逻辑发展下去。"②

3. 继续探讨输出中国模式的可能性

2017 年由帕尔格雷夫·麦克米伦出版的《中国对印度的经验》第 1 卷 [China's Lessons for India: The Political Economy of Development (Volume I)]，主要分析中国模式有哪些可以被印度和其他发展中国家借鉴的经验。作者指出："中国过去 40 年经济发展的经验教训，也适用于印度未来的经济发展，将带来亚洲的崛起。"③ 德国柏林自由大学教授、中国问题专家奥勒·德林："作为一种方法论和政策战略，中国模式是可以在其他国家复制的，尤其是那些希望保持政权稳定并增加社会总财富的国家。当然还需要其他因素，例如，社会根深蒂固的勤劳和勤学美德，这在中国非常普遍，但很多其他国家却相当缺乏。"奥勒·德林甚至认为，中国模式不是不可以复制，主要是其他发展中国家没有理解到中国模式成功的真谛。他指出："中国成功的这个模式，是其他很多发展中国家没有理

---

① Dominique de Rambures, *The China Development Model: Between the State and the Market*, Palgrave Macmillan, 2015, p. 198.

② 郑永年：《国家与发展：探索中国政治经济学模式》，《文化纵横》2019 年第 1 期。

③ Sangaralingam Ramesh, *China's Lessons for India: The Political Economy of Development (Volume I)*, Gewerbestrasse: palgrave macmillan, 2017, p. viii.

解的，也是这些发展中国家无法继续实现发展的原因。"① 也有学者指出："从表面上看，中国威权政权与资本主义倾向的结合可能会吸引许多威权领导人。然而，与过去和现在的其他社会相比，与中国政治经济相关的先决条件、实践和动力是如此不同寻常，以至于不可能把中国模式作为一个简单的解决方案，有效地应用于其他环境。中国将传统的和现代的政治、经济方法、工具和制度非常规地结合起来，很可能对其他国家独立的、具体的和实验性的发展努力起到启发作用。然而，中国的经验绝不是现成的模式，适合转移到其他社会。"②

虽然中国模式不能被一些发展中国家直接照搬，但中国模式仍然对发展中国家具有很强的吸引力。美国《华尔街日报》2018年4月26日一篇文章认为，在当前，尽管中国经济增长出现一些困难，但中国模式比西方民主仍然更具吸引力。文章指出："20世纪政治较量是彼此对立的世界观。而在21世纪，较量双方却有着相同的基本目标：都许以经济增长和广泛繁荣。"虽然"西方鲜有人积极提倡中国的模式。但在非洲和亚洲一些地方，飞速经济增长既是现实前景也是迫切需要，因而中国模式更具吸引力。在这些地方，（西方）民主往往像风险很大的赌博"。③

也有一些学者在肯定中国模式的同时，也指出了中国模式存在的问题。莫汉蒂认为，对中国模式要谨慎对待，既要看到中国模式中蕴含的成功经验，也要看到中国模式中存在的问题。他指出："改革开放以来，中国中产阶级和广大人民群众所产生的新的自豪感和自信心，确实是有目共睹的。但是，我也将不低估在改革过程中出现的一些相当严重的成功和问题。我想指出的是，改革进程提高了中国人民的生活水平，极大地改善了城市基础设施，极大地增强了中国的工业和军事实力，为中国在国际社会中赢得了骄傲。但与此同时，它也产生了由成就和问题组成的复杂动力。中国自身的发展动力，使中国领导人很难偏离已经稳定的

---

① 任珂：《德国专家："中国模式"独特优势值得他国"取经"》，http://ihl.cankaoxiaoxi.com/2018/0108/2250921.shtml。

② Sebastian Heilmann, *China's Political System*, Rowman & Littlefield, 2017, p.239.

③ David Runciman, China's Challenge to Democracy. Wall Street Journal, April 26, 2018, https://www.wsj.com/articles/chinas-challenge-to-democracy-1524756755.

发展道路,这是不可能轻易改变的。换句话说,改革战略产生了我称之为成功陷阱的东西。到 2006 年左右,我确信中国已经陷入了这样的境地,……在许多发展中国家热情地宣布要效仿中国改革模式之际,把握中国成功故事和成功陷阱的全部经验是非常重要的。"①

4. 探讨中国模式的转型

中国经济进入新常态以后,《金融时报》《华尔街日报》不断刊发文章,认为传统意义上的中国模式已走到尽头。改革开放 40 年以后,中国所面临的国际国内环境都已经发生了巨大变化,传统意义上的中国模式已经不能再适应新的时代条件,因此,中国必须开创一种新的发展模式。②

莫汉蒂认为,中国模式的成功主要体现在经济层面,但在其他方面出了许多问题,如果这种模式不能改变,中国模式将很难持续。中国模式必须在保留自己成功一面的同时,克服自身所存在的问题。莫汉蒂指出,中国"是否实现了社会主义社会革命的目标,实现了中华文明的价值,这是一个悬而未决的问题。正如我们在研究中发现的那样,改革在中国取得了显著的经济进步,人民生活水平有了很大提高。但随之而来的是严重的社会不平等、地区差异、环境退化和社会异化等问题。从这项研究中得出的论点是,这种经济成功模式在社会和生态问题上可能会持续下去。这就是中国的成功故事和成功陷阱"③。赵穗生则认为,尽管中国经济增长面临严峻形势,但如果中国能够顺利实现经济和政治转型,建立像日本和韩国那样的民主和法律制度,中国模式也可能持续下去。④

另外一个值得注意的现象是,越来越多的发展中国家的学者开始

---

① Manoranjan Mohanty, *China's Transformation: The Success Story and the Success Trap*, Sage Publications, 2018, p. 3.

② William H. Overholt, China's Crisis of Success, *Cambridge University Press*, 2018, p. 53.

③ Manoranjan Mohanty, *China's Transformation: The success story and the success trap*, New Delhi: Sage Publications, 2018, p. 350.

④ Suisheng Zhao, "Wither the China Model: revisiting the debate", *Journal of Contemporary China*, Vol. 26, No. 103, 2016, p. 17.

关注研究中国模式，尽管他们的观点事实上早在多年前就已经被西方国家的学者们提出来了。例如，印度尼西亚、埃塞俄比亚的一些学者越来越重视研究中国模式对发展中国家的意义。一些学者越来越认识到："每个地区都应采取与其基本的经济、社会和政治资源相适应的具有其原始性质的经济模式。"① 一位埃塞俄比亚学者认为，尽管"亲西方的叙述认为，中非关系建立在不稳固的基础上，对非洲实现可持续和包容性社会政治发展所需的可行民主和自由经济的长期梦想是灾难性的"。因为"在亲西方人士看来，中国不干涉非洲国家内政的政策，是对非洲人民迫切需要善政、尊重人权、民主化和自由市场经济的否定"。"中国与许多以侵犯公民人权和民主权利而闻名的非洲领导人的友谊，不仅令西方国家，也令一些非洲人日益担忧。"但"许多非洲人民仍然记忆犹新的殖民主义创伤，也对中国令人信服地参与非洲事务产生了合法化的影响，因为非洲人民在殖民主义统治下蒙受了深重的耻辱。中国与非洲没有那种历史和心理上的联系，让人回想起过去有多糟糕，相反，中国是非洲的伙伴，在反对殖民主义和种族隔离的斗争中，使中国成为非洲最好的朋友"②。在这种情况下，中国模式对非洲国家的影响力越来越大。

二 国外中国模式研究兴起的主要原因

加拿大《环球邮报》网站一篇文章开篇就提出了这样的疑问。中国为何能够持续高速发展，它的秘诀究竟是什么，它又将发展到何处去，中国模式在"华盛顿共识"终结之后会怎样影响国际经济秩序的重构？这是许多国外学者迫切希望破解的一个谜题。正是在这样的背景下，中国模式逐渐成为一个被国际社会广为讨论的话题。

---

① Bustanul Arifin, "The Failure of the Washington Consensus, the Need for a New Reform and the Rise of the Beijing Consensus", *AEGIS*, Vol. 1, No. 2, March 2017, p. 128.
② Jarso Galchu, "The Beijing consensus versus the Washington consensus: The dilemma of Chinese engagement in Africa", *African Journal of Political Science and International Relations*, Vol. 12, No. 1, 2018, pp. 1–9.

(一) 当代中国经济社会的持续发展

中国模式之所以引起人们的关注，成为国外学者研究的热点，最重要的原因只有一个，那就是改革开放以来或者说新中国成立以来中国经济社会的快速发展以及国际地位的大幅提升。如前文所述，中国模式的概念早就提出来了，有关中国模式的研究也早就开始了。但只是到了20世纪90年代，中国模式的研究才掀起了一波小的高潮，而进入21世纪以后，随着中国国际地位的快速提升，才掀起了中国模式研究的真正热潮。之所以说中国经济社会的持续发展是国外学者研究中国模式的最重要的原因就在于，如果没有这样不同于世界其他国家的快速发展，没有一个所谓的"中国奇迹"，就不存在一个中国模式；正是因为有了如此与众不同的成就，才可以说存在一个"模式"。

正是因为中国的巨大发展成就，在短时间内改变了中国贫穷落后的面貌，中国模式成为一些发展中国家希望借鉴和模仿的对象。虽然中国仍是一个发展中国家，但中国在改革开放以来所取得的成就是举世公认的。一些发展中国家希望能从对中国模式的研究中总结经验，促进自己国家的发展。因为人类历史上从没有像中国这样一个国家，能够长期保持经济社会高速增长。马克·里欧纳德指出，进入21世纪以后，从伊朗到埃及，从安哥拉到赞比亚，从哈萨克斯坦到俄罗斯，从印度到越南，从巴西到委内瑞拉的中等收入和贫穷国家的研究团体都曾来到中国，通过研究中国的发展经验，寻找一条可供选择的非西方道路。[1]

中国经济社会的持续快速发展不仅引起了发展中国家对中国模式的关注，也引起了发达国家对中国模式的高度关注。对于发达国家来说，关注中国模式，一方面是希望从中国的发展中汲取经验，以克服资本主义发展的弊病，尤其是2008年国际金融危机发生以后，许多西方国家的学者开始思考中国模式相对于西方资本主义模式的比较优势。瑞士苏黎世州银行北京代表处首席代表刘志勤指出："这些年来，一些西方学者用

---

[1] Mark Leonard, "China's new intelligentsia", *Prospect*, Vol. 23, No. 144, 2008, pp. 26 - 32.

西方的理论做依据，苦苦总结中国模式，希望能对中国的发展变化找出一个理论依据，并期望把这些理论与西方已存在的、固有的理论相比较。"[1] 另一方面，一些西方学者希望通过剖析中国模式，以更好地应对中国给西方带来的挑战。在很多西方学者看来，中国的崛起已经对美国为主导的西方自由主义秩序构成了严峻的挑战，因此，需要正视中国的崛起，重视研究中国模式。《华盛顿邮报》一篇文章曾忧心忡忡地谈道，"我们应该通过我们的国家利益这个镜头来看待中国。这不仅包括安全利益和经济利益，还包括我们在一个拥有开放的政治体系和持异议自由的世界中的利益。如果我们不像世界的其他部分一样认真地对待中国的新模式，我们可能会发现，站在历史错误一面的是我们自己"[2]。

（二）苏东国家改革失败与转型的困境

苏东国家改革失败与转型陷入困境，也是国际社会关注中国模式的原因之一。1985年戈尔巴乔夫上台执政以后，明确表示要对整个经济体制进行改革，但由于种种原因，戈尔巴乔夫所推行的经济改革并未能使苏联原有的经济体制和经济运行机制发生多少积极变化，也没有能够阻止苏联经济增长速度不断放慢的势头。在经济体制改革没有能够取得成效之后，1988年苏共第十九次代表会议把改革的重心转入政治领域，引发了苏联的社会动荡。政治领域的改革不但没有促进经济领域的改革，相反，使整个国家陷入混乱，不仅经济改革以失败告终，政治改革也由原来的体制改革直接转变为制度的变革，并最终导致苏联社会主义制度崩溃、苏共下台、国家解体的命运。与苏联相似，东欧国家20世纪80年代初的改革收效不大，也没有能够扭转各国经济发展的颓势。1988年以后，在国际大气候和国内小气候的相互作用和巨大冲击下，东欧国家的政局开始发生急剧变化，体制改革演变成了制度转轨，东欧社会主义国家纷纷放弃社会主义，转而选择了资本主义。苏东国家的改革没有完善

---

[1] 刘志勤：《多嘴集》，九州出版社2014年版，第33页。
[2] James Mann, "A Shining Model of Wealth Without Liberty", http://www.washingtonpost.com/wp-dyn/content/article/2007/05/18/AR2007051801640_2.html.

社会主义，而是抛弃了社会主义，从这一点来说，苏东国家的改革最终以彻底的失败而告终。

东欧剧变、苏联解体以后，那些原来深受苏联模式影响的社会主义国家，开始了其艰难曲折的转型之路。时至今日，只有那些和西欧国家历史文化传统相近的国家转型比较成功，例如，波兰，在"休克疗法"后改革发展一度停止，但 1998 年后取得了长足进展。但对于大多数苏东国家，尤其是和西方在历史文化传统方面存在较大差异的国家来说，转型并不顺利，也没有能够取得预想的成就。例如，俄罗斯、白俄罗斯、乌克兰等，在经过最初的剧烈政治经济改革之后，国家开始进入一个漫长的"失败"期，因为缺乏强有力的中央政权，制度建设无法实施，不仅造成宏观经济无法稳定的恶果，也因为没能确保经济改革彻底进行，对下一步的改革带来了很大的危害。[①]

对于很多苏东国家来说，其改革与转型更像"邯郸学步"式的充满讽刺寓意的故事。西方的那些看上去美好的制度设计，由于不符合本国的国情，实际是学不来的，而在改革中又忘记了自己的根本。与苏东国家改革与转型不同的是，中国虽然也于 20 世纪 70 年代末开始了改革，但中国的改革非但没有放弃社会主义制度，社会主义在中国却重新焕发出勃勃的生机。与"邯郸学步"后的蹒跚而行相比，中国特色社会主义却是昂首阔步向前迈进，风景这边独好。这种鲜明的对比，在一些学者看来，是对苏东国家改革与转型的一个莫大讽刺。苏联的改革失败了，俄罗斯的转型在很大程度上也是失败的，而中国的成功则不能不引起国际社会的关注。在这样的大背景下，关于中国模式的研究，尤其是关于中国改革模式和苏联改革与转型模式的比较研究自然也就成为一个热点问题。美国《新闻周刊》1999 年的一篇文章对中苏改革与转型做了详细的比较，并指出："20 世纪 90 年代初，苏联在一夜之间实行了私有化和市场化，放弃了其原有的意识形态。黑帮和寡头，原来的工厂管理者和官僚阶层联合起来大量购买廉价的国有资产。没有一个健全的制度，这些人把原来的国有企业完全侵占，并通过出口能源快速获取财富，通过遍

---

① 梁强：《他山之石，远未完结的苏东转型》，《南风窗》2007 年第 20 期。

布全球的秘密账户来洗钱。在中国，改革看起来更像是一个慢镜头。中国经历了一个20年的保持在可控范围内的接触资本主义的试验，并与资本主义保持一定的距离。……并且当其他社会主义国家崩溃时，中国仍然没有受到影响。"①

中国模式之所以在苏东国家改革与转型失败的大背景下如此受到关注，除了中国改革的成功以外，还在于中国模式在很大程度上代表着世界社会主义的未来。在这样一个资本主义与社会主义两制并存的时代，中国作为一个社会主义国家的成功不能不引起人们的关注。日裔美国学者福山提出的"历史终结论"，认为世界各国的政治经济制度将最终皈依于西方的自由民主资本主义模式。在东欧剧变、苏联解体后，"历史终结论"似乎从预言变成了现实。但是，中国改革的成功，中国模式的出现似乎是对福山的"历史终结论"的"终结"。连福山自己都认为，"客观事实证明，西方自由民主可能并非人类历史进化的终点。随着中国崛起，所谓'历史终结论'有待进一步推敲和完善"。② 中国模式承载的不仅是中国的未来，在苏东国家改革与转型失败的大背景下，中国模式还承载着世界社会主义的未来，因此，中国模式不能不是整个世界关注的焦点。

（三）"华盛顿共识"的破灭

之所以北京共识能引起如此大的轰动，国外对中国模式的研究如火如荼，恐怕还在于有华盛顿共识破灭这一大的背景。乔纳森·安德森指出，在过去的几十年里，全世界在所谓的华盛顿共识的旗帜下取得了相当大的经济整合成就。如今，中国这个政治体制特殊的国家，按照社会主义的经济原则建立起来——但在不远的将来，它将成为世界经济中的超级大国。不用说，这种现象在西方国家激起了一场激烈的讨论：中国是否代表着另外一种发展模式的胜利，从而将改变游戏规则，并且标志

---

① Dorinda Elliott and Michael Hirsh, "Gradual Is Good", *Newsweek*, Vol. 134, No. 12, 1999, pp. 44–45.

② 刘擎：《"历史终结论"面对的中国模式》，《东方早报》2009年9月20日第B04版。

着新的保护主义和国家经济计划模式的回潮？① 正是在这种背景下，北京共识因为被认为是作为华盛顿共识的一个替代物出现，才引起人们如此高度的关注。正如另一位学者所言，中国模式之所以引人关注，主要还在于华盛顿共识在第三世界国家获得了一个坏名声。在拉丁美洲，它导致了不仅仅一个"失去的十年"；在太平洋沿岸，它使 1997 年的危机演变为一场名副其实的大衰退；在俄罗斯，它在使共产党员变成资本家的同时却把普通民众变成穷人。正是华盛顿共识的这些后果，才使中国模式看上去很有吸引力。② 所以，要对国外中国模式研究做出深刻评析，需要联系华盛顿共识的破灭这一大背景。

20 世纪 80 年代末，陷于债务危机的拉美国家亟须进行国内经济改革，而又苦无良策。1990 年，美国国际经济研究所邀请国际货币基金组织、世界银行、美洲开发银行和美国财政部的研究人员，以及拉美国家代表在华盛顿召开了一个研讨会，旨在为拉美国家经济改革提供方案和对策。美国国际经济研究所原所长约翰·威廉姆森（John Williamson）对拉美国家的国内经济改革提出了 10 条相关的政策措施，这些政策得到了来自国际货币基金组织和世界银行等金融机构的经济学家们的认可。因为这次会议在华盛顿召开，又因为这些金融机构总部都设于华盛顿，所以这些政策方案又被称作华盛顿共识。华盛顿共识的 10 个方面主要包括：加强各国财政纪律，压缩财政赤字，降低通货膨胀率；政府的公共支出优先考虑公共服务，如医疗、教育等；进行以降低边际税率，扩大税收基础为导向的税制改革；利率自由化；汇率自由化；贸易自由化；外国投资自由化；全面私有化；放松政府管制、全面市场化；保护产权。华盛顿共识提出以后，被许多学者认为是新自由主义或市场原教旨主义的代名词，尽管后来约翰·威廉姆森一再澄清华盛顿共识与新自由主义

---

① [美] 乔纳森·安德森：《走出神话：中国不会改变世界的七个理由》，余江、黄志强译，中信出版社 2006 年版，第 237 页。

② William H. Thornton, "Sino－Globalization: Politics of the CCP/TNC Symbiosis", *New Political Science*, Vol. 29, No. 2, 2007, p. 211.

和市场原教旨主义的区别①，但并没有改变人们对华盛顿共识的认识。华盛顿共识的核心主要体现在三个方面，即全面的私有化、市场化、自由化，而这也正是新自由主义的本质所在。从华盛顿共识的内容来看，华盛顿共识更像国际垄断资本的共识，它体现了美国的新自由主义战略。联系到华盛顿共识提出的背景，不难想象，华盛顿共识就是美国演变其他发展中国家，特别是苏联东欧社会主义国家，试图把这些国家导引到新自由主义发展道路上来的一个极其具有吸引力的策略，与其说它是为拉美、苏东国家开出的一个"药方"，不如说它是演变这些国家的一个"诱饵"。

华盛顿共识虽然作为一种"共识"在20世纪90年代才广为传播并被世人所知，但实际上，以新自由主义理论为根本的华盛顿共识，早就影响了拉美国家的改革，也导引了苏联东欧国家的改革与转型。只是，华盛顿共识并没有带来拉美国家和苏东国家所设想的经济社会的迅速发展，反而带来了长时期的社会混乱、经济停滞。而苏东国家在新自由主义指导下进行改革和转型以来，除了波兰等少数几个国家比较顺利实现了转型目标以外，大多数国家仍没有找到适合自己的发展道路，改革与转型并未取得预期的效果。以美国为首的西方国家的"共识"在拉美和苏东国家的实践中并没有实现，华盛顿共识的破灭不可避免。就像乔舒亚·库珀·雷默所指出的那样，华盛顿共识所列出的政策清单，实际上只是"银行家所梦想的发展条件"，"它与提高人们的生活水平并无直接关联。到了最后，这一模式未能通过大多数国家的适应性的基本测试"②。

华盛顿共识的破灭不仅仅表现在拉美和苏东国家经济社会的停滞不前，也表现在美国式自由资本主义梦想的破灭。"一如弗朗西斯·福山在1989年共产主义阵营垮台之后的热潮中所做的'历史终结'的梦想。以意识形态为核心的华盛顿共识计划已经过时了，恰如美国和欧洲有关自

---

① ［美］约翰·威廉姆森：《新自由主义简史》，载黄平、崔之元《中国与全球化：华盛顿共识还是北京共识》，社会科学文献出版社2005年版，第63—85页。

② ［美］乔舒亚·库珀·雷默：《北京共识》，载黄平、崔之元《中国与全球化：华盛顿共识还是北京共识》，社会科学文献出版社2005年版，第25页。

由民主在全世界取得胜利的梦想。"① 西班牙《起义报》的一篇文章指出，"与中国取得的惊人成就相反的是，'华盛顿共识'带来的灾难性后果让西方国家在发展中国家遇到了巨大的意识形态挑战。越来越多的国家开始从东方寻找灵感。早已遭到质疑的西方政治模式和意识形态霸权已经终结。"②

华盛顿共识破灭后留下的意识形态真空为中国模式扩大自己的影响提供了极大的空间，这使一些西方国家意识到，中国对美国的威胁绝不仅仅是中国经济力量和军事力量的崛起，更可怕的是中国模式中所蕴含的软力量，亦即中国发展理念的吸引力。此前，关注中国模式更多的是一些研究中国问题的学者，但现在，不单单是学者，一些政治人物也加入关注中国模式的行列。在美国，一些政治人物开始意识到，如果中国能够对美国构成威胁，那么这种威胁不是来自中国的经济和军事，而是来自一直被美国等西方国家所忽视的中国模式。③ 他们认为，尽管中国发展速度非常快，但中国的发展基础和美国的差距实在太大，要想在经济和军事方面赶超美国，还有很长的路要走，特别是在军事方面。但中国模式可能成为中国和美国较量的最重要的"武器"。自"二战"以来，美国就企图在全球推行其民主模式，尽管花费了大量的人力、物力、财力，效果却并不理想。从世界范围来看，美国的民主模式似乎只能扎根于美国等西方国家，在其他国家、特别是在落后的发展中国家则难以成功。如今中国模式正逐渐走向成功，以至于一些发展中国家准备放弃只强调"自由民主"的美国模式，而转向更加重视"实用"的中国模式。在他们看来，如果中国模式真的是可持续的，那么在不远的将来对美国模式构成巨大威胁的，就一定是中国模式。由此，我们也可以看到，美国对中国由原来的对经济军事力量的担忧转变为对中国模式的忧虑，从而也出现了西方在关于"中国'威胁'"这一问题上的话语转换，原来的"中国威胁论"已为"中国模式威胁论"所替代。

---

① ［波兰］博格丹·高拉尔奇克：《中国道路：一台高效但未经打磨的发动机》，《经济观察报》2011年3月14日第42版。

② 《全球资本主义深陷五大危机》（中），《党政论坛·干部文摘》2011年第5期。

③ 吴玉荣：《中国改革开放的世界解读》，《中国青年报》2008年8月3日第3版。

从本质上来说，华盛顿共识并非拉美国家的共识，仅仅是以美国为首的西方资本主义国家的共识，它仅仅反映了以美国为首的西方资本主义大国对未来世界经济政治秩序的勾画。对于美国来说，华盛顿共识不仅是把拉美国家、苏东国家引入自由资本主义道路的理论指引，也是抵御中国式社会主义的有力思想武器，是美国最有力的软实力。如今华盛顿共识破灭了，美国拿什么去抵御中国特色社会主义的影响和渗透，尤其是中国对拉美国家、非洲国家的影响，让美国非常担心。原本非西方国家与西方国家的关系只有两种，要么是自我孤立，要么是被西方孤立，或者是依附于西方。而中国在改革开放40年里，"摸着石头过河"，探索出了自己的发展道路。在经济上，中国已经融入全球经济体系，成为全球化舞台上的一个重要角色。在全球经济体系内，中国正在发挥着越来越重要的作用。但在政治上，中国并没有受西方太大的影响，而是独立自主探索自己的民主政治制度。中国的这种新的模式不仅被越来越多发展中国家认同和接受，而且也对像俄罗斯这样的新兴国家产生了很大影响。在西方的一些人们看来，无论是中国所说的中国特色社会主义，还是西方所说的专制独裁的资本主义，总之，中国模式代表的不是美式的自由资本主义，中国模式不是华盛顿共识的产物，那么中国模式就是对美国的最大挑战。《时代周刊》网站一篇题为"为什么我们害怕中国的崛起"的文章指出："当美国取代衰落的不列颠帝国成为全球领导者的时候，全世界很清楚会发生什么——总体而言，美国会继续坚持自由企业和民主的理念。现在，一个同样重大的转变正在发生——东方的崛起——但人们不知道这对于世界文明的发展方向意味着什么。或许这是我们最担心的。一个正发生根本性改变的世界的不确定性。"①

三 国内外关于中国模式概念的争论

自雷默提出北京共识以后，中国模式始终是国外学者研究的一个焦

---

① ［美］迈克尔·舒克：《西方为什么害怕崛起的中国》，《党政论坛·干部文摘》2011年第9期。

点。对于国外学者关于中国模式的热议，国内学者在很长时间内都没有能够做出应有的回应，既没有对中国模式做出自己的分析，也没有对国外学者有关中国模式的研究做出深刻的评析。似乎在中国模式研究这个问题上，本应是"主角"的中国人，却仅仅是一个旁观者。究其原因，还在于中国模式在东西方不同语境下，具有不同的内涵和特殊的意义。

（一）西方语境中的中国模式

2004年5月，乔舒亚·库珀·雷默在《北京共识》一文中，把北京共识又称为北京发展模式、北京模式和中国模式。在《北京共识》中，雷默并没有特别强调"中国模式"这一概念，但由于他把"北京共识"看作是取代"华盛顿共识"的一种新的发展模式，并强调"这个模式必定使中国及其追随者与现有的发展思想和强权需要形成对立"，从而威胁现有的国际秩序，因而使北京共识成为国际社会热议的对象，中国模式的概念从此开始引起人们的关注，并逐渐成为国内外学者研究的一个热点。在《北京共识》中，雷默一方面强调中国模式相对于其他发展模式尤其是华盛顿模式的独特性；另一方面，把中国模式称为"北京共识"，实际上又赋予中国模式在某种程度上可供复制、效仿的普遍性意义。不过，雷默在后来接受《国际先驱导报》记者采访时这样指出："当我们说中国模式可以被其他国家所效仿时，我们必须分外谨慎。我说的可以为别国效仿，并非指中国的经济或政治模式可以被别国复制，我的意思是，中国的创新及按照自身特点和想法寻求发展的模式，值得其他国家仿效。这一点对于任何国家都至关重要，而且也唯有如此别无他途。"[①]

中国的发展模式既体现出与传统发展模式的不同特性，又具有可供借鉴和效仿的普遍意义，也成为雷默以后众多国外学者认为存在中国模式的最重要的理由。与雷默一样，一些国外学者既看到了改革开放以来中国发展的独特性，又认为中国发展的经验可供一些发展中国家效仿或借鉴，因此存在一个新的中国模式。新加坡国立大学教授郑永年指出：

---

① ［美］乔舒亚·库珀·雷默：《在"北京共识"下"共同进化"》，《国际先驱导报》2010年4月26日第20版。

"你要承认中国确实有个模式,就像是盖房子,房子盖好了肯定有个模式。"同时他也指出,不应把模式看作一个非常理想的东西,可供随意复制或模仿。所以不能因为中国模式还不完善,还需要不断改进而否定它的存在,事实上"任何一个模式都有优势,也有不足,不存在一个百分之百的理想模式"①。郑永年还指出:"中国在过去的20多年里成就非凡。20多年的时间在人类的历史长河中只是一瞬间,但在这短短的历史时间里,中国的社会经济发生了天翻地覆的变化。这里面一定是有很多经验可以总结的。在亚洲,日本曾经创造了经济腾飞,称之为'日本模式'。之后,新加坡、韩国、中国香港和中国台湾地区也创造了发展奇迹,称之为'四小龙模式'。尽管'中国模式'的概念还是模糊不清,但随着时间的推移,人们正在认识其内在合理性和经验的可取性。"②

由于对"模式"这一概念理解的差异和角度的不同,也有一些国外学者否认中国模式的存在。与雷默不同的是,有很多学者认为,尽管中国的发展很独特,但中国并没有形成一种可供其他发展中国家模仿和复制的模式。他们认为,"成功""可复制"和"周密计划"是模式的固有属性,而中国在这三个方面都不能满足被称为模式的条件。因为中国的改革只取得了有限的成功,且存在很多问题,中国的改革始终是在"摸着石头过河",没有周密的计划,再加上中国独一无二的特殊国情,中国的发展过程根本不可能被复制,所以并不存在什么所谓的中国模式。匈牙利著名经济学家科尔奈指出:"中国模式中的'模式'一词,更多指的是一系列历史事件所组成的一个真实过程,而这一过程足以成为其他国家模仿的方式或范例。但是,中国是独一无二的,根本无法模仿!中国是世界人口最多的国家,它的文化传统也与别国截然不同。所以,根据我的理解,根本没有'中国模式'这东西。"③

也有学者把"定型""固化"看作模式的基本属性,而中国目前还处于一个转型期,还没有最终定型,还在不断出现新的变化,因此还不能

---

① 《还不能告别"摸着石头过河"》,《瞭望东方周刊》2010年第3期。
② 郑永年:《"中国模式"概念的崛起》,《对外大传播》2004年第5期。
③ [匈牙利]科尔奈:《根本没有"中国模式"》,《社会观察》2010年第12期。

说已经形成了一种发展模式。德国著名的中国问题研究专家托马斯·海贝勒认为:"中国正处于从计划经济向市场经济的转型期,因此我认为所谓的'中国模式'并不存在。中国的这一转型期将伴随着急剧的社会变革和政治改革,这一过程是渐进的、增量的,在这样的条件下,我们谈论'中国模式'还为时过早。"① 之所以认为模式必须是定型和固化的,还在于他们认为模式是应该用来模仿和复制的,而只有定型和固化,才可以被模仿和复制。

还有学者认为,"模式"是一个深层次概念,不同模式之间都应该存在着根本的区别。中国的发展与东亚其他国家的发展虽然区别很大,但从模式层面来讲,并无本质不同,因此不存在一个与众不同的中国模式,中国的发展模式只是东亚模式的一种。傅高义指出:"新中国 60 年发展道路:虽然独特,难称'模式'"。"日本、韩国和台湾地区虽然没有共产党,但是它们也是政府领导经济发展,刚开始也是权力比较集中,自由并不多。所以我觉得中国大陆与它们相同的地方还是很多,都属于亚洲后期快速发展的一种模式。"② 乔纳森·安德森也认为:"中国的增长模式与亚洲的增长模式别无二致。亚洲经济增长的主要动力——真正的奇迹——来自于其创造高资本积累率的独特能力,以及把这些资本用在生产性的用途上。中国同样如此。"③

(二) 国内学者对中国模式概念的认识

国内学者虽然不像国外学者那样喜欢用中国模式这一概念,但在改革开放以后,也有一些学者用中国模式来指代中国特色社会主义道路。例如,王彩波早在 1994 年于美国加州大学伯克利分校从事富布赖特项目研究期间,就在其工作报告中以"中国发展模式的反思"为题,对中国

---

① [德] 托马斯·海贝勒:《关于中国模式若干问题的研究》,《当代世界与社会主义》2005 年第 5 期。
② 孙中欣:《哈佛"中国通"谈中国研究与中国模式——专访傅高义教授》,《国际社会科学杂志 (中文版)》2009 年第 1 期。
③ [美] 乔纳森·安德森:《走出神话:中国不会改变世界的七个理由》,余江、黄志强译,中信出版社 2006 年版,第 162 页。

改革开放 15 年的发展道路做了非常客观的分析,强调中国不能照搬西方的发展模式,但应该借鉴西方的发展经验。中国模式既符合中国人民的利益,也符合世界人民包括西方人民的利益。① 然而,当 21 世纪以来国外中国模式研究掀起一波又一波热潮之际,国内有学者对中国模式这一概念持一种消极甚至抵制的态度,一些学者对中国模式避而不谈,主张"慎提中国模式"。但与国外那些对中国模式持否定态度的学者不同,国内学者对中国模式的态度更多不是否定,而是回避。之所以回避中国模式,主要还在于对"模式"概念的误读。

第一,把复制与输出看作模式的固有属性,承认中国模式就等于是要推动输出中国模式。担心在"中国威胁论"仍甚嚣尘上之时,提出中国模式就不可避免地会被认为要输出中国模式,将会引起发展中国家的警惕和发达国家的担忧,从而造成负面的影响。赵启正指出:"因为'模式'一词含有示范、样本的含义,但是中国并无此示范之意。所以,我们用'中国模式'这个词就得十分小心,我更倾向于以'中国案例'替代'中国模式'。"② 对于西方学者来说,以一种新的模式来挑战美国的资本主义模式,才是对西方世界的最大威胁。因为"向全世界推广美国模式,乃是维护美国帝国霸权、强化和扩大美国全球利益的最根本策略。只有按照美国模式改造全世界,美国才有可能避免人类历史上那些庞大帝国最终覆灭的命运"③。而如果中国模式成功了,那美国模式所代表的开放政治制度、对持不同政见者的自由等理念和价值就失败了。④

第二,模式意味着已经定型并固化。害怕强调模式会引起过分的陶醉,自满于已取得的成就,不仅在思想上,也包括在理论上阻碍进一步的改革和发展,肯定中国模式似乎中国未来就要按照这个模式继续下去。

---

① Wang Caibo, *Reflections of China's model of development: insights from China's reform experiences of fifteen years*, Institute of Govenmental Studies UC Berkeley Working Paper 94 – 15, December 20, 1994.
② 赵启正:《中国无意输出"模式"》,《学习时报》2009 年 12 月 7 日第 3 版。
③ 钟生:《中国模式威胁论》,《环球财经》2009 年第 2 期。
④ James Mann, "A Shinning Model of Wealth without Liberty", http://www.washingtonpost.com/wp-dyn/content/article/2007/05/18/AR2007051801640_2.html.

李君如认为:"讲'模式',有定型之嫌。这既不符合事实,也很危险。危险在哪里?一会自我满足,盲目乐观;二会转移改革的方向,在旧体制还没有完全变革、新体制还没有完善定型的情况下,说我们已经形成了'中国模式',以后就有可能把这个'模式'视为改革的对象。因此,我赞成'中国特色',而不赞成'中国模式'。"① 也有学者认为,"时下正在热议的'中国模式',一定意义上是继'中国威胁论''中国崩溃论'之后的另一种理论陷阱,是西方敌对势力'棒杀'中国的意图落空后推出的'捧杀'阴谋。"② 所以,我们不仅要慎提中国模式,还要对提防中国模式这一提法。

第三,把模式理想化为一种成功解决现实问题的理想方案。虽然中国取得了巨大成就,但仍然是一个发展中国家,并且和西方发达国家的差距依然很大,尽管国内生产总值跃居世界第二,但人均水平依然很低,还面临着诸多发展的难题。施雪华认为:"模式是一种不同于别的模式特征而以同类所具有的共同特征为基础的类概念。"而"目前中国改革开放的成功经验或道路还不具备一种作为模式所需要的类概念的两个必要特征"。"一方面,这些中国改革开放前期成功的经验和道路有没有继续支撑中国未来持续成功的可能还有不确定因素;另一方面,目前中国改革开放的经验和道路只在中国成功,还没有见到移植到别国或为别国模仿成功的例子。将来如果有一天,一是中国改革开放成功的经验和道路更显整体性,二是'中国模式'如被其他国家所成功模仿、形成了类概念时,再提'中国模式'可能更显科学合理。"③

第四,对模式这一概念的固有的抵制心理。有些国内学者并不否认新中国成立以来尤其是改革开放以来以自己独特的方式取得了巨大的成就,创造了一种新的发展模式,却拒绝使用"模式"这个概念。其主要原因恐怕还在于"一朝被蛇咬,十年怕井绳"。在一些学者看来,民主革命时期因照抄照搬"以城市为中心"的俄国革命模式而给中国革命带来

---

① 李君如:《我对"中国道路"的几点看法》,《北京日报》2009年11月16日第17版。
② 任洁:《当期我国意识形态建设面临的六大挑战》,《党建》2012年第7期。
③ 施雪华:《提"中国模式"为时尚早》,《学习时报》2009年12月7日第3版。

的巨大损失,是永远挥之不去的伤痛,尽管这早已成为历史,但却是内心深处的伤疤。新中国成立后,尽管在建设社会主义的问题上,毛泽东和党的第一代中央领导集体试图打破苏联模式的影响,但始终没有能够冲破苏联模式的樊篱,使中国再一次遭受模式之困。"过去我们搬用别国的模式,结果阻碍了生产力的发展,在思想上导致僵化,妨碍人民和基层积极性的发挥。"① 从某种意义上来说,中国改革开放以来所取得的巨大成就正是打破苏联模式束缚的结果,因此,对于很多学者来说,从心理上很难接受把对另一种模式的突破看作一种新的模式的形成,因此努力回避甚至否定中国模式。

第五,有人担心使用模式的概念,容易模糊中国特色社会主义的发展方向。改革开放以来,中国共产党解放思想,采取了一系列改革措施,中国的面貌从此焕然一新,也引起了人们对中国特色社会主义的质疑,中国特色社会主义是否还在坚持社会主义的基本原则?中国的改革越深入,是否意味着中国离共产主义的目标越遥远?对于特色的强调,是否就意味着社会主义无足轻重?而模式作为一个中性概念,从表面看,不具备意识形态属性,中国模式不能体现社会主义的属性,所以有很多学者担心"中国模式"会取代"中国特色社会主义",使当代中国的发展一步一步脱离社会主义的轨道。

(三) 如何正确理解中国模式的概念

由于以上种种原因,国内外学者对中国模式的概念缺乏基本的认同,导致在中国模式的概念问题上难以形成基本的共识,从而限制了对中国模式的深入研究。科学理解中国模式的概念,构建中外对话平台,是深化中国模式研究的一个基本前提。"用西方那套东西来解释中国模式,按照他们的逻辑,肯定是不行的,但我们又没有自己的说法,只能用他们的说法。现在,有些公正的外国学者知道用西方的东西无法解释中国,因为中国的行为确实是不一样的。拿出一套让人能够接受的说法是中国

---

① 《邓小平文选》第3卷,人民出版社1993年版,第237页。

的责任，不是西方的责任。"①

第一，打破对"模式"这一概念的教条主义认识。固然，在东西方不同的语境下，模式都是模范、样本、范本的意思，都带有模仿、复制的含义，但是那种可供复制、模仿，试图通过一个一劳永逸的制度安排来实现经济社会持续发展的模式是根本不存在的。我们应该走出苏联模式留下的阴影，把复制、强制输出与模式剥离开来。对于"模式"的概念，我们应该解放思想，与时俱进地去看待它，不能再局限于以前的僵化认识。"模式应当只是个中性的概念，称谓一种模式，只是便于做类型学的研究，便于历史比较，总结经验教训和归纳一些带有共同趋势的现象，便于讨论问题，而无关乎褒贬"②，更与强制输出无关。"二战"以后，世界上不只是出现过一个苏联模式，还有民主社会主义模式、新自由主义模式、东亚模式等，之所以把它们称为模式，是为了更好地研究它们，而并非要复制它们。实际上在我们探索中国特色社会主义道路的进程中，从来都没有拒绝过使用"模式"的概念，经常用"模式"来强调中国发展的独特性。邓小平指出："世界上的问题不可能都用一个模式解决。中国有中国自己的模式，莫桑比克也应该有莫桑比克自己的模式。"③ 实际上，中国模式更多只是强调了中国特色，而不带有可供模仿和复制的任何含义，更没有任何强制输出的意思。

第二，摒弃偏见，客观理解国外学者提出的中国模式的概念。当我们总是强调国外学者习惯于带有某种偏见来看待中国的时候，我们可能同时也是带有某种偏见的。中国模式这一概念被国外学者首先提出并被热议，引起了很多国内学者的警觉，一些学者把中国模式与"中国威胁论""中国责任论"等联系起来，认为"中国模式论"实际上是"中国威胁论"的另一个新的版本，进而拒绝、抵制中国模式这一概念。不容否定的是，有一些国外学者企图利用"中国模式论"来宣传"中国威胁论"，并通过鼓吹中国模式或诋毁中国模式来遏制中国。正如郑永年所说

---

① 王眉：《郑永年谈中国的对外传播：把中国模式解释好》，《对外传播》2011 年第 1 期。
② 董正华：《世界现代化历程》（东亚卷），江苏人民出版社 2010 年版，第 3 页。
③ 《邓小平文选》第 3 卷，人民出版社 1993 年版，第 261 页。

的那样,国外学者在"中国模式"这个问题上,有"捧杀派",也有"棒杀派",但都是要"杀"中国。但同样不同否定的是,有更多的学者是把中国模式作为一个新的角度,基于客观的立场来研究和分析改革开放以来中国的发展历程。有国外学者指出:"以集权主义、共产主义或是发展中国家模式来研究中国,在难以达成一致意见的情况下,研究中国问题的学者们实际上转向把中国政治体制当作一个独一无二的类型来处理。……他们实际认为自己所研究的这个体制是独特的,足以确立一个独立模式的基础。"[①] 所以,对于我们来说,不能只是一味地抵制中国模式,只看到其带有偏见,甚至故意歪曲的一面,还应该看到国外学者怎样把中国模式作为一个新的视角去研究中国,包括如何总结中国成功的原因,如何找出存在问题的根源等这些客观的一面,甚至他们的研究方法有哪些值得我们学习和借鉴等。

第三,正确看待中国模式与中国道路、中国经验的关系。相对于国外学者习惯于用中国模式而言,国内学者更多愿意用中国道路和中国经验。国内学者习惯使用道路和经验,既有历史的原因,也有现实的原因。因为在历史上,新民主主义革命道路、社会主义改造道路的开辟是中国取得新民主主义革命和社会主义革命胜利的关键,而不断总结经验和善于总结经验又是中国共产党的一大优势。在现实中,道路和经验总是与实践紧密结合,因为道路需要不断探索,经验需要不断总结,而今天的中国恰恰还处于不断地改革探索之中,所以用道路和经验更符合当今中国的实际,而模式总有一种固定、僵化的感觉。由此,我们可以看到,用中国道路和中国经验确实有其客观的理由。而实际上国外学者在使用中国模式这一概念时,也总是把它与中国道路和中国经验联系起来,甚至是等同起来,并没有刻意厘清它们之间的区别。所以,从某种意义上来说,中国模式只不过是中国经验、中国道路的另一种表达而已。

第四,中国模式是一个话语权问题。实事求是地说,国内对中国模式的研究,最初主要是对国外有关中国模式研究的一种被动回应,在中

---

① [美]詹姆斯·R. 汤森、布兰特利·沃马克:《中国政治》,顾速、董方译,江苏人民出版社2010年版,第17页。

国模式研究这一问题上,我们几乎失去了自己的话语权。然而,中国模式不应是"任人打扮的小姑娘",尤其不应由国外学者任意去描绘。一些国外学者片面地、不负责任地描绘容易使人们在客观看待中国特色社会主义这一问题上出现混乱。对于中国的学术界和理论界来说,夺回在中国模式问题上的话语权,构建起中国模式研究的马克思主义话语体系,对中国模式做出科学的解读,是义不容辞的责任和义务。以潘维为代表的一批学者甚至主张应该建立"中国模式学派",来更好地研究中国模式。郑杭生也指出:"用'中国模式'概括中国特色社会主义这种新型社会主义发展模式,十分简洁,非常鲜明,有利于扩大自己的影响,必须说是利大于弊的。不仅如此,'模式'这个概念是国内外使用率很高的概念之一,具有很大的通用性和普遍的易接受性,有利于促进国际对话。"① 轩传树也认为:"既然世界都在关注中国,在争论中国模式,如果我们能抓住机会,对'中国模式'这一概念进行明晰化、条理化的阐释和解读,用'世界流行的时尚语汇'把中国是什么样的国家,在走什么路,未来讲走向何方等讲清楚,那么,对内,可以统一意志,明确方向;对外,可以占领话语制高点,改变国家形象,增强软实力。"② 无论关于中国模式存在怎样的争论,就像有的国外学者指出的那样,在中国模式这个问题上,中国人显然不应该成为缺席者或旁观者。

第五,中国模式是一个软实力问题。有国外学者指出:中国的发展模式是中国价值观和愿景的重要组成部分,也是中国软实力的一个重要体现。③ 科学解读中国模式,通过中国模式让世界更深刻地了解中国是提升中国国家软实力的一个重要契机。郑永年认为,"把中国模式解释好非常重要,对西方和发展中国家都很重要,西方发展到现在出现很大的危机,发展中国家也在寻找非西方的新模式。中国模式到底是什么,还没

---

① 郑杭生:《"中国模式"能不能提》,《文摘报》2010 年 12 月 30 日第 6 版。
② 轩传树:《构建一种向世界解释中国发展道路的话语体系——从西方热议"中国模式"谈起》,载中共中央文献研究室科研管理部《中国共产党 90 年研究文集》(下),中央文献出版社 2011 年版,第 2025 页。
③ Young Nam Cho and Jong Ho Jeong, "China's Soft Power: Discussions, Resources, and Prospects", *Asian Survey*, Vol. 48, No. 3 (May/June 2008), p. 472.

有人说清楚。如果把这个说清楚是非常大的贡献，这才是中国真正的软力量。"① 软实力概念的提出者约瑟夫·奈也认为："中国的经济增长不仅使发展中国家获益巨大，中国的特殊发展模式包括特殊的民主方式也被一些发达国家称为可效仿的模样，更重要的是将来，中国倡导的民主价值观、社会发展模式和对外政策做法，会进一步在世界公众中产生共鸣和影响力。"② 甚至有学者提出，中国模式代表的不仅仅是一种共识，而且是一种思想，某种意义上更是一种文化的复兴。③ 然而，国内学界和理论界一些学者对中国模式的消极回避，大大削弱了中国模式软实力作用的发挥。正像有学者指出的那样，中国"软力量匮乏还体现在当下的中国模式或中国发展道路缺乏正当性。不仅缺乏来自国际社会的应有的认同，更缺乏来自国内的应有的认同"④。相对于美国纽约时报广场高密度播放的中国国家形象广告，一个经过客观解读的"中国模式"，更像一张美丽的名片，把中国改革开放40年来的崭新面貌介绍给整个世界。

第六，模式是一个系统概念。从模式的角度出发，可以更全面地研究中国改革开放以来的发展历程，发现问题，总结经验。朱可辛认为，"抛开各种纷杂的界说，就总结中国现代化建设实践经验的角度来讲，'中国模式'概念不失为一个新颖的视角"。⑤ 模式既涉及国家发展的指导思想，也涉及经济、政治、文化、社会发展等方方面面的具体政策。研究中国模式，是把经济、政治、文化、社会作为一个整体作为研究对象。例如，从模式的角度出发研究经济，就不单纯是从经济角度出发研究经济，而需要思考政治改革对经济发展的推动作用，经济的发展又怎样反过来推动政治的改革等，这样才能更好地理解中国特色社会主义经济与政治之间的内在联系，能够更深刻地揭示中国改革开放取得成功的

---

① 王眉：《郑永年谈中国的对外传播：把中国模式解释好》，《对外传播》2011年第1期。
② 吴江：《"中国模式"面临生死考验》，《领导文萃》2009年第5期（下）。
③ Shaun Breslin, "The 'China model' and the global crisis: from Friedrich list to a Chinese mode of governance", *International Affairs*, Vol. 87, No. 6, 2011, pp. 1327 – 1328.
④ 支振锋、臧勖：《"中国模式"与"中国学派"——"人民共和国60年与中国模式"学术研讨会综述》，《开放时代》2009年第4期。
⑤ 朱可辛：《国外学者对"中国模式"的研究》，《科学社会主义》2009年第4期。

内在根源。同样，从模式的角度出发，也能够更深刻地认识当前中国存在问题的症结，不至于头痛医头脚痛医脚，因为从国家发展层面来看，经济问题的根源可能不在经济领域，例如，为什么经济取得了如此巨大的进步之后，社会不同利益群体之间的矛盾却日益突出等。

第 二 章

国外关于中国模式内涵的研究

中国模式这个概念提出以后,国内外学者最先讨论的问题就是到底何为中国模式?中国模式的内涵究竟是什么?搞清楚这个问题,是进一步研究中国模式的基础。一直以来,关于中国模式的内涵争论不休,有学者从不同角度出发,把"北京共识""经济自由加政治压制""混合经济加一党政治""社会主义+中国民族传统+国家调控的市场+现代化技术和管理""新中学为体、西学为用"① 等概括为中国模式的内涵。这些观点有的是对中国模式内涵相对客观的概括,有的则明显脱离中国实际,与中国模式的内涵完全背离。国外学者的这些观点,需要我们逐一进行评析。

一 争议颇多的"北京共识"

北京共识的提出,把国外关于中国模式的研究推向又一个高潮,中国模式在很大程度上因为北京共识而逐渐为一些国外学者所重视。因为乔舒亚·库珀·雷默在《北京共识》中把北京共识又称为中国模式,所以,有一部分国外学者把北京共识看作中国模式的代名词,中国模式就是北京共识,北京共识就是中国模式。

---

① [美]塞缪尔·亨廷顿:《文明的冲突与世界秩序的重建》,周琪等译,新华出版社1998年版,第106页。

(一)"北京共识"的内涵及其演变

关于北京共识的内涵,雷默在《北京共识》中这样指出:"什么是'北京共识'?这就是如何组织世界上这样一个发展中国家的三个定理,加上关于为何这个现象令来自新德里、巴西利亚等地的学者感兴趣的几个公理。"① 其中,第一个定理是"使创新的价值重新定位","利用创新减少改革中的摩擦损失"。第二个定理是,"既然混乱不可能自上加以控制,你需要一整套新工具。它超越了人均国内生产总值这样的衡量尺度,而把重点放在生活质量上,这是管理中国发展的巨大矛盾的唯一途径"。第三个定理是"自主理论","强调运用杠杆推动可能想要惹怒你的霸权大国"。"通过发展不对称力量来应对复杂的安全环境"。雷默所说的几个公理,主要是指:一是"'北京共识'具有某种反冲动能"。二是"中国对地方化独一无二的需求"(这里的"地方化"由 localization 翻译而来,其实,翻译为"本土化"更符合雷默的本意,也更符合我们的语言习惯。——笔者注)。三是结成利益共同体,"中国的经济崛起既有可能帮助其他贸易依赖国赚钱,也有可能影响它们的财富"。"三个定理"加"几个公理"是雷默提出的北京共识的原始版本。②

从《北京共识》的很西方化的话语文本中去理解北京共识的内涵,颇要费一些工夫。因此需要从晦涩难懂的文本中脱离开来,用中国化的语言来概括究竟什么是北京共识。其实,雷默提出的北京共识的三个定理,就是我们所说的注重创新、强调稳定、独立自主。就是要通过创新减少改革的阻力,通过不断提高人们生活质量,维护社会的稳定,通过发展不对称力量,实现国家的独立自主。关于北京共识的几个公理,主要是指要密切联系群众,以人为本;要联系实际,一切从本国实际出发;要融入全球经济,实现共同发展。所以,北京共识概括起来就是创新、稳定、自主,以及以人为本、联系实际、共同发展。

---

① [美]乔舒亚·库珀·雷默:《北京共识》,载黄平、崔之元《中国与全球化:华盛顿共识还是北京共识》,社会科学文献出版社 2005 年版,第 12 页。
② [美]乔舒亚·库珀·雷默:《北京共识》,载黄平、崔之元《中国与全球化:华盛顿共识还是北京共识》,第 12—13、15、19、24 页。

但是，自雷默发表《北京共识》以后，北京共识名噪一时，各种有关中国模式的话题都被贴上北京共识的标签，北京共识在某种程度上被庸俗化了。在国外，一些学者对北京共识的理解则远远超出了北京共识的内涵，在很多学者看来，北京共识就是中国模式的代名词。前西班牙驻华使馆商务参赞、西中企业家委员会主席恩里克·凡胡尔在《北京共识：发展中国家的新样板?》一文中，把北京共识概括为"国家资本主义；改革政策的循序渐进；面向国际贸易和外国投资的对外开放模式；政治专制；面对意外情况极强的灵活应变和适应能力"[①]。凡胡尔认为，北京共识就是这五个方面的有机结合。关于"国家资本主义"，在凡胡尔看来就是一种国家政权对经济具有决定性影响力的经济体制，国家政权的作用不局限于提供补贴和监管，虽然市场具有中心地位，但国家扮演的是一个"领导者"角色，确定经济优先发展方向和目标，引导经济体制向符合市场需求的方向发展。关于"改革的循序渐进"，就是中国的改革都是逐步完成的，不同于苏东国家的"休克疗法"。中国在采取某项改革措施前，总是先进行试验，在证明其有效性并进行适当修改和调整后，再在全国推广实施。关于"对外国以及国际贸易和外资开放"，凡胡尔认为，中国改革最核心的一点就是对外开放，通过开放引进先进技术、现代管理方法、先进知识以及外国资本。关于"政治专制"，就是中共虽然经历了深刻的经济变革，但政治体制基础仍未发生改变。关于"极强的灵活性和适应能力"，其实也是强调中国的创新，通过不断创新减少改革的阻力。

凡胡尔对北京共识的解读与雷默关于北京共识内涵的阐述，虽有共同之处，但仍相差甚远。如果说雷默关于北京共识内涵的概括，在某种程度上抽象出了中国模式的内涵，那么，凡胡尔关于北京共识的解读，只是道出了中国模式的几个显著特点，并没有能够概括出中国模式的内涵。除了凡胡尔以外，还有一些学者从其他角度去解读北京共识。美国乔治·华盛顿大学中国政策研究项目主任沈大伟则把北京共识称为是

---

① [西班牙]恩里克·凡胡尔：《"北京共识"：发展中国家的新样板?》，新华网，2009年8月20日，http://news.xinhuanet.com/world/2009-08/20/content_11914758.htm。

"准国家资本主义和半民主独裁主义的混合发展模式"①。还有一些学者,则对北京共识进行重新定义,认为把外来经验本土化、把市场与计划相结合、独立自主等定义为北京共识的内涵。② 还有一些国外学者对北京共识的解读五花八门,更是与雷默对北京共识的概括大相径庭。

(二)"北京共识":一个没有共识的共识

把北京共识与中国模式等同起来,只是一部分国外学者的观点。对于大多数学者来说尤其是国内学者来说,且不论北京共识是否能够代表中国模式,北京共识这一概念,就没有能够得到人们的共识。郑永年指出:"这个概念一出来就非常政治化,炒作起来更政治化。""这个概念在西方学术界并没有产生任何影响,但被媒体炒得很火,现在还有人把它抬得很高。实际上这个概念对于学术界和政策圈意义不大。"③

一方面,共识意味着已经达成的、得到普遍认可的解决问题的方案,共识是必须以别人的承认为前提的。但显然,北京共识只是雷默自己的观点,并没有得到其他国家的认可,因此谈不上真正的"共识"。而模式则强调独特性,模式不需要别人的承认,它是客观的。中国模式是否得到别人的认同呢?现在下结论为时尚早,就算雷默的北京共识概括出了中国模式的内涵,现在也不能把中国模式称为北京共识。而美国加州大学圣迭戈分校教授、中国经济问题专家巴里·诺顿认为,北京共识既不是中国的经济学家的共识,也不是中国政策制定者的共识。并且在他看来,"共识"意味着普遍的认同,而"北京"则代表着这个世界最独特的政治经济体制,所以,"北京共识"本身是一个矛盾的说法。④ 俞可平表示,他更喜欢用"中国模式"的提法。因为"'共识'的基本意义是广

---

① David Shambaugh, "The Road to Prosperity", *Time*, Vol. 174, No. 12, Semptember 2009, p. 14.
② Li Xin, Brødsgaard Kjeld Erik, Jacobsen Michael, "Redefining Beijing Consensus: ten economic principles", *China Economic Journal*, Vol. 2, No. 3, November 2009, pp. 301, 311.
③ 郑永年:《中国模式研究应去政治化》,《人民论坛》2010年第8期。
④ Barry Naughton, "China's Distinctive System: can it be a model for others", *Journal of Contemporary China*, 2010, Vol. 19, No. 65, p. 437.

泛认可的或一致同意的解决方案,而'模式'指的是一系列带有明显特征的发展战略、制度和理念"①。二者有着明显的不同。

另一方面,"共识"相对于"模式"是一个更高层次的概念。共识具有普遍意义,只有一种模式经过长期的检验而广为接受才能上升为"共识"。共识不应该有缺陷,共识在某种程度上讲应该是相对完美的,而模式则不同,模式更多是强调与众不同,对一种模式的要求远非对共识的要求那么苛刻。伦敦经济学院教授林春认为:"'北京共识'是一个积极的、面向世界面向未来的提法,但显然过于乐观,实际上也并未形成。"她指出,在当前复杂的国际局势下,中国的发展道路存在很多问题,不可能形成什么真正的"共识"。"相比于未来时态的'北京共识','中国模式'进行时是个适当的选择。它概念空间更大,由自我定义而留有广阔的创新和调整余地。"② 巴里·诺顿则指出,"北京共识的提倡者首先应证明两点:一是为什么中国领导人的方法是中国经济增长的关键。二是这些独特的方法对其他国家同样适用。而这些国家与中国差异巨大,到目前为止,还没有人能够证明其中的任何一点"。③ 因此,所谓的北京共识根本就不存在。

另外,一些学者尤其是国内学者不主张使用"共识"还在于,中国模式只着重于总结中国本身的经验,意在解释中国是如何取得改革开放成功的。但北京共识则会让人产生一种向其他国家推销中国经验的感觉。对于一部分中国学者来说,甚至不主张使用"中国模式",担心会引起其他国家质疑中国有向外输出意识形态的嫌疑,就更不用说使用带有更强烈的政治意味的"北京共识"了。如果在一直为中国所批评的"华盛顿共识"破灭以后,又提出一个来自中国的"北京共识",难逃自欺欺人之嫌。正如郑永年所说,别人提"北京共识"是别人的事情。如果中国经验好,别人也就自觉地来学。这可以看作中国软力量的开始。反之,美国强行向别国推行"华盛顿共识",那就是霸道的开始,正是"软力量"

---

① 《世界在向中国献媚》,《瞭望东方周刊》2010 年第 3 期。
② 林春:《"中国模式"议》,《政治经济学评论》2010 年第 4 期。
③ Barry Naughton, "China's Distinctive System: can it be a model for others", *Journal of Contemporary China*, 2010, Vol. 19, No. 65, p. 437.

的衰落。一旦把自身成功的经验上升为所谓的"共识",要别的国家学,或者不惜使用政治和经济的压力向其他国家推销这种"共识"时,就具有了帝国主义的味道。而且,把中国模式与北京共识联系起来,在政治上会为"中国模式威胁论"提供口实。特别是雷默在《北京共识》中还这样指出:"在当今世界,'北京共识'正变得越来越流行,在这种情况下,中国承担着新的责任。"① 导致一些国内学者认为,"北京共识"会使中国落入"中国责任论"的陷阱。

除了在概念上没有共识以外,更多反对北京共识的学者认为,北京共识并没有揭示中国模式的内涵。巴里·诺顿认为,北京共识并没有准确描述在中国发生的一切。② 甘斯德也认为,"雷默的北京共识是对中国真实改革经验的误导和错误的总结。它不仅仅对中国的经验事实(empirical facts)的总结是错误的,而且无视中国与其他国家经验的相似和不同之处"③,甘斯德对北京共识做了具体的剖析,指出北京共识只是"对华盛顿共识的一个煽动性的回应(provocative response)"④,并没有什么能够成为"共识"的具体内涵。

第一,甘斯德认为,技术创新并非中国经济增长的关键,中国也不可能跨越几代技术革命,并迅速建立起自己的技术创新基础。虽然甘斯德承认中国经济增长与技术创新之间的必然联系,但他认为,中国并不是技术创新的领导者。中国所谓的"自主创新",其主要目的就是"要在信息技术领域发展出自己独特的技术标准,要利用中国的巨大市场作为杠杆,迫使其他国家按照这一标准生产"⑤。但是,中国所谓的"自主创

---

① [美] 乔舒亚·库珀·雷默:《北京共识》,载黄平、崔之元《中国与全球化:华盛顿共识还是北京共识》,社会科学文献出版社 2005 年版,第 15 页。
② Barry Naughton, "China's Distinctive System: can it be a model for others", *Journal of Contemporary China*, 2010, Vol. 19, No. 65, p. 437.
③ Scott Kennedy, "The Myth of the Beijing Consensus", *Journal of Contemporary China*, 2010, Vol. 19, No. 65, p. 462.
④ Scott Kennedy, "The Myth of the Beijing Consensus", *Journal of Contemporary China*, 2010, Vol. 19, No. 65, p. 468.
⑤ Scott Kennedy, "The Myth of the Beijing Consensus", *Journal of Contemporary China*, 2010, Vol. 19, No. 65, p. 469.

新"的努力并没有成功。

第二,甘斯德认为,中国追求可持续和公平发展是非常有限的。充其量可以看作未来的目标,而不是目前在改革阶段的中国政策的主流。中国虽然提出了科学发展观,但在环境保护和经济增长的较量中,还是经济增长占据了上风。虽然中国强调共同富裕,但贫富差距还在不断扩大,城乡差距、东西差距依然巨大。

第三,甘斯德认为,中国经济发展的战略并非像雷默所说的那样,是独一无二的。因为"如果用一个更加细微的比较视角,就会发现中国的政策和发展轨道和很多国家都有相似和不同之处,这些国家既包括更加自由的资本主义国家,也包括发展中国家"①。中国的改革是在借鉴其他国家的经验,国家干预、设立经济特区等都是借鉴了其他国家的经验。

甘斯德还指出,中国的改革和发展并非北京共识中所提到的是中国各方行动一致、追求统一目标的结果,并非中央与地方的共识。"在很大程度上,中国的统治精英不得不对政治和经济的压力做出反应,而不是他们的选择。"中国的很多政策是妥协的结果。"中国很多成功的政策最先是在地方开始实施的,这些没有经过中央政府批准的试验,是对中央政策的反对,但是最后都得到了中央的支持和赞同,归根结底,这是不同利益集团妥协的结果,中国的很多经济政策都是这样制定出来的。"②

与甘斯德对"北京共识"的批判类似,美国杜克大学历史系教授阿里夫·德里克也从北京共识的三个定理出发,对北京共识提出了质疑。并且,阿里夫也指出:"北京共识还只是一个想法,而不是一个概念或思想。"③

除了国外学者对北京共识的质疑,国内学者也对北京共识提出了自己的意见。北京社会科学院科学社会主义研究所副所长左宪民认为,北

---

① Scott Kennedy,"The Myth of the Beijing Consensus",*Journal of Contemporary China*,2010,Vol. 19,No. 65,p. 470.

② Scott Kennedy,"The Myth of the Beijing Consensus",*Journal of Contemporary China*,2010,Vol. 19,No. 65,p. 472.

③ [美]阿里夫·德里克:《中国发展道路的反思:不应抛弃社会主义革命的历史遗产》,《当代世界与社会主义》2005年第5期。

京共识没有能够真正概括出中国改革和发展的基本经验。他指出，雷默"作为一个外国学者，他所观察和分析中国的基本方法、视角和价值标准，基本上还是西方的，至少带有浓厚的西方色彩"。雷默"对中国经验的分析，还仅仅限于某一个侧面或某一个视点，远不能反映中国实际经验的全部。他对中国成功原因的解读，与中国的实际情况、至少与我们自己的认识，还相差甚远"①。

自北京共识提出以来，虽然有一些学者对北京共识持肯定态度，但对大多数学者来说，北京共识并不存在，只是一个根本就没有共识的"共识"，就像美国丹佛大学赵穗生指出的那样，"对北京共识的共识并不比对华盛顿共识更多"（there is no more of a Beijing Consensus than a Washington Consensus）。②

（三）"北京共识"：应该成为共识的共识

北京共识之所以没有在国际社会形成真正的共识，除了"共识"的概念难以被接受以外，还在于对"认识到的"和"已经做到的"，"应该做的"和"已经做了的"这些问题上存在分野。就像肖恩·布雷斯林（Shaun Breslin）指出的那样，北京共识中的许多方面，并不是中国已经做到的，只不过是中国想要做到的或应该做到的。③

那些否认北京共识的学者，其实对北京共识中的"共识"是有"共识"的，只不过他们都不认为"北京"已经对这些"共识"真的形成了"共识"，亦即北京不仅没有做到北京共识中所提到的创新、公平与可持续，甚至是独立自主，可能"北京"根本就没有打算这么做。

虽然北京共识并没有在国内外得到多少共识，但是，仔细分析北京共识的内涵，客观地说，北京共识的三个定理加几个公理，在很多方面

---

① 左宪民：《"北京共识"与中国道路的价值意蕴解析》，《科学社会主义》2009 年第 1 期。

② Suisheng Zhao, "The China Model: can it replace the Western model of modernization", *Journal of Contemporary China*, 2010, Vol. 19, No. 65, p. 422.

③ Shaun Breslin, "The 'China model' and the global crisis: from Friedrich List to a Chinese mode of governance?", *International Affairs*, Vol. 87, No. 6, 2011, p. 1325.

还是揭示了中国改革成功的重要方面，体现了中国模式的部分内涵。

在北京共识中，雷默首先强调创新，认为消除改革发展带来问题的唯一方法就是不断地改革和不断地创新。他指出，"创新密度是救命良药"①，不断创新是中国实现快速发展的重要原因之一。实际上，中国的改革开放之所以如此顺利，并取得巨大成就，确实得益于创新，得益于不断地创新，正是"创新密度"的增大，减少了中国改革开放的阻力，才确保改革开放顺利进行，这与雷默在北京共识中所提到的"实心球体"比"空心圆柱体"滚落的速度要快的原因是一致的。中国的改革开放没有现成的模式可以借鉴，只能在实践中不断摸索，不断创新。创新是中国模式的重要方面。实际上，雷默这里讲的创新，就是中国的改革，创新就是改革，改革就是创新。

至于甘斯德否认创新对于中国改革发展的意义，一方面，是他没有考虑到中国的现实国情，把中国的创新对经济增长的贡献与那些已经是"创新型国家"的创新对经济增长的贡献相比较，自然不能得出创新对于中国的特殊意义。但是，如果纵向地以中国自己为参照，就会发现，相对于几年前，十几年前，创新对中国经济社会发展的特殊意义。中国虽然现在还不是一个创新型国家，但确实在自主创新方面跨出了一大步。虽然中国还有很多"山寨"，但中国的自主创新越来越多，这是不能被忽略的事实。另一方面，甘斯德仅仅是把创新看作技术创新，其实，无论是北京共识里的"创新"，还是中国所一直强调的"创新"，都不仅仅是技术的创新。创新，既包括技术创新，还包括理论创新、制度创新等。如果从这一角度出发，就更能体会出创新在中国改革发展中的重要地位，没有理论创新，就没有中国特色社会主义理论体系，没有制度创新，就没有中国特色的社会主义制度。一句话，创新是当代中国发展进步的灵魂，是当代中国兴旺发达的不竭动力。雷默在北京共识中所谈到的"密度的运用"是符合中国实际的。

北京共识的第二个原理是"努力创造一种有利于持续与公平发展的

---

① [美]乔舒亚·库珀·雷默：《北京共识》，载黄平、崔之元《中国与全球化：华盛顿共识还是北京共识》，社会科学文献出版社2005年版，第15页。

环境"。雷默在阐述北京共识的第二个定理时,谈到了"绿猫、透明猫"。因为邓小平的一句名言,"不管是白猫还是黑猫,抓住老鼠就是好猫",在很多国外学者看来,意味着中国的经济政策的唯一目标就是经济的增长。而雷默的"绿猫、透明猫",则意味着中国政府开始注重在经济增长的同时,注重环境保护与生态平衡,注重社会的公平与正义。从某种意义上来讲,"绿猫、透明猫"理论客观反映了改革开放以来中国在转变经济发展方式方面的努力。科学发展观的提出,更加迫切地要求原来的"黑猫"和"白猫"越来越"绿"化和"透明"化。转变经济发展方式已经成为中国社会的共识,国内生产总值不再是考核政府官员的最重要指标,从中央到地方,从知识分子到普通百姓,人们都认识到不能再有"带血的GDP",而应追求"绿色的GDP"。"绿猫、透明猫"已经是中国社会的共识。

而在这一点上,同样有一些国外学者没有与雷默达成共识。没有达成共识的原因,主要在于这些学者认为一直到现在,中国经济依然只追求速度,而不考虑环境和生态以及基本的人权,中国的经济增长虽然取得了进步,但并没有惠及大众。阿里夫·德里克指出:"很奇怪的是,雷默在他的著作中没有注意到新的发展政策导致许多人被遗弃于发展进程之外或者被排斥在社会的边缘。""雷默观察到中国的发展使约有四分之一的、每天收入不到一美元的人脱离了赤贫状态,但他没有提及中国社会在走向市场化的同时,城乡差距、阶级差距在加剧,有75%的人口(大多数集中在农村)不能享受最基本的医保和教育。"[①] 阿里夫·德里克对中国政策的批评其实并没有否定雷默的观点,因为雷默并没有指出中国已经创造了可持续与公平的发展环境,中国还在"努力"做到这一点。其实,如果阿里夫·德里克今天再来审视北京共识,也许他会对北京共识有更多的认同感,因为在他对北京共识提出批评仅仅过了几年时间,中国的义务教育就普及了,并且中国农民加入"新农合"的比例已经超过90%,农村60岁以上的老年人每月都可以领取养老金,虽然养

---

① [美] 阿里夫·德里克:《中国发展道路的反思:不应抛弃社会主义革命的历史遗产》,《当代世界与社会主义》2005年第5期。

老金的金额少了一些，但这毕竟是一个巨大的进步，改革的成果已经越来越注重让广大人民群众共享。

关于北京共识的第三个定理，似乎并没有引起国外学者更多的关注。其实，第三个定理也揭示了中国模式的一个重要方面，即中国模式始终强调通过运用各种手段，为中国的发展创造良好的环境，并始终坚持独立自主。之所以有中国模式之说，就在于中国没有模仿其他国家的发展模式，而是始终坚持走自己的路。尽管中国强调积极参与经济全球化，但在参与经济全球化的过程中保持独立自主是中国改革开放的一个重要经验之一，是胡锦涛提出的"十个结合"经验的重要方面。虽然甘斯德也认为中国的改革开放借鉴了许多国家的经验，但是，借鉴不等于模仿，中国并没有在改革中迷失自己，而是始终坚持自己的特色，正因为这样，才创造了中国模式。

关于北京共识的几个公理，也从一些方面揭示了中国模式的内涵，但更多是对三个定理的补充。像"贴近普通民众"，其实就是要以人为本，以最广大的人民群众的根本利益为本。在雷默看来，华盛顿共识与北京共识的最大区别，就在于一个是"银行家"的共识，一个是真正的民众的共识。像注重"本土化"（localization），其实就是一切要从自己的实际出发，结合本国的国情，探索自己的道路。而"结成利益共同体"，也是要为中国的自主发展创造条件。

总的来看，雷默提出的北京共识在一些重要方面揭示了中国模式的内涵，无论是创新，还是公平与可持续发展，还是努力实现独立自主，都是中国模式的重要组成部分。当然，中国模式并非北京共识所提出的几个方面，中国模式的内涵非常丰富，只有站在更高的高度，用更为抽象的语言才能概括出中国模式的内涵。对于我们来说，需要做的不是追求一个能广为世人接受的什么"共识"，我们更应该做的，是反思改革开放以来的经验教训，有效应对经济社会发展的挑战，沿着中国特色社会主义道路不断前行。我们不应苛求在中国发展问题上达成任何所谓的共识，我们只是希望中国模式能够给希望借鉴中国发展经验的人们提供一些启迪。

二 "经济自由加政治压制"的二元悖论

国外学者对中国模式内涵的研究,当前最为流行的一种错误观点莫过于中国模式就是"经济自由加政治压制"(economic freedom plus political repression)。这一观点的流行,起始于美国企业研究所 2007 年年底出版的《美国人》①双月刊(11—12 月号)刊登的《澳大利亚人报》驻北京记者罗恩·卡利克(Rowan Callick)②的一篇题为"中国模式"的文章。在这篇文章的开篇,罗恩·卡利克就明确指出,中国模式有两个组成部分。"第一部分是效仿自由经济政策的成功要素,通过使本国经济的很大部分对国内外的投资开放,允许实现劳动方面的灵活性,减轻税收和监管方面的负担,并把私营部门和国家的开支相结合,从而创建一流的基础设施。第二部分就是允许执政党保持对政府、法院、军队、国内安全机构以及信息的自由流动的牢牢控制。描述这一模式的一个较为简捷的方式是:经济自由加上政治压制。"③剑桥大学资深研究员、《中国的威权模式将如何主导二十一世纪》的作者斯蒂芬·哈尔珀对这一概括又进行了更为通俗的解释,即"政府与人民达成一种新的资本主义式的协议。国家持续提高人民的生活水准,而人民容许国家以威权的方式进行统治"。④也就是说,中国模式的内涵就在于政府以经济上的自由来换取人们对自己政治统治的认可。

罗恩·卡利克以"中国模式"为题的文章发表之后,得到许多西方学者的共鸣。英国《观察者》杂志一篇文章指出,中国创造了一种世界

---

① 《美国人》双月刊是美国公共政策研究协会主办的倾向于保守思想的杂志,共出版 2 卷 15 期。2006 年 11/12 月号为第一卷第一期,2008 年 11/12 月号为第二卷第 6 期,也是最后一期。其中 2007 年 11/12 月号(第一卷第七期)发表了题为"中国模式"(The China Model)的文章。

② 罗恩·卡利克是《澳大利亚人报》亚太版编辑,1987 年开始为该报工作,2009 年之前曾在该报驻北京记者站工作 3 年时间,对中国有着比较全面的了解。

③ Rowan Callick, "The China Model", *The American*, Vol. 1, No. 7, 2007, p. 35.

④ [英] 斯蒂芬·哈尔珀:《北京说了算?中国的威权模式将如何主导二十一世纪》,八旗文化 2010 年版,第 144 页。

上前所未有的政治模式：经济自由主义与社会威权主义相结合。①《悉尼先驱晨报》政治和国际事务编辑彼得·哈彻（Peter Hartcher）认为，中国模式就是"经济自由加政治压制"。他认为，在中国模式下，"人们作为消费者和生产者是自由的，但是作为公民和选民却是不自由的"。② 美国加利福尼亚州立大学长滩分校教授特蕾莎·赖特在《可接受的威权主义》的开篇也指出，"尽管中国的经济增长迅速且自由化了，但政治自由却受到严格限制。共产党不允许改变或挑战它的规则"。③ 随着中国模式研究热的升温，"经济自由加政治压制"被越来越多的学者认为是对中国模式内涵的最精炼的概括。那么，到底罗恩·卡利克以及这些西方学者怎样看待中国的"经济自由加政治压制"呢？

（一）罗恩·卡利克的"经济自由加政治压制"论

关于罗恩·卡利克所说的"经济自由加政治压制"。其中所谓的"经济自由"，主要是指改革开放以来中国在"很大程度上采纳了自由市场经济的已经得到证明的成功原理"。例如，"通过对外开放，引进外国资本、技术和管理技能，引导外国人开始把中国作为出口基地。与全球市场保持接触。让自己的制造业和营销部门与国际市场最出色的对手竞争。允许农民控制自己的土地"等。"使中产阶级分享新兴经济中的所有权，通过按照远远低于市场的价格实现政府大多数现有住房的私有化。尽可能地使国营经济部门企业化，并让少数股份在股票市场上流通，以便为居民储蓄提供一个新的出路。但是不要对中央银行放任自流，要利用它来保持对货币汇率等重要的政策杠杆的控制。保持对战略性经济部门的最终控制权；在中国，这些部门包括公用事业、运输、电信、金融和媒

---

① Ross Clark, "China's new political model", *The Spectator*, Vol. 312, No. 9465, 2010, pp. 16 – 17.

② Peter Hartcher, "Booming China model has its ups and downs for others", *Sydney Morning Herald*, November 16, 2010. http：//www.smh.com.au/opinion/politics/booming – china – m odel – has – its – ups – and – downs – for – others – 20101115 – 17ual.html.

③ Teresa Wright, *Accepting Authoritarianism：state – society relations in china's reform era*, Stanford University Press, 2010, p. 1.

体。"① 罗恩·卡利克认为，中国的上述举措都是"自由市场经济"的"专利"，中国引进这些"专利"，表明中国已经在经济上相对自由化了，所以可以称为"经济自由"。

而所谓的"政治压制"，就是"在开放经济以促进消费的同时，中国保持了政治上的全面控制"。在罗恩·卡利克看来，"中国人缺乏基本的自由。"他指出："的确，中国人民可以自由地消费自己买得起的一切。这是新鲜事。30年来，他们还获得了可以到国内外自己想要去的地方旅行的自由。他们现在想要为谁工作、在哪里工作都可以。他们可以购买自己的住宅并在自己选择的地方生活（'户口'制度正在崩溃）。中国妇女可以同自己爱的人结婚，尽管在城市里，一对夫妇仍然只能生一个孩子，除非他们付得起生育更多孩子的罚款。中国人可以在愿意录取他们的任何学校学习。他们可以会见自己喜欢的任何人，但却不可以大规模地结伙，那样就会引起怀疑"。"中国公民不能在未经官方许可的情况下组织政党，或者任何其他组织。博客作者必须向互联网服务提供商提供自己的真实姓名和身份证号码。在中国出版的所有书籍都必须标有来自一家国有的出版社的许可证。所有电影都必须经过国家广电总局审查。所有印刷媒体都归政府或党所有。"在罗恩·卡利克看来，以上这些就是中国政治上不自由或"政治压制"的表现。但我们从他的字里行间感觉到的却是，中国已经很自由了，而他所追求的自由是那种绝对的自由，而这种"自由"莫说是在还处于发展中的中国，就是在那些发达国家也还没有实现，而且是根本不可能实现的。罗恩·卡利克之所以认为中国还处在政治压制之下，就在于他考虑的不是民主或自由的本质，而只关注民主、自由的形式，也就是说中国的民主政治制度与西方不同，并且最终也不会向西方看齐。罗恩·卡利克把中国的这种政治现状与其他东亚国家曾经的政治状况做了对比，认为，"像大多数其他东亚国家一样，中国的发展路线也把经济改革放在优先于民主化的地位。但中国模式与该地区的大多数模式显著不同，因为它一直抵制沿着朝向民主的道路迈

---

① Rowan Callick, "The China Model", *The American*, Vol. 1, No. 7, 2007, p. 37.

出任何实质性的步伐。"①。

以上就是罗恩·卡利克所认为的"经济自由加政治压制",他对中国"经济自由"与"政治压制"的认识虽然揭示了一些中国社会的现实,但他对中国经济政治的理解还仅仅是停留在表面,且带有一些偏见。他的这一概括,不仅没有被中国国内学界所认可,在国外也引起了一些学者的争论。

中国经济体制的改革不是罗恩·卡利克所认为的西方式放任的私有化和市场化,中国政治也不存在所谓的"压制"。改革开放以来,中国的经济和政治改革始终沿着中国特色社会主义道路不断前进。

(二) 国外学者对"经济自由加政治压制"的认识

用"经济自由加政治压制"来概括中国模式,尽管得到了许多西方学者的支持,但也有一些学者并不赞同这一观点。在这些学者看来,中国的经济并没有真正实现自由化,所以不能用"经济自由"来肯定中国的经济改革。另外,中国的政治改革在改革开放后取得了很大的进步,因此也不能用"政治压制"来否定中国的政治进步。

关于"经济自由"。有学者认为,中国虽然在经济改革方面取得了很大进展,但与西方的"自由经济"相比较,中国经济仍然是"不自由的"。赵穗生指出,将中国模式描述为"经济自由加政治压制"并不准确。因为在他看来,中国虽然在很多方面建立了所谓的市场经济,在自由市场条件下,劳动、资本、商品等各种要素也可以日益自由流动,股票市场已经建立,大量引进了资金、技术、管理等,私营部门在国家经济以及就业方面扮演着越来越重要的角色。这都表明,中国经济已经相当"自由",当前的中国经济已经与毛泽东时代的计划经济完全脱离。但是,他又指出,中国的经济并非完全自由,而是一种"有选择地自由"(selectively free),或者说与西方的经济自由还是两个概念。主要是因为中国一直强调公有制经济占主体地位,国有经济要占主导地位,特别是在一些关键领域和战略部门国有经济要占据绝对优势,当前的现实是,

---

① Rowan Callick, "The China Model", *The American*, Vol. 1, No. 7, 2007, p. 98.

也许公有制经济的主体地位并不突出，但国有经济确实控制着一些重要的部门。在一些国外学者看来，中央政府还保持着对经济战略部门及核心产业最后的控制权，主要体现在公用事业、运输、电信、金融和媒体等各个部门。中国人民银行不像西方的中央银行那样，是一个自主的金融机构，中国人民银行的主要功能是政府的金融工具。虽然许多西方国家要求中国政府实现透明化治理、司法独立、财产自由等，但到目前为止，中国都没有做到这一点。所以，在中国根本没有自由。① 在与赵穗生观点相似一些学者看来，只有完全的私有化、绝对的自由化、彻底的市场化，才可以称得上经济自由。所以，中国经济还没有实现真正的"自由"。

一些学者也并不认同罗恩·卡利克所谓的"政治压制"。在他们看来，"中国模式所涵盖的不仅仅只是经济议题，也涵盖了政治议题，包括政治与法制改革、民主化和宪政主义。在这个意义上，将中国模式的政治部分仅仅描述成'压制'（oppressive）是不准确的"②。当前的中国并不能被认为是一个"政治压制"的社会，中国在政治上是民主的、开放的，并不存在所谓的"压制"。托马斯·海贝勒指出，"中国并非像西方很多人感觉的那样是一个纯粹的专制政权，并且近几十年没有发生变化。其实，中国正在迈向一个自治、法治和参与程度更高的开放社会"。③ 有的学者还指出："或许对中国最大的一个误解是他们只会发展经济。实际上，它的政治也在进步。"④

美国前驻华大使芮效俭根据他在中国的所见所闻以及对中国的深入了解，指出，许多美国人及西方媒体所持有的看法认为，中国的政治体制一直没有改变，政治改革严重滞后于经济改革。这其实是非常荒谬的。

---

① Suisheng Zhao, "The China Model: can it replace the Western model of modernization", *Journal of Contemporary China*, Vol. 19, No. 65, 2010, p. 422.

② Suisheng Zhao, "The China Model: can it replace the Western model of modernization", *Journal of Contemporary China*, Vol. 19, No. 65, 2010, p. 424.

③ ［德］托马斯·海贝勒：《关于中国模式若干问题的研究》，《当代世界与社会主义》2005年第5期。

④ Rana Foroohar, "Everything You Know about China Is Wrong", *Newsweek*, Vol. 154, No. 17, 2009, p. 34.

他认为,中国的政治改革已经开始,并对中国普通群众的生活产生了相当大的影响。在政府与人民的关系上,中国已经发生了很大的变化。20世纪70年代,人民生活的每一个方面都由政府控制。但现在,中国人已经拥有了很大的自由选择权,包括住在什么地方、去什么地方旅游、穿什么衣服、阅读哪些书籍、在哪里就业、接受教育等。即便当前仍然存在一定的"审查机制",但中国人获取的信息也比以往任何时候都要多,途径和渠道更为广泛,各种博客、社交网络等都成为影响政府决策的重要因素。[①] 另一位美国学者谢德华也指出,在计划经济年代,"生活中的许多事情都是政治问题","但在今天,生活中已经没有政治问题了","处理生活中的绝大部分事务都无须介入政治"[②]。因此,在他们看来,中国并不存在所谓的"政治压制"。

(三)"经济自由加政治压制"是对中国模式的误读

1. 提出"经济自由加政治压制"的原因分析

罗恩·卡利克之所以认为中国模式就是"经济自由加政治压制",并且这一观点在提出以后得到许多西方学者的共鸣,分析起来主要有两个原因。

一是对中国现实缺乏全面深刻的理解。改革开放以来,中国经济社会发展取得了举世瞩目的成就。虽然成就是多方面的,但能够令其他国家瞩目的主要是在经济方面,国外对中国的关注,主要体现在中国经济的影响力上。中国成为世界第一大进出口国,中国超越日本成为世界第二大经济体等这些才是西方学者和普通民众更为关注的问题。而中国在政治上所取得的进步,往往不被西方民众尤其是一部分戴着有色眼镜的西方学者关注,才会导致许多国外学者和民众误认为中国存在严重的"政治压制"。同时,由于对中国经济改革的不甚了解,包括对公有制为主体,多种所有制共同发展的基本经济制度以及社会主义市场经济的了

---

① 《"中国政改停滞不前"论调很荒谬》,《国防时报》2011年6月10日第6版。
② [美]谢德华:《中国的逻辑:为什么中国的崛起不会威胁西方》,曹槟、孙豫宁译,中信出版社2011年版,第11页。

解只停留在字面上，因此，很容易把国有企业改革看作私有化，把市场经济看作市场化，因此认为中国经济已经"自由化"了。

二是意识形态的偏见。新华网一篇针对中国模式就是经济自由加政治压制的文章指出："他们不否认中国经济的长足发展，但同时强调'政治压制'，甚至干脆说中国'专制''独裁'。这显然是以西方的价值观为标准，居高临下地蔑视中国，有几分敌意和不屑，也有几分不安甚至恐惧。"提出"经济自由加政治压制"的罗恩·卡利克恐怕也很难摆脱带有明显的意识形态偏见来看待中国模式的质疑。考虑到罗恩·卡利克多年对中国的关注和了解，他在看到中国经济发展进步的同时，应该可以看到中国改革开放以来政治环境的变化，并应该能够对中国政治改革做出客观地解读，遗憾的是，他仍然认为中国的政治环境是压抑的，中国人民几乎没有任何政治上的自由，并用"政治压制"来否定中国的民主政治进步。也许，之所以出现这种现象的原因，还在于罗恩·卡利克没有能够摘下一些西方媒体记者已经习惯了的有色眼镜，还在于他根深蒂固的对中国的偏见。其实，只要认真阅读过罗恩·卡利克的其他有关中国的文章，也就对此见怪不怪了。在罗恩·卡利克眼中，关于中国的印象更多是"黑砖窑""新疆小偷""发票贩子"等。[①] 对此，马克·里欧纳德这样深刻地指出，"许多观察家在谈到中国政治时，都当它过去30年一直被深深地冻结着，其他的一切则环绕着它改变。但事实上，中国政治变得几乎就像经济那么多，唯独不是朝着西方感到自在的方向"。[②] 里欧纳德的观点多么鲜明地道出了一些西方学者在看待中国政治发展问题上所持有的偏见。

2. 如何理解"经济自由"

与改革开放以前高度集中的计划经济相比，中国经济确实获得了很大的自由。中华人民共和国成立以后，为了实现经济上的独立和自主，进而维护国家的独立自主，必须尽快建立基本的国民经济体系。而在

---

① 罗恩·卡利克：《被拐走的少数民族孩子成了中国教唆犯的受害者》，《澳大利亚人报》2007年6月27日；罗恩·卡利克：《中国的现代化转变》，《澳大利亚人报》2007年12月14日等。

② ［英］马克·里欧纳德：《中国怎么想》，林雨蓓译，行人出版社2008年版，第101页。

"一穷二白"的基础上搞大规模的基础建设，必须采取高度集中的计划经济体制，以发挥集中力量办大事的优势。同时，由于受到苏联模式的影响，再加上把发展计划经济看作社会主义本质要求的错误理解。因此，中华人民共和国成立之初，建立了和苏联模式相类似的高度集中的指令性经济体制。在计划经济体制下，公有制一统天下，取消市场，实行平均分配。这种高度集中的指令性经济对于中华人民共和国成立初期国民经济体系的建立起到了至关重要的作用。但是，在计划经济体制下，从生产到流通，再到消费，工厂、个人基本上没有任何自主权，也即没有任何经济上的"自由"，由于体制僵化而造成生产积极性的下降，并最终限制了经济的发展。

改革开放以后，随着对社会主义本质、社会主义初级阶段等问题认识的深化，以邓小平为核心的第二代中央领导集体打破了计划才是社会主义的僵化认识，开启了经济体制改革的闸门。在基本经济制度上，从原来单一的公有制发展到公有制为主体，多种所有制共同发展的基本经济制度，在经济体制方面，从原来的计划经济转变为社会主义市场经济，在分配方面，实行按劳分配为主，多种分配方式并存的分配制度。改革开放以后，非公有制经济获得了发展的自由，人民群众获得了自主生产、经营、消费的自由，中国经济因此迎来了新的发展空间。相对于改革开放前高度集中的计划经济体制，当前中国的经济确实可以说实现了很大程度上的"自由"。

但是，中国的"经济自由"与许多西方学者所认为的"经济自由"有着本质的不同，与华盛顿共识所要求的拉美、苏东国家的"自由化"完全是两个概念。中国经济再怎么自由，既不能，也没有游离出社会主义制度的框架。任何经济制度、体制的改革都不能违背四项基本原则。确实，在中国，基本经济制度进行了改革，却始终没有超越公有制占主体这条红线。从完全的公有制到以公有制为主体，仍然坚持的是社会主义的基本经济制度。将来，中国的经济制度再怎么改革，都不会也不能放弃公有制的主体地位。中国虽然实行市场经济，却是社会主义制度下的市场经济，在价值取向上，社会主义市场经济没有选择的自由，它只能为社会主义的国家和人民服务。中国虽然存在按生产要素进行分配，进而实现获取财富的自由，但始终坚持按劳分配为主的原则。因此，中国的经济自由，是公有制基础上、社会主义前提下的自由。西方的经济自由，实质上是资本的自由，而中国的经济自由，是围绕为社会主义服务这一根本前提下的方法和手段的自由。

3. 如何理解"政治压制"

罗恩·卡利克把"执政党保持对政府、法院、军队、国内安全机构以及信息的自由流动的牢牢控制"看作中国的"政治压制"。首先需要指出的一点是，在中国，共产党只是对政府、法院等这些部门进行领导，并非其所说的"牢牢控制"。如果非要说"牢牢控制"，也只能说这是由党的领导地位所决定的，这与"政治压制"是两个概念。在美国，执政党同样领导政府和军队，因为总统是政府最高首脑，同时也是武装部队总司令，并且最高法院法官也要由总统提名。所以，不能因此把中国共产党的领导看作是"政治压制"。

另外需要指出的一点是，究竟中国是否存在"政治压制"，还要中国人民说了算。特蕾莎·赖特在《可接受的威权主义》中指出，在对19个民主或非民主的国家的调查显示，中国人最支持他们的政治体制。更重要的是，中国民众认为中国的政治体制并不是封闭僵化的，而是开放和向更积极的方向在转变的。2001年美国密歇根大学实施的"世界价值观调查"项目（World Values Survey）的调查显示，67%的中国人认为他们对中国的民主政治道路满意或非常满意。2000年《东亚晴雨表》（East Asian Barometer, EAB）的调查则显示，88.5%的人对中国的民主发展道路相当或非常满意。[①] 从以上这些数字可以看出，中国绝大多数民众并没有感觉到自己生活在非常严厉的政治压制之中。相反，他们对中国的民主政治发展充满信心，并乐意接受当前的政治体制。因此，我们可以说，所谓的"政治压制"只是一些西方人士的主观评判，中国的民主政治既不像他们所描述的那样封闭僵化，也不像他们所认为的那样，遭到中国人民的抵制。西方学者不能总是高高在上，对中国的民主指手画脚，要

---

① Teresa Wright, *Accepting Authoritarianism: state – society relations in china's reform era*, Stanford University Press, 2010, p. 15.

结合中国的实际看待中国的政治。实际上,中国特色的民主政治体制在中华人民共和国成立以前就已经基本确立了。1940年,毛泽东在《新民主主义论》中就已经明确了中华人民共和国的政治体制,即人民民主专政和民主集中制的人民代表大会制度。中华人民共和国成立前召开的中国人民政治协商会议也基本上确定了中国共产党领导的多党合作和政治协商制度,而后又逐步确立了民族区域自治制度、基层群众自治制度等具有中国特色的民主政治制度。当然,1957年下半年以后,随着"反右扩大化"以及后来的"文化大革命"的发生,这些已经建立起来的民主制度没有能够保障人民的民主权利。改革开放以后,随着经济的发展以及人民政治权利意识的增强,人民代表大会制度以及基层群众自治制度等在保障人民权利方面的作用越来越突出。

只不过,国外学者在看待中国的民主问题时,总是带有某种偏见。裴文睿指出:"许多西方评论人士对中国的描述非常负面,往往更多地暴露了他们自己的习惯性主观偏见,而不是对中国的看法。"① 这种偏见主要表现在两个方面,一是没有或者是不愿意看到中国民主政治的进步。中国不是没有选举,但在一些西方学者看来,中国的选举完全是由共产党一手操纵的,根本算不上真正的选举。其实,如果真的到中国的一些基层地方去看一看,那里的选举与西方国家的选举没有什么两样,基层群众自治制度在一些基层单位得到了实实在在的落实。当然,在各个层次的选举中,不能否认存在这样和那样的问题,但是,在各个层面上,选举的制度和程序都是很完善的,所以,存在问题的原因不能归结于制度所致,中国的经济发展水平、人们的民主素养直接决定了中国基层民主的质量。二是总是以西方的民主为标准样式,来评判中国的民主。一些西方学者总是认为,只有多党竞争、三权分立才是真正的民主,中国的人民代表大会制度、共产党领导的多党合作和政治协商制度等,都不是真正的民主,都是为共产党"一党专政"而服务的。这其实也是西方学者的一种偏见。中国到底是不是民主,还应由中国人民说了算。西方

---

① Randall Peerenboom, *China Modernizes: Threat to the West or Model for the Rest*, Oxford University Press, 2007, p. 282.

的民主有西方的特色，中国的民主有中国的特色，不能因为中国的民主与西方的民主不同，就认为中国没有民主，这恰恰是西方在民主概念上的"专制"。

总之，把中国模式看作"经济自由加政治压制"，一方面是对中国模式的误读。且不说中国经济既不是其所谓的"经济自由"，中国政治也不是其所谓的"政治压制"，单就这一命题来说，就是一个二元悖论。因为，在经济自由的基础上不会存在政治压制，而在政治压制的条件下，也不可能实现经济自由。因此，这根本就是一个不能成立的命题，是对中国模式的一个误解。谢德华指出，经济上的改革必然伴随政治上的变化，中国"由于生活中太多的问题都已经市场化，社会不能再以这样的方式进行管理了"。"中国社会已经不再是'国家控制生活中的所有事情，公民必须服从'。"[①] 巴里·诺顿也指出："中国经济的成功源于政治制度和经济制度的共同演进，不存在单一的中国模式。"中国"经济发展与政治发展之间是相互依存关系。虽然经济体系总体上朝着更加市场化方向发展，政治体系朝着更理性的方向发展，但这些发展都不是线性的，也不能孤立地理解"[②]。另一方面，罗恩·卡利克把中国模式看作"经济自由加政治压制"，实际上是在暗示中国模式是不可持续的，因为经济自由与政治压制本身互不相容，实质上是在否定中国模式。还有，把中国模式概括为"经济自由加政治压制"实质上是在宣扬"中国模式威胁论"，因为在大多数西方学者看来，经济的自由必然伴随政治上的民主，这也是西方资本主义模式的核心所在，而中国模式却打破了这一常规，把经济自由与政治压制有效地结合起来，而且起到了很好的效果，所以，才有了西方的担心。

中国的经济确实自由了，但不是西方的"自由化"，中国的政治确实没有实行西方的多党轮流执政，但绝不是一些西方学者所谓的"政治压制"。要客观地解读中国，西方学者对中国模式的认识还需不

---

① ［美］谢德华：《中国的逻辑：为什么中国的崛起不会威胁西方》，曹槟、孙豫宁译，中信出版社 2011 年版，第 11 页。

② Ling Chen and Barry Naughton, "A Dynamic China Model: The Co - Evolution of Economics and Politics in China", *Journal of Contemporary China*, Vol. 26, No. 103, 2016, pp. 18, 33.

断深入。

三 "混合经济"加"一党政治"的片面判断

与一般的国外学者相比,那些身处国外的华裔学者对中国模式往往有着不同的看法和观点。由于他们很多人都有长期在中国生活的经历,对中国的历史与现在,对中国改革开放以来的发展变化有着更为全面的了解,因此,像郑永年、张维为、郭苏建、宋鲁郑、李成等这些华裔学者对中国模式内涵的认识相对更为客观、深刻。对于中国模式的内涵,他们的认识不像雷默提出的北京共识那样抽象,也不像罗恩·卡利克提出的经济自由加政治压制那样带有明显的偏见。他们所认识的中国模式的内涵,可以用"混合经济"加"一党政治"来概括。"混合经济"加"一党政治"听起来似乎更带有某种偏见,但只要对这一概括进行深入的分析,可以发现,这一概括在某种程度上具有一定的合理性。

郑永年指出,"从大历史的角度来看中国模式,就不难发现这个模式的存在及其主要内涵。尽管中国模式表现在方方面面,但其核心是中国特有的政治经济模式",并且"这两方面互相关联,互相强化"[①]。他认为,"在经济方面,中国是混合经济模式",在政治方面,"党权是中国政治的核心","中国共产党是唯一的执政党,是中国社会经济整体转型的媒介(agency),是中国模式的塑造者"[②]。宋鲁郑也明确指出,"中国真正与众不同的特色是有效的一党制"。另一位华裔学者郭苏建也这样认为,就中国模式来说,"经济上,它是一种混合经济形式","政治上,共产党是唯一的执政党"。虽然这些学者并没有明确提出"混合经济"加"一党政治"这一提法,但从他们对中国模式内涵的论述来看,这样的概括是比较符合他们的本意的。

---

① 郑永年:《中国模式的核心是什么》,《社会观察》2010 年第 12 期。
② 郑永年:《中国模式:经验与困局》,浙江人民出版社 2010 年版,第 58 页。

(一) 国外学者对"混合经济"的理解

1. 郑永年关于"混合经济"的观点

在郑永年看来,中国的经济模式就是混合经济。他指出:"在改革开放的三十年里,中国基本上从制度层面确立了混合经济模式。"① 郑永年认为,中国经济中的很多因素不是那种非此即彼的关系,在中国,既有出口导向型经济,又有内需型经济,既重视国有经济的地位,也重视非公有制经济的作用,既注重发挥市场的优势,也注重政府在经济运行中的重要地位。中国不像那些深受新自由主义影响的国家,实行完全的私有化和市场化,彻底废除公有经济,否定政府的作用。然而,它也不像苏联和其他一些社会主义国家那样,只注重公有制经济,而忽视在当前生产力水平下发展非公有制经济的重要意义。中国的混合经济是公有制与非公有制的"混合",是出口导向与注重内需的"混合",是政府与市场的"混合"。

首先,所有制层面的"混合经济"。郑永年认为,中国经济并不像一些西方学者所强调的那样,已经按照新自由主义的指导完全私有化了。改革开放以后,中国打破原来的僵化的经济制度,公有制一统天下的局面被打破,各种非公有制经济迎来了发展的春天。从原来的公有制占绝对优势地位,到后来的公有制为主,其他经济成分为辅,再到公有制经济为主体,多种经济成分共同发展,非公有制经济不仅取得了平等的法律地位,也在经济发展中越来越拥有重要的地位。但是,中国的改革,并不像按照"华盛顿共识"进行的以私有化为前提的苏东国家的"休克"式改革,中国并没有完全私有化,而是保留了大量的公有制经济,私有经济只是其中的一部分。在中国,完全的国有化和集体化只存在了一段时间,而彻底的私有化根本就不曾发生,中国经济在大部分时间里公私并存,混合经济模式才是中国经济的常态。

其次,从经济形态看"混合经济"。一直以来,很多学者都认为,中国的经济与当年的亚洲"四小龙"模式一样,是一种出口导向型经济,

---

① 郑永年:《中国模式:经验与困局》,第101页。

并认为中国的出口导向型经济发展模式难以为继。① 但郑永年并不这样认为，在2008年国际金融危机发生后，他指出，中国能够抵御危机，表明中国经济与日本以及韩国、新加坡、中国台湾地区、中国香港等"四小龙"国家和地区的经济有着根本的不同。中国经济不是那种纯粹的出口导向型经济，而是既注重出口，也注重内需，是出口导向与注重内需的"混合"。中国的出口导向型经济也表现为不同类型。珠江三角洲的出口导向型可以说是一种典型的"自由放任"型经济。但相比珠江三角洲，长江三角洲的出口导向型经济，政府一直起着非常大的作用。除了出口导向型经济，中国许多地区还发展出了以满足内部需求为导向的经济。他认为，浙江的民营经济就是一种内生型经济，其发展的动力主要不是来自外资，而是来自内部。尽管浙江也鼓励外来资本，但发展的主要动力主要来自民族资本。不仅发展的资本来自内部，发展也主要是以满足内部市场为主。②

最后，政府和市场的"混合"。在郑永年看来，中国的混合经济还包括政府与市场的"混合"，也就是说中国既没有像苏联那种高度集中的社会主义一样，一切经济行为都由国家即政府来控制，几乎不允许市场的存在。同样，中国也没有像新自由主义所主张的那样，市场是万能的，经济的有序运行不需要政府的存在，政府充其量只是一个"守夜人"。中国既没有完全放弃政府的作用，也没有接受"市场万能主义"，而是把二者有机结合起来。改革开放后，中国对市场的性质和作用有了不同的看法，市场作为一种工具，既不属于社会主义，也不属于资本主义，市场本身不具有制度属性。郑永年特别强调，在中国，市场的发展是由政府在大力推进的。③ 实际上，郑永年所指出的政府与市场的"混合"，就是我们所主张的计划和市场的有机结合。而郑永年认为，正是这种"混合"，使中国比较有效地抵御了2008年的国际金融危机。因为，政府和市场的关系既影响着一个经济体是否会导致经济的危机，也影响着到这

---

① 持这种观点的学者很多，其中之一是弗朗西斯·福山。见俞可平、弗朗西斯·福山《全球化、当代世界和中国模式》，《北京日报》2011年3月28日第19版。
② 郑永年：《中国模式：经验与困局》，浙江人民出版社2010年版，第105页。
③ 郑永年：《中国模式：经验与困局》，第107页。

个经济体是否能够有效应对危机、预防危机。就2008年金融危机来说，最主要的原因是西方政府对本国的金融系统监管不严。在西方当权的新自由主义者们看来，政府应该放弃经济功能，政府的作用就是要保证市场毫无障碍地运作，只可惜，这次金融危机又一次证明这种信仰的差错。难能可贵的是，中国在强调市场优势的同时并没有走向市场万能主义。正是因为中国有大型的国有企业，才使新自由主义在实体经济领域遭到抵制，中国经济才没有彻底私有化。① 联合国《2006年贸易与发展报告》，对比了许多发展中国家的发展道路和发展成就，得出的结论是，作为发展中国家，经济发展不能只靠市场力量，还要靠政府的力量，也就是"看得见的手"和"看不见的手"要协调发挥作用。报告的总协调官司德特革夫·科特强调，中国之所以能够成功，就是因为中国并非单纯依靠市场力量来发展经济，而是重视政策调控手段与市场力量的有机结合。② 对于广大发展中国家来说，当市场机制还不成熟时，不能忽视政府的作用，特别是发展中国家往往法律体系并不完善，在这种条件下，要发展经济，更不能放弃政府作用的发挥，在法律还不完善的领域必须要有政府的存在，只是需要处理好政府与市场的关系。

2. 为什么把"混合经济"看作中国经济模式的核心

之所以把"混合经济"看作中国经济模式的核心，就在于这种"混合经济"是改革开放以来中国经济成功的关键。

首先，从所有制层面的"混合"来看。很显然，改革开放以前，中国的经济成分几乎是清一色的公有制经济，由于都是公有制，缺乏竞争，从而导致国有企业缺乏活力，经济发展缺乏动力。改革开放以后，经济制度的改革为非公有制经济的发展创造了条件，个体、民营、外资经济迎来了发展的机会。在这些非公有制经济发展的同时，也为公有制经济的发展创造了机会。郑永年指出："民营企业的发展为国有企业营造了一个有利的环境，国有企业和民营企业两者相互补充又相互竞争，起到了共同发展的效果。"各种所有制企业之间也已经形成了相互竞争的机制，

---

① 郑永年：《中国模式：经验与困局》，第107页。
② 徐崇温：《国外有关中国模式的评论》，《红旗文稿》2009年第8期。

通过互相竞争来提高各自的生产力。正是这种相互竞争、取长补短,既促进了国有经济的发展,也促进了民营经济的发展,从而促进了整个经济的发展。特别是这种"公私混合型经济"在应对以往的每一次危机中都显示出了独特的优势。在中国,公有制经济已经成为政府的强有力的杠杆,以能够实施应对危机所采取的一系列政策措施。在所有制层面的这种"混合",可谓中国经济的成功之道。而极端的私有化和极端的公有化一样会导致无穷的经济问题。为了公有化而公有化,为了私有化而私有化,都不是理性的方式。中国已经确立了这种"混合"的经济制度,中国下一步要做的,就像郑永年所指出的那样,"重要的是要在不同所有制之间找到一个合理的平衡,通过它们之间的竞争达到资源的合理配置、经济效益的最大化和社会公正的实现"。如果能够顺利做到这一点的话,中国的经济发展模式必定成为其他国家所效仿的对象。[①]

其次,从既注重出口又注重内需的"混合"来看。郑永年指出,中国经济虽然注重出口,但也十分注重内需,与日本及亚洲"四小龙"国家单纯依赖出口和依赖西方市场有着本质的不同。[②]改革开放40多年来,中国对出口导向与注重内需相结合的认识不断深化。不能否定的是,中国改革开放最早的地区珠江三角洲其经济几乎完全是以出口为导向的,对西方市场有着严重的依赖,这也是为什么这一次金融危机,导致珠江三角洲地区大量工厂关门、企业倒闭的重要原因。实际上,在改革开放之初,对于中国这样还比较落后的国家来说,除了发展出口导向型经济,为发达国家"打工"之外,确实别无他途。但是,中国很快认识到单纯的出口导向型经济面临着很大的风险,因为对于中国这样的大国来说,不可能把自己的发展寄托于外部市场,中国更需要注重发展以内部需求为导向的经济。因为尽管引进外资的确推动了本地经济的发展,却也滋生出越来越多的问题。一是资本进来了,技术进不来;二是外资的涌入制约了本土企业的发展和技术创新。特别是在近几年,外资也是中国经济泡沫产生的重要推动力量。但是,浙江作为改革开放的"后来者",与

[①] 郑永年:《中国模式:经验与困局》,浙江人民出版社2010年版,第103页。
[②] 郑永年:《中国模式:经验与困局》,第104页。

"先行者"广东有着显著的区别。浙江发展的动力主要来自民族资本,浙江的产品也是以满足内部市场为主,出口为辅,这与其他地区高度依赖出口形成鲜明对照。浙江这种以满足内部市场为主的发展模式对中国的整体发展是有利的,这种模式也比出口导向更稳定、更具可持续性,在于它更能承受外部市场的冲击。① 所以,尽管这次国际金融危机影响到了长三角地区,导致一些工厂和企业破产倒闭,但受影响的程度显然要远远低于珠三角地区。

最后,从政府与市场的"混合"来看。中国经济的成功尤其是这一次成功避免国际金融危机的影响,一个重要的原因是保持政府和市场的合理恰当的关系。郑永年指出:"政府和市场的关系既关乎一个经济体是否会导致经济或者金融危机,也关乎这个经济体是否有能力应对危机和预防危机。""经济改革的问题并不是要不要走市场经济的道路,而是如何在走市场经济道路的同时处理好所有这些方面的关系。"② 这些关系包括民营企业和国有企业的关系、政府和企业的关系、企业和雇员的关系等,而这其中,最重要的是处理好政府和企业的关系,实际上也是政府和市场的关系。与新自由主义主张的市场万能主义不同,中国始终认为,政府这只"看得见的手"的存在,是市场这只"看不见的手"能够发挥作用的前提。市场可以通过配置资源,分配经济利益进而激发人们从事经济活动的动力,但如果没有政府施加影响,很容易引发恶性竞争,经济失序。政府可以进行长远规划,并注重社会建设,但如果没有市场发挥作用,很容易导致缺乏活力,经济停滞。因此,重要的是处理好二者之间的关系。"从中外历史的经验来看,政府还必须扮演一个重要角色,就是说市场这只看不见的手的发生、发展和健康运作离不开政府这只看得见的手。"③ 谢德华也指出:"落后国家要实现发展,简单地开放市场、放松管制和精简政府是不够的,恰恰相反,这些国家的政府必须积极地参与到发展大计中去并且有意识地介入市场管理。""市场是发展的一个

---

① 郑永年:《"浙江模式"值得深思》,《农村·农业·农民(理论版)》2006 年第 7 期。
② 郑永年:《"浙江模式"值得深思》,《农村·农业·农民(理论版)》2006 年第 7 期。
③ 郑永年:《中国模式:经验与困局》,浙江人民出版社 2010 年版,第 108 页。

必要条件，至少对于落后国家来说不是充分条件。""因此，中国与常规发展模式的决裂，即市场经济和强有力的宏观调控的结合，很好地解释了为什么中国能够取得经济发展上的巨大成功。"①

（二）国外学者所理解的"一党政治"

1. 郑永年对"一党政治"的理解

对于一党政治，郑永年这样指出："从政治上来说，中国共产党是唯一的执政党。有民主党派的存在，但并不是像西方那样的多党竞争制，而是多党合作制，就是说，民主党派并不是中国共产党的权力竞争者，而是其合作者和权力的监督者。"② 对于郑永年提出的"一党政治"，不能仅停留在字面上的理解。中国虽然是一党执政，但并不能说中国没有民主。因为，民主的本质不是政党的数量。中国虽然是一党执政，但中国在政治上是非常开放的，与一党专政不是同一个概念。郑永年自己也指出："开放性正逐渐成为中国政党体制的一个重要特征"，"在中国，从社会底层进入政界的人数远远大于很多其他国家，包括民主国家"，中国共产党事实上是"一个利益高度多元化的群众性政党"③。

郑永年认为，中国的"一党政治"是基于中国的历史文化传统的选择。近代以来，中国也曾学习西方的政治制度，经历了洋务运动、维新变法、辛亥革命，但西方的政治制度始终不能扎根于中国。而在"经历了在长达半个多世纪的战争和革命过程中，传统的皇权慢慢地转型到了具有现代性的党权"。现代性的党权与传统的皇权，"都是中国大一统文化的政治表现，都是贤人政治的制度承载"。只不过"党权具有现代因素，传统皇权则没有。皇权只可边缘化，不可民主化；党权则不然。党权既是现代中央集权制度的基础，但也可以实现民主化"④。"一党政治"

---

① ［美］谢德华：《中国的逻辑：为什么中国的崛起不会威胁西方》，曹槟、孙豫宁译，中信出版社2011年版，第43页。
② 郑永年：《中国模式：经验与困局》，浙江人民出版社2010年版，第114页。
③ 郑永年：《中国模式：经验与挑战》，中信出版社2016年版，第71—72页。
④ 郑永年：《中国模式的核心是什么》，《社会观察》2010年第12期。

既是中国历史文化传统的选择,也基于对中国经济政治发展的现实考量,因为中国目前还不具备发展西方民主模式的历史传统和现实基础。在西方,以多党政治为核心的民主,是经过数百年之久才演变成为今天的样子。而中国目前"社会经济发展水平低下,社会分化严重,中产阶级弱小,甚至不存在,一旦实行多党政治,政党就变成为了分化社会的力量"。在中国,由传统皇权转变而来的具有现代因素的党权,"既是现代中央集权制度的基础,但也可以实现民主化"。一党执政,"通过开放政治过程,把外部问题内部化来求得问题的解决"①,进而化解政治危机,是中国政治的独特所在。

在郑永年看来,西方尽管是所谓的"多党制",但实质依然是一党政治。因为尽管是多党轮流执政,但从政策层面看,呈现出来的是一党执政的特征。这是因为,在今天的西方社会,存在着一个不仅数量庞大,经济实力雄厚,而且政治影响力也很大的中产阶级,如果没有中产阶级的支持,哪一个政党都不可能上台执政。因此,无论哪一个政党想要执政,都必须照顾到这个阶级的利益。可以说,在西方社会,政党整合了不同阶级、阶层的社会力量,而从某种意义上讲,中产阶级又整合了代表不同利益、具有不同理念的不同政党。所以尽管不同政党走马灯式地上台下台,看起来却又像一党在执政。因此,那些成功实行多党制的国家,往往是那些比较发达、中产阶级比较庞大的国家。而在广大的发展中国家,因为没有一个强大的利益一致的中产阶级来约束不同的政党,进而阻止多党制的分化功能,因此如果实行多党制,往往会出现社会的分化,并会带来严重的社会动乱。在发展中国家,因为社会经济发展水平低下,社会分化严重,中产阶级弱小,甚至不存在,一旦实行多党政治,政党就变成分化社会的力量。在亚洲、拉丁美洲和非洲,到处都可以找到这样的例子。②泰国的政治斗争是发展中国家实行多党制的一个最具代表性的典型,看上去永无休止的政治斗争已经严重地阻碍了经济社会的发展。

---

① 郑永年:《中国模式的核心是什么》,《社会观察》2010 年第 12 期。
② 郑永年:《中国模式的核心是什么》,《社会观察》2010 年第 12 期。

2. 为什么要把"一党政治"看作中国政治模式的核心

除了郑永年以外，另一位身居法国的华裔学者宋鲁郑也认为"一党政治"是中国成功的关键。在《中国政治制度的比较优势》①一文中，宋鲁郑从六个方面阐述了中国政党制度的优势，从中可以体现出一党政治在中国模式中的核心作用和地位。

其一，在于"一党制"可以制订国家长远的发展规划和保持政策的稳定性，而不受立场不同、意识形态相异政党更替的影响。在多党制国家，每一个政党都代表着不同的利益集团，斗争的目的不是为了国家的长远发展，而只是自己集团的利益。用一位印度政府资深官员的话说："我们不得不做许多从长远来看愚蠢的事情。但政治家在短期内需要选票。中国则可以作长期打算。"②李安也认为，中国的政党制度"让政府领导人摆脱了受选举驱动的思维，让他们能够专注于长期的战略规划。宝贵的时间和金钱不需要浪费在竞选活动上。他们已经看到中国台湾地区和美国的政客们是如何放弃他们为公众利益服务的职责的，因为他们正忙着偿还所有的选举债务给他们的竞选支持者"③。

其二，在于"一党制"的高效率，对出现的挑战和机遇能够做出及时有效的反应，特别是在应对突发灾难事件时。对于中国这样的发展中国家，效率显得至关重要，要赶上发达国家，需要有速度，要有速度，就要有效率。中国过去一直强调"速度、效益和比例"的统一，但总是把速度放在第一位。虽然现在强调"又好又快"，更加注重"好"，但也始终没有放弃"快"。"中国的政治传统和现实模式受到越来越多发展中国家的关注，在印度'民主'模式与中国'权威'模式之间，更多国家钟情中国，前者代表分散和拖沓，后者代表集中和高效。"④特别是最近几年，连续发生的自然灾害更是考验了中国的"一党制"。汶川地震、玉

---

① 宋鲁郑：《中国的政治制度的比较优势》，《红旗文稿》2010年第5期。
② 宿景祥、齐琳：《国外著名政要学者论中国崛起》，中共中央党校出版社2007年版，第322页。
③ Ann Lee, *What the U. S. Can Learn from China*, Berrett – Koehler Publishers, Inc., 2012, p. 86.
④ ［美］弗朗西斯·福山：《中国模式代表集中高效》，《社会观察》2010年第12期。

树地震以后，中国政府的迅速决策以及快速反应得以把自然灾害对人民生命财产的损害降到最低，不仅赢得了人民群众的支持，也赢得了国际社会的赞誉，大大提高了党的执政地位，进一步改善了党的执政形象。

其三，在社会转型期这一特殊时期，"一党制"可以有效遏制腐败的泛滥。腐败问题是中国共产党和中国政府亟待解决的一个大问题，最近以来每一次党的代表大会和中央全会都在强调解决中国的腐败问题。有很多人把腐败归咎于中国的政治制度，尤其是一党政治。但宋鲁郑并不这样认为，他指出，中国处于社会转型期，这个阶段也是腐败的高发期。英国、美国、日本等这些发达国家也不能避免这样一个腐败高发的阶段。并且，宋鲁郑引用总部设在德国的"透明国际"组织提供的数据，认为，中国和印度、俄罗斯相比，腐败程度还是比较低的。中国排在第72位，印度则排在85位，俄罗斯更高，排在第147位。这说明，如果横向来看，中国的腐败程度并不高。而且在他看来，在中国的一党政治下，不存在刚性腐败，因为，一党执政使"客观上并没有必须腐败进行钱权交易的刚性原由"。

其四，在于"一党制"决定了中国政府是一个更负责任的政府。宋鲁郑指出，在民主国家，出了问题可以推诿。正如美国总统奥巴马在国情咨文中所指出的，"我们不能每天只想着让对手成为媒体嘲弄的对象，不能永远抱着分出胜负一决高下的心态。任何一方都不应该因为有权反对就拖延或阻挠所有法案的通过。在华盛顿，人们可能会认为和对方唱反调是游戏规则，无论自己的观点是多么虚伪和恶毒。但是，正是这种做法使两党都无法对民众有所帮助，更糟的是，这还会使民众对政府更加不信任"。在中国，则不存在这一问题，作为唯一的执政党，中国共产党必须负起经济社会发展的一切责任。

其五，在于避免政治人才的浪费。政治人才是稀缺资源，而人才的培养需要一个漫长的过程，特别是政治精英，必须了解基层，在基层接受过锻炼，这样才能真正体现一个政治人才的能力。但在当今的西方社会，能力往往不被看作最重要的因素，宗教信仰、性别、种族、形象、作秀以及演讲的水平、是否有大财团的支持以及政治光谱可能最终决定着选举，选出来的不一定是真正具备政治能力的人。特别是，多党制还造成一些政治精英因为自己政党下台的缘故,而不得不从自己的工作岗位退下来,以让给执政党的成员,无论你是多么有才能,也不论你的继任者多么无能,这是一种规则,政治人才必须与政党共进退。这极有可能是造成一种非常尴尬的局面,人才短缺与人才浪费并存。实际上,中国的层层选拔制,特别注重从基层选拔人才,进行有意识的培养,这种模式要胜于西方通过选举产生领导人的模式。

其六,在于"一党制"下的执政党可以真正代表全民。在西方,每一个政党代表着不同的利益群体,但就是没有一个政党能够代表全体民众,或者说代表整个国家。政党在上台之后,其制定的政策总是倾向支持自己的群体。客观地说,中国在改革开放40年的过程中,经济政策总体来看没有特别地照顾任何一个利益群体。实际上,中国共产党始终保持了中性的角色,包括一些学者还认为,中国模式的一大特点是中性政府的存在,而之所以有中性政府,恰恰是因为中国是一党执政。在其他许多发展中国家,如果民粹主义挟持了政府,就会造成平均主义,过量分配,不利于国家的长久发展。如果精英集团把持了政府,则会造成贫富差距的进一步扩大,以及更为严重的社会不平等。

(三)"混合经济"和"一党政治"错误的实质

第一,从概念的提法上看,一提混合经济,容易让人联想到民主社会主义所主张的"混合所有制"经济,从而模糊中国模式的社会主义性质,误把中国模式与民主社会主义模式联系起来。另外,一提"一党政治"或"一党制",容易让人联想到苏联的一党制,认为在中国的政治模式中,只允许有一个政党存在,并且,"一党政治""一党执政""一党制"都很容易被理解为一党专政,从而更容易成为一些别有用心的西方学者认为中国是独裁统治的理由。所以,"混合经济加一党政治"虽然在郑永年、宋鲁郑及其他学者的概括中能够比较深刻揭示中国模式的内涵,但这一提法显然很难得到广泛的认同,尤其是国内学者的支持。

第二,郑永年的"混合经济"虽然强调了公有制经济与非公有制经济的"混合"、出口导向与注重内需的"混合"、政府与市场的"混合"在经济发展中的重要意义,但缺少更为深入具体地分析。例如,在强调

"混合"时,只强调各种要素的混合,没有强调不同要素在"混合经济"中的不同地位。尤其是在所有制层面,虽然允许多种所有制经济成分共同发展,并赋予其同等的法律地位,但这其中有一个基本的前提,那就是公有制经济的主体地位绝对不能动摇,因为这事关国家的社会主义性质。中国特色社会主义之所以说坚持了科学社会主义的基本原则,其中最为重要的一点就是始终坚持公有制经济的主体地位不动摇。如果没有坚持公有制的主体地位,就不可能有出口导向与注重内需的混合,也不可能有政府与市场的混合。没有公有制经济作为主体的保障,转变经济发展方式不可能实现,靠分散的私营经济实现从出口导向到注重内需的转变几乎是不可能的。同时,公有制经济是政府宏观调控的最重要的依靠力量,没有公有制经济的主体地位,政府这只"看的见得手"发挥不了任何影响力。再者,郑永年虽然强调中国既注重政府在管理经济中的作用,也重视市场的作用,但并没有明确政府和市场之间的关系。而这一点,在一些西方学者看来,恰恰是中国模式最为突出的一点。究竟是政府主导还是市场主导,是"中国与其他新兴市场经济国家或发达国家差别最大的地方"[①]。

第三,"一党政治"的提法,只强调了共产党作为唯一执政党的优势,忽视了民主党派在中国政治中的地位和作用,虽然中国共产党是唯一的执政党,但中国显然不是一党政治,因为民主党派也发挥着重要的作用。"长期共存、互相监督、肝胆相照、荣辱与共"的合作方针表明,民主党派在中国的政党制度框架内有职、有权、有责,民主党派并非政治花瓶,而是发挥着重要的作用。一直以来,民主党派成员在政府中都有任职,并且有的是正部级领导,如果按照西方的标准,这种合作应该属于联合执政。对此,著名政治学者高放认为,"共产党和各民主党派都是执政党,区别在于前者是领导执政的党,后者是参与执政的党"[②]。而著名民主党派人士成思危曾用一个非常形象的比喻来说明民主党派与中

---

① [美]乔纳森·安德森:《走出神话:中国不会改变世界的七个理由》,余江、黄志强译,中信出版社2006年版,第6页。

② 高放:《中国政治体制改革的心声》,重庆出版社2006年版,第312页。

国共产党的关系:"西方的政党制度是'打橄榄球',一定要把对方压倒。我们的政党制度是'唱大合唱',民主党派和中国共产党的合作共事是为了一个共同的目标,为了保持社会的和谐。要大合唱,就要有指挥,这个指挥无论从历史还是现实来看,都只有中国共产党才能胜任。唱大合唱,就要有主旋律,这个主旋律就是建设中国特色社会主义。"①

第四,"混合经济加一党政治"也是一个悖论。经济基础决定上层建筑,有什么样的经济基础,就会有什么样的上层建筑,其中也包括政党制度。在混合经济的基础上,只可能产生多党制,像当今的英国、法国、德国等,建立在混合经济基础上的一般也是多党制国家,而不可能是一党执政。既然认为中国是一党执政,其实就恰恰证明中国并没有实行混合经济,而是始终坚持公有制经济的主体地位,因为一旦放弃了公有制的主体地位,共产党就不可能一党长期执政。

关于中国模式的内涵,除了"北京共识""经济自由加政治压制""混合经济加一党政治"以外,还有一些其他的观点。像威尔·赫顿认为,中国模式就是"一个新的经济模型。它融合了资本主义的发展原理,但又受到国家的指导,而国家时刻牢记必须提高数以亿计的人民的生活水平和生活质量","它没有把资本主义当成目标,而是把它作为实现目标的手段"②。新加坡《海峡时报》一篇文章还指出:"'中国模式'究竟是什么?简而言之,它是一种把马克思主义同儒家思想相结合的国家意识形态;一种允许中国共产党是唯一领导力量的政体;把精英领导引入中国共产党的组织结构;在保持政治体制的同时,改革经济体制;以经济建设为中心的发展战略;把社会主义所有制(包括公有制、集体所有制和私人所有制)同自由市场相结合;把保持社会稳定作为经济发展的先决条件;把捍卫国家主权和安全同参与经济全球化结合起来;把让人民发挥更大作用同加强党的领导结合起来;提升社会主义核心价值观来

---

① 陈键兴、茆雷磊:《中国民主党派不是"政治花瓶"》,《人民日报·海外版》2006年9月20日第4版。
② Will Hutton, "The great mall of China", http://www.guardian.co.uk/world/2004/may/09/china.comment.

抵御资本主义核心价值观。"①

与"北京共识""经济自由加政治压制"等一样,"社会主义＋中国民族传统＋国家调控的市场＋现代化技术和管理""一种新的经济模型"等观点尽管还不够全面,还存在不科学的地方,但这些观点都从不同角度诠释了中国模式的内涵,加深了人们对中国模式内涵的认识。

四 中国模式的真正内涵

国外学者关于中国模式内涵的概括,虽然从某些方面有助于我们深化对中国模式的理解,但他们对中国模式内涵的理解还存在这样那样的问题,也影响了我们对中国模式的认识。我们应该梳理中国模式形成发展的历程,对中国模式的内涵做出更加符合实际的概括。

(一) 国外学者对中国模式内涵概括存在的问题

一是不够全面。总的来看,国外学者关于中国模式内涵的概括有一个共同的特点,就是比较具体。例如,"北京共识"的几个定理、"混合经济加一党政治"等,都是从具体的政策层面对中国模式的剖析。分析越是具体,认识就越是深刻,但往往越是具体,认识就越不够全面。所以,国外学者对中国模式内涵概括的一个突出问题就是不够全面。其实,对于中国模式的内涵,要做出全面而又深入的概括,绝不是一件容易的事情。中国是一个如此庞大而又复杂的国家,要用一个简单的公式或一两句精辟的语句来概括中国模式几乎是不可能的,所以,像"北京共识""混合经济加一党政治"等最多只能揭示中国模式的某些方面,不可能涵盖中国模式的所有内容。并且,有些学者只注重从政治和经济两个方面来概括中国模式的内涵,对中国模式的其他方面,像文化、社会建设以及外交等少有涉及。

二是表述不够准确。除了对中国模式内涵的概括不够具体以外,国外学者关于中国模式内涵的表述存在很多不够准确或不够科学之处。例

---

① 《"中国模式"他国可以效仿》,《金融博览》2009 年第 13 期。

如，把中国共产党领导的多党合作和政治协商称为"一党制"，把以公有制为主体多种经济成分共同发展称为"混合经济"，这种表述都是不准确的。存在这种表述上的问题，首先国外学者对中国的具体实际还缺乏更深入细致的了解，因此对中国的一些制度理解得不够深刻。其次他们习惯用西方的话语来描述中国的实际，忽视了西方话语体系与马克思主义话语体系之间的偏差，他们只是用西方的现代化眼光来看待中国的发展变化，而很少注意中国模式的意识形态属性。

三是意识形态偏见明显。虽然大多数学者是从比较客观的角度来概括中国模式的内涵，但仍不可避免地出现对中国模式内涵带有意识形态偏见的概括。就像罗恩·卡利克把中国模式看作经济自由加政治压制一样。在一些西方学者眼中，共产党一党执政就是政治压制，实行市场经济体制改革就是经济的自由化。这种观点明显是不科学的，是对中国模式内涵的一种有意的曲解。

（二）国内学者对中国模式内涵的认识

要准确而又精辟地概括出中国模式的内涵，实非易事。近几年来，国内一些研究中国模式的学者也试图揭示中国模式的内涵，但始终没有能够给出一个能够被广为认同的答案。国内学者就中国模式内涵的认识，也存在一些问题。

相对于国外学者来说，国内学者对中国模式内涵的把握更为全面，但也缺少对中国模式内涵的简洁概括。例如，徐贵相在《中国发展模式研究》一书中，从经济、政治、文化、社会等方面阐释了中国模式的内涵。而沈云锁、陈先奎在《中国模式论》中则从改革、对外开放、市场经济、新型工业化道路、城镇化道路、区域开发、和平发展道路等方面诠释了中国模式的内涵。俞可平则认为，中国模式主要包含以下基本要素：一是以经济发展为核心，又追求社会与自然的协调发展和可持续发展；二是坚持市场导向的经济改革，同时又坚持以强有力的政府调控；三是把效率和公平放在同等重要的地位，强调追求人与人之间、区域之间、城乡之间的平衡发展；四是将对国内的改革与对外部世界的开放有机地结合起来；五是根据自己的国情，主动积极地参与全球化，同时保持自己的特色和自主性；六是正确处理改革、发展与稳定的关系；七是渐进式改革，同时进行必要的突破性改革；八是在全面推行经济改革和社会改革的同时，推进以民主治理和善政为目标的政府改革和治理改革。① 以上国内学者的这些概括，更加具体而又全面，却又缺少一个抽象、简洁的概括。

国内学者除了对中国模式内涵的概括更加全面以外，也更加注重从整体上去把握。吴波指出："从整体上准确把握中国模式的科学内涵，需要从以下三个层次展开。"其中，"第一个层次是中国特色社会主义的价值理念。""第二个层次是社会主义初级阶段的制度和体制。""第三个层次是中国特色社会主义的实践纲领和改革发展的战略策略。""中国模式三个层次的内容是一个有机统一的整体，我们需要在整体性的视野中认识和把握中国模式的科学内涵，而不能作割裂或分立式的理解。"② 模式是一个由不同元素组成的整体，中国模式涵盖了中国经济社会发展的方方面面，要把握其内涵，的确需要一个整体性的视角。

对于中国模式的内涵，无论是国外学者还是国内学者，都没有能够达成基本的共识。这一方面说明，中国模式非常复杂，很难对其做出简洁而又精辟的概括，另一方面说明对中国模式内涵的研究还有待深入。对于目前有关中国模式内涵的研究，用丁学良的话来说，"拿每一顶不同款式的帽子去套中国模式脑袋的时候，似乎都能够盖住这个脑袋的这一部分或者那一部分，但是没有办法把这个脑袋完整地罩进去"。"虽然中国模式现在是经常性的关注题目，但是无论在国际上还是在中国国内，人们对于中国模式都还处于认识和分析的初级阶段。"③

（三）正确理解中国模式的内涵

从以上分析可以看出，国内外学者在中国模式内涵问题上难以达成一致。实际上，由于中国模式的复杂性，我们很难用"北京共识""经济

---

① 俞可平：《"中国模式"并没有完全定型》，《社会观察》2010年第12期。
② 吴波：《中国模式的社会属性与内涵》，《光明日报》2010年11月9日第9版。
③ 丁学良：《辩论"中国模式"》，社会科学文献出版社2011年版，第40、42页。

自由加政治压制"这样看似精辟实则简单的词句来概括其内涵。仔细梳理中国改革开放的实践历程,深刻剖析当代中国发展进步的根本原因,我们不难发现,中国模式的内涵主要体现在以下几个方面。

第一,把马克思主义基本原理与中国实际相结合,走自己的路,不断实现马克思主义中国化。马克思主义揭示了人类社会发展的一般规律,但只有与中国实际结合起来,用马克思主义的立场观点和方法来指导当代中国的改革开放,实现马克思主义中国化,才能发挥其对中国社会主义建设和改革的指导作用。邓小平指出:"把马克思主义的普遍真理同我国的具体实际结合起来,走自己的道路,建设有中国特色的社会主义,这就是我们总结长期历史经验得出的基本结论。"① 在纪念建党80周年大会上的讲话中,江泽民总结了80年来中国革命和建设的基本经验,强调指出:"始终坚持马克思主义基本原理同中国具体实际相结合,坚持科学理论的指导,坚定不移地走自己的路。这是总结我们党的历史得出的最基本的经验。"② 在纪念党的十一届三中全会召开30周年大会上的讲话中,胡锦涛再次强调:"30年的历史经验归结到一点,就是把马克思主义基本原理同中国具体实际相结合,走自己的路,建设中国特色社会主义。"③ 在庆祝改革开放40周年大会上的讲话中,习近平又一次强调:"改革开放40年来,我们党全部理论和实践的主题是坚持和发展中国特色社会主义。在中国这样一个有着五千多年文明史、13亿多人口的大国推进改革发展,没有可以奉为金科玉律的教科书,也没有可以对中国人民颐指气使的教师爷。"④ 总之,改革开放以来中国特色社会主义道路的开辟,或者说中国模式的创立,最根本的一条就是把马克思主义基本原理与当代中国不断变化的实际相结合,走自己的路。

第二,以经济建设为中心,经济、政治、文化、社会和生态文明建

---

① 《邓小平文选》第3卷,人民出版社1993年版,第3页。
② 《江泽民文选》第3卷,人民出版社2006年版,第270页。
③ 胡锦涛:《在纪念党的十一届三中全会召开30周年大会上的讲话》,人民出版社2008年版,第34页。
④ 习近平:《在庆祝改革开放40周年大会上的讲话》,人民出版社2018年版,第24—25页。

设协调发展。以经济建设为中心，大力发展生产力，是社会主义的本质要求，也是改革开放以来社会主义现代化建设实践经验的总结。邓小平指出，在现代化建设中有"许多事情都要搞好，但是主要是必须把经济建设搞好"①。"说到最后，还是要把经济建设当作中心。离开了经济建设这个中心，就有丧失物质基础的危险。其他一切任务都要服从这个中心，围绕这个中心，决不能干扰它，冲击它。"② 社会主义初级阶段的主要矛盾，是人民日益增长的物质文化需要同落后的社会生产之间的矛盾，而要解决这个矛盾，只有以经济建设为中心，大力发展生产力。以经济建设为中心，经济、政治、文化、社会协调发展，物质文明、政治文明、精神文明、社会文明全面进步是建设和发展中国特色社会主义的主要特征之一。从邓小平提出物质文明和精神文明两手抓，两手都要硬，到党的十三大提出富强、民主、文明三位一体的现代化建设目标，再到党的十七大提出富强、民主、文明、和谐四位一体的社会主义现代化建设目标，形成了经济、政治、文化和社会建设的全面协调发展的格局。党的十八大又把生态文明纳入社会主义现代化建设的目标中，形成了五位一体的社会主义现代化建设总体布局。

第三，实现社会主义基本制度与市场经济的有机结合，建立社会主义市场经济体制。长期以来，由于受到计划经济等同于社会主义、市场经济等同于资本主义观念的束缚，错误地把市场经济这一资源配置手段和资本主义制度等同起来，忽视了市场经济在优化资源配置等方面的重要作用，把市场经济拒之于社会主义的大门之外。改革开放以后，邓小平提出，要正确地认识和对待市场经济。他在南方谈话中指出："计划经济不等于社会主义，资本主义也有计划；市场经济不等于资本主义，社会主义也有市场。计划和市场都是经济手段。"③ 为社会主义市场经济理论的形成奠定了重要基础。1992年党的十四大明确提出，我国经济体制改革的目标就是建立社会主义市场经济体制。社会主义市场经济，是

---

① 《邓小平文选》第2卷，人民出版社1994年版，第240—241页。
② 《邓小平文选》第2卷，第250页。
③ 《邓小平文选》第3卷，人民出版社1993年版，第373页。

在坚持社会主义基本制度的前提下，利用市场在资源配置方面的优势，使市场经济为社会主义服务。社会主义市场经济体制，把计划与市场结合起来，发挥二者的优势，并通过宏观调控，克服市场经济可能带来的自发性、盲目性、恶性竞争、短期行为等弊端。

第四，正确处理改革、发展、稳定的关系。正确处理改革发展稳定三者的关系，是改革开放40年来我国经济社会发展取得巨大成就的一条基本经验。改革、发展、稳定是现代化建设棋盘上三着紧密关联的战略性棋子，一着下好了，全盘皆活；一着下不好，全盘皆输。这其中，改革是社会主义发展的动力，没有改革，就不可能走出中国特色社会主义道路，我们的现代化建设事业就不可能顺利推进。发展是目的，没有发展，就不可能实现现代化，也不可能保持党和国家的长治久安。稳定是改革和发展的前提，发展和改革必须要有稳定的社会环境。正确处理好改革、发展、稳定的关系，就要保持改革、发展、稳定在动态中的相互协调和相互促进，把改革的力度、发展的速度和社会可以承受的程度统一起来，把不断改善人民生活作为改革、发展、稳定的结合点。

第五，独立自主参与经济全球化。经济全球化是当今世界最显著的特征，积极参与经济全球化是一个国家发展自己的必然选择。但是，由发达国家主导的经济全球化，既是发展中国家参与全球经济发展的舞台，也是发达国家利用自身经济、政治、科技优势向发展中国家转移危机和风险的有利平台。如何更好地利用全球化带来的机遇，避免可能出现的风险，是广大发展中国家必须要解决好的一个问题。邓小平指出："中国的经验第一条就是自力更生为主。"[①] 独立自主是中国革命、建设和改革的一项基本原则，是我们从实际出发建设和发展中国特色社会主义的根本立足点。对于我们这样一个人口众多的发展中的社会主义大国，任何时候都必须把独立自主、自力更生作为自己发展的根本基点，如果不能坚持独立自主，我们的现代化建设事业就要受制于人甚至半途而废，就

---

① 《邓小平文选》第2卷，人民出版社1994年版，第406页。

可能在不知不觉中偏离社会主义道路,而"坐到别人的车子上去"。① 20世纪末出现的拉美国家发展危机和东南亚金融危机一再证明,在参与经济全球化过程中,如果不坚持独立自主,不仅不能利用经济全球化的契机促进本国的发展,相反,却要吞下发达国家转嫁过来的经济危机或金融风险的苦果。

第六,不断总结经验,实行渐进式改革。改革开放是一项全新的事业,面临的都是新问题、新事物,没有任何现成的经验可以借鉴,每前进一步,都需要摸着石头过河,在不断总结经验的基础上,一边探索一边前进。用邓小平自己的话说:"我们现在做的事都是一个试验。对我们来说,都是新事物,所以要摸索前进。既然是新事物,难免要犯错误。我们的办法是不断总结经验,有错误就赶快改,小错误不要变成大错误。"② "我们不靠上帝,而靠自己努力,靠不断总结经验,坚定地前进。"③ 由于没有现成的经验,需要摸着石头过河,所以中国的改革是渐进式推进的。一方面,对于改革,从党和国家领导人到普通民众,都需要有一个不断认识和接受的过程,因此只能在总结经验的基础上循序渐进。另一方面,改革作为中国的第二次革命,其复杂性和艰巨性,也决定了改革只能选准突破口,渐次推进,逐步深入。渐进式改革还可以避免因利益调整而引发的社会动荡,使改革能够不断深入而不至于像苏联的改革那样半途而废。

---

① 《邓小平文选》第3卷,人民出版社1993年版,第156页。
② 《邓小平文选》第3卷,第174页。
③ 《邓小平文选》第3卷,第118页。

第三章

国外关于中国模式性质的研究

中国模式的性质，是国外学者研究中国模式的一个极为重要的方面。国外学者对中国模式性质研究的观点，反映了其对中国特色社会主义制度属性的认识。国外学者对于中国模式的性质，持有不同甚至截然相反的观点。除了一部分学者认为中国模式就是中国特色的社会主义发展模式之外，还有学者认为中国模式是具有中国特色的新自由主义模式、资本主义模式、实用主义模式等不一而足。这些不同的观点混淆了人们对于中国模式社会制度属性的认识，否定了中国模式的社会主义性质，容易使人们对中国特色社会主义，包括对中国改革开放的发展历程产生误解。因此，对国外学者关于中国模式性质的观点做出评析，具有十分重要的理论和现实意义。

一 中国特色新自由主义模式

就中国模式这一概念来说，它之所以引起人们的热议，就在于雷默把中国模式与北京共识等同起来，而北京共识之所以引人关注，就在于它被认为是华盛顿共识的替代者。从这个意义上来讲，中国模式是作为华盛顿共识其实也就是新自由主义的终结者的身份出现在人们视野中的。但是，在另外一些学者看来，中国模式不仅没有终结新自由主义，反而开创了一种具有中国特色的新自由主义，并且成为新自由主义发展模式的典范。把中国模式看作有中国特色的新自由主义发展模式，这一观点，着实需要我们做出深刻的评析。

（一）国外学者对中国模式与新自由主义关系的理解

1. 中国模式是"新自由主义模式的典范"

在一部分国外学者看来，不同于一些拉美国家，也不同于那些采取"休克疗法"的苏东国家，中国成功地把新自由主义与本国实际结合起来，创造了一个具有中国特色的新自由主义发展模式，对其他许多采取新自由主义政策的国家都产生了强大的吸引力，成为新自由主义发展模式的一个全球典范。对中国有着多年研究的美国学者乔纳森·安德森指出："尽管中国经济相对来说还比较贫穷，尽管有着长期的社会主义背景，但今天它已经是世界上自由化速度最快的经济体之一——与传统的计划经济体制相比，它绝对接近于里根和撒切尔主义的模式。""对于其他发展中国家而言，中国将成为自由主义经济发展模式的最成功的典范。我们很欣慰地看到，印度正越来越多地把'中国模式'作为自身改革的范例，而拉丁美洲和东欧国家对中国经济成功增长背后的经验也正表现出日益浓厚的兴趣。"① 诺贝尔经济学奖获得者约瑟夫·斯蒂格利茨也认为，中国模式是新自由主义发展的典范。1989年苏联解体后，苏联东欧各国采用了以"休克疗法"为标志的新自由主义政策。而"休克疗法"的失败，使以斯蒂格利茨为代表的左翼新自由主义者认为，中国的自由化进程是渐进的，相对于苏东国家、拉美国家、韩国、墨西哥等，中国可以算是新自由主义的主要示范国。②

2. 新自由主义是中国模式形成的指导思想

美国学者大卫·哈维在《新自由主义简史》中，明确提出了"有中国特色的新自由主义"概念，并单独用一章内容来阐释有中国特色的新自由主义。根据哈维的观点，改革开放以来所形成的中国模式，实际上是一种具有鲜明中国特色的新自由主义模式，并且中国的改革开放从一开始就接受了新自由主义思想的指导。就像另一位学者所说，"邓小平与

---

① ［美］乔纳森·安德森：《走出神话：中国不会改变世界的七个理由》，余江、黄志强译，中信出版社2006年版，第237—239页。

② ［美］马丁·哈特—兰兹伯格、保罗·伯克特：《解读中国模式》，庄俊举译，《经济社会体制比较》2005年第2期。

里根一样，都是弗里德曼的粉丝"，"仅在撒切尔开始其残酷的'别无选择'的改革的后一年，中国便找到弗里德曼作为其指引，如此之早令人好奇。因此，就像罗纳德·里根在美国开始取消自罗斯福时代以来实行的社会和福利保障网的'革命'一样，邓小平及其支持者按照弗里德曼的方案，引领中国走向了新自由主义的世界"。① 可以说，20世纪70年代末，中国刚刚开始的改革开放进程与英美等国向新自由主义转向不谋而合。也如大卫·哈维所说，中国经济改革的时间恰好与英国和美国发生的新自由主义转向一致，很难不把这视作具有世界史意义的巧合。② 中国自改革开放伊始，就是在新自由主义思想指导下进行的。

在大卫·哈维等学者看来，中国的改革开放之所以能够取得如此瞩目的成就，也在于中国采取了新自由主义的政策，搭上了新自由主义全球化的便车。哈维认为，正是因为中国采取了新自由主义的改革开放，而以美国为首的西方资本主义世界也开始了新自由主义的转向，中国才得以有机会融入西方自由主义世界，把握住了发展自己的机会。哈维指出："要不是发达资本主义世界发生看上去与中国关系不大的转变，中国的上述改革或许不会有我们今天赋予它们的重要性，中国随后惊人的经济进展或许也不会采取如今这条道路并取得这样的成绩。20世纪80年代期间，新自由主义政策在国际贸易中的力量越来越大，将整个世界开放给转型市场和金融力量。就此而言，这为中国乘乱进入并融合到世界市场打开了空间，而在布雷顿森林体系下这一过程是不可能的。中国作为全球经济大国的醒目出场，部分而言是发达资本主义世界的新自由主义转向所带来的意外结果。"③

3. 新自由主义是中国改革开放的唯一选择

在众多西方学者看来，融入以美国主导的世界秩序，是中国改革开放以来的唯一选择。谢德华指出："中国的增长不是这个国家在改写经济

---

① Peter Kwong, "The Chinese Face of Neoliberalism", CounterPunch, October 7, 2006, https://www.counterpunch.org/2006/10/07/the-chinese-face-of-neoliberalism/.

② [美]大卫·哈维：《新自由主义简史》，王钦译，上海译文出版社2010年版，第120页。

③ [美]大卫·哈维：《新自由主义简史》，第137页。

发展规则，不是它在按照自己的想法改造世界，也不是它自己在固步自封地发展。相反，这是中国在融入这个世界体系，一个由世界上的发达工业经济体（最主要是美国）创造和主宰的体系。通过按照西方发达工业世界的游戏规则进行全球一体化，中国的改革设计师们有意无意地引发了一场现代史上最波澜壮阔的政治和社会转型。""中国不是致力于闭门造车去创造独特的生产体系，而是自愿成为现有全球体系的一分子。"① 根据谢德华的描述，中国模式并非一种不同于西方世界的发展模式，恰恰相反，中国模式实际上是一种如何更好地融入美国主导的世界体系的发展模式，而美国所主导的发展模式，就是新自由主义的发展模式，因此，中国模式从本质上说，也是一种新自由主义的发展模式。在这些学者看来，实际上，对比中国和美国最近几十年的发展变化，就会发现，中国与美国"有着惊人的相似"，"只需看一眼中国所发生的一切，就有充分的理由相信：里根和撒切尔革命在中国也可以上演"。"中国自身的发展已经在一定程度上依赖于全球经济，因此即使是为了维持本国生产体系的运行，中国也必须遵守一些由国外方面制定的规则。"② 所以，中国必须新自由主义化，对于在"文化大革命"以后苦苦挣扎的中国来说，必须加入全球游戏，接受国际规则，新自由主义是中国唯一的救命稻草。埃克里·伊兹拉莱维奇曾经这样指出："撒切尔夫人给古老的西方国家带来了青春的血液，让它们在20世纪的最后20年里找回了昔日的活力。与之遥相呼应的是，'邓小平理论'真正唤醒了东方的巨龙。"③ 在他们看来，不言而喻，邓小平理论就是中国化了的新自由主义的代名词。中国也已经从毛泽东时代的社会主义积累转变为在国际货币基金组织和世界银行安排下的波及全球的新自由主义积累。中国的发展是遍及发展中

---

① ［美］谢德华：《中国的逻辑：为什么中国的崛起不会威胁西方》，曹槟、孙豫宁译，中信出版社2011年版，第27页。
② ［美］谢德华：《中国的逻辑：为什么中国的崛起不会威胁西方》，第8、69页。
③ ［法］埃克里·伊兹拉莱维奇：《当中国改变世界》，姚海星、裴晓亮译，中信出版社2005年版，第5页。

家的新自由主义发展的一部分。① 中国必须通过新自由主义的措施来发展自己，马克思、列宁、毛泽东等的话语只是被用来证明共产党执政的合法性。②

（二）国外学者对中国模式新自由主义本质的理解

私有化、自由化、市场化被认为是新自由主义的三个最主要的特征，中国模式被认为是新自由主义的发展模式，就在于私有化、自由化和市场化是中国模式之所以得以形成和取得成功的重要因素，在一些国外学者看来，当代中国在很多方面都已经新自由主义化了。

第一，中国在很大程度上私有化了。改革开放以后，中国的基本经济制度从原来的公有制一统天下，发展为后来的公有制为主体、多种所有制共同发展，强调在不动摇公有制主体地位的前提下，可以发展非公有制经济，并且在20世纪90年代后期，开始了规模宏大的国有企业改革，私营企业和各类非公经济实现了快速发展。对此，许多国外学者指出，尽管中国官方一直宣称公有制经济不仅在质上，而且在量上，都占有主导和优势地位，但实际上，改革开放以后，尤其是到了90年代，中国的私有化飞速进展，时至今日，中国的私有化程度已经相当高了。乔纳森·安德森曾用一组数据来说明90年代中国私有化的速度。他引用中国经济信息中心和瑞银证券研究部的数据，认为1995年中国国有企业数量超过30万家，员工人数超过8000万人，占全体劳动力的12%，而在2003年，政府拥有和控制的企业只剩下了15万家，员工人数接近4700万人。也就是说，有一半的企业和接近一半的员工在8年的时间里离开了国有体系。现实也许比数据所显示的还要惊人，因为许多国有企业，特别是小型的地方企业，尤其在沿海地区，都卖给了外来的投资人或者自己的经理人，这些实际上也都私有化了。而因为这些私有化以后的企

---

① Eddie J. Girdner, "China as a capitalist state: from 'primitive socialist accumulation' to neoliberal capitalism", *The Turkish Yearbook*, Vol. 35, 2004, p. 144.

② Eddie J. Girdner, "China as a capitalist state: from 'primitive socialist accumulation' to neoliberal capitalism", *The Turkish Yearbook*, Vol. 35, 2004, p. 124.

业还继续带着"红帽子",所以在官方的统计数据里,还属于国有经济。①如果把这一部分也包括在内的话,中国的私有化程度就更高了。因此不难想象,在那一时期,私有化绝对是中国改革的指导思想。2003年以后,中国的私有化进程非但没有减速,反而深入各个领域。乔纳森·安德森以银行业为例指出,"中国银行体系私有化的速度之快,令全世界为之震惊。在2003年底,外国资本在中国全部银行体系中的总量不超过5亿美元,相当于大陆银行资本的0.3%左右。到2004年后期,汇丰银行购买了中国的交通银行19.9%的股份,金额达22.5亿美元。进入2005年后,大量交易更是频繁发生:6月,美洲银行购买了中国建设银行10%的股份,金额为30亿美元;紧接着,皇家苏格兰银行以31亿美元购买了中国银行10%的股份;新加坡的淡马锡公司也以相同的价格购买了中行的股份",总的来说,在2003年至2005年不到两年的时间里,"外国投资者对中国的银行体系的战略投资总额超过了200亿美元"。而银行业是中国此前始终不肯私有化的领域。②乔纳森·安德森的言下之意就是,中国的私有化程度远远高于官方统计的数据,实际上,中国已经全面并高度私有化了。显然,乔纳森·安德森对中国公有制经济和国有企业改革的认识过于片面,因为"到2017年底,全国国有企业资产总额和所有者权益分别达到151.7万亿元和52万亿元,是1978年的209.7倍和107.2倍;上缴税费总额占全国财政收入的1/4,工业增加值占全国GDP(国内生产总值)的1/5。""到2018年,我国有120家企业(含港、澳、台企业)进入世界500强,其中国有企业占80%以上。"③改革开放以来,正是公有制主体地位的巩固和国有经济主导作用的发挥,推动形成了坚实稳定的社会经济基础,有力保障了社会主义现代化强国建设顺利推进和中国特色社会主义事业不断取得新成就,一些国外学者认为我国改革开

---

① [美]乔纳森·安德森:《走出神话:中国不会改变世界的七个理由》,余江、黄志强译,中信出版社2006年版,第12页、第13页。

② [美]乔纳森·安德森:《走出神话:中国不会改变世界的七个理由》,余江、黄志强译,中信出版社2006年版,第117页。

③ 白暴力、方凤玲:《公有制经济是改革发展的中坚力量》,《人民日报》2019年2月19日第9版。

放导致公有制经济私有化的说法是完全错误的。

第二,中国模式符合新自由主义特征的另一个方面是自由化。自由化是新自由主义的另一个主要支柱。在很多国外学者看来,中国在推进私有化的同时,也高度自由化了。改革开放以前,中国高度集中的计划经济体制几乎把所有的经济管理权力全部集中在中央政府手中,地方政府以及企业则几乎没有自主的权力。然而,改革开放以后,在新自由主义思想的影响之下,中国经济的各个领域都开始了松绑,逐步实现了自由化。"尽管国有制还普遍存在,但在具体的经济管理中,中国政府的表现令人惊讶,态度越来越自由放任。在几乎所有的产业领域,市场力量都将取得最后的胜利。"私有化是自由化的基础,自由化则进一步推动了私有化。"随着经济的自由化,乡镇企业和集体企业逐渐脱离了政府的影响。这些企业的数量在今天依然庞大,它们绝大多数实际上已经归私人拥有,没有来自政府的资金支持,也不再受地方政府的明显干预。"①

另外,中国在改革开放以后的一些政策决策,都被认为是自由化的表现,包括创办经济特区,放松对外资的管制以及加入世界贸易组织等,在西方学者看来,都是中国在一步一步地融入自由资本主义的世界。虽然中国政府依然控制着金融、能源、交通等领域,但他们依然认为,自由化的趋势不可阻挡。他们认为,尽管在监管和定价方面受到严格束缚,但银行在日常的贷款业务方面受到的来自中央的干预已大大减少,自由的程度令人吃惊。中央政府的基本态度是,鼓励银行在日常的商业和消费信贷业务中尽可能地市场化。中国银行业的不断改革实际上已经证明,自由化才是中国未来大势所趋。

第三,中国已经高度市场化了。除了私有化、自由化以外,中国模式还体现了新自由主义的另一个重要特征,那就是高度市场化。建立社会主义市场经济体制,利用市场配置资源的效率来为社会主义国家服务,是我国经济体制改革的一个重要目标,但是,在一些国外学者看来,中国以市场为导向的经济体制改革把中国推向了完全的市场化,市场成为解决中国一切问题的万能钥匙,从而把中国的市场体制改革看作中国对

---

① [美]乔纳森·安德森:《走出神话:中国不会改变世界的七个理由》,第4、6页。

市场万能主义的欣然接受，改革开放以来尤其是党的十四大以来，中国已经完全市场化了，无论是在国有部门，还是在私有部门，市场都发挥着关键性的作用。乔纳森·安德森指出，"尽管国有经济部门所占的比例很高，但令人惊讶的是，政府对这些资产的控制在很大程度上已经市场化了。国有企业虽然还需要担负一部分社会福利的责任，税收负担也相对比较重，但它们已不再大量接受政府补贴。它们还必须在一个竞争非常激烈的环境里求生存，如果不能适应，也要面临重组甚至关门的风险"。很显然，就算是国有企业部门，也已经市场化了，既然连政府控制的经济都已经交付给市场，中国自然已经是高度的市场化了。所以，人们才认为，"尽管存在政府的干预和扭曲，但今天的中国基本上已建成了自由市场主导的经济，而不是一个掩盖在市场机制外表下的传统的计划经济"①。而罗恩·卡利克也认为："中国模式起码在很大程度上采纳了自由市场经济的已经得到证明的成功原理"②。所以，在一些学者看来，"到目前为止，尽管中国的市场经济体系还是一个半成品，但它在总体上已更为接近撒切尔式的自由市场体制，而不是传统的马克思主义的计划体制"③。

在新自由主义者看来，中国在改革开放以后之所以快速实现了私有化、自由化和市场化，还在于中国的改革决策者接受了新自由主义的指导思想，认为只有放弃国家对经济的干预，实行完全的私有化、自由化和市场化，才能使国有企业摆脱长期亏损的局面，才能使长期以来停滞不前的经济取得活力，才能克服经济领域原来存在的各种弊端。俄罗斯学者伊拉里奥诺夫认为，一个国家干预经济生活的程度决定了这个国家的经济改革是渐进的、分阶段的还是激进的、自由主义性质的。他在分析中国就业政策、社会政策、对外经济政策、货币信贷政策、预算政策等之后，得出结论，即"1979—1997 年中国实行了非逐步的却又是自由

---

① ［美］乔纳森·安德森：《走出神话：中国不会改变世界的七个理由》，余江、黄志强译，中信出版社 2006 年版，第 4 页。
② Rowan Callick, "The China Model", *The American*, Vol. 1, No. 7, 2007, pp. 36–37.
③ ［美］乔纳森·安德森：《走出神话：中国不会改变世界的七个理由》，余江、黄志强译，中信出版社 2006 年版，第 4—5 页。

的经济改革。同时，中国改革的自由性和彻底性在世界历史上还没有先例。前所未有地减轻国家对各方面的负担，以保证中国经济取得创纪录的增长速度，是采取自由主义经济模式的结果。"针对俄罗斯的改革，他还指出："与中国的改革相比，俄罗斯的改革是不彻底的和逐步的，国家对经济的干预过去和现在都比中国多得多。"最后他又指出："中国改革的经验证明，只有实行非常自由的经济政策，才能使俄罗斯不再越来越落后于邻国和世界其他国家。"①《没有中国模式这回事》的作者陈志武指出："我们看到过去的三十几年，随着政府的行政权力从经济领域退出，退出的越多，整个经济活力和大家的财富增加的就更多，这个恰恰说明华盛顿共识开的那些药方，至少对中国来说起到了解放人的创造力、解放人的活力这样一个特点，中国的经历恰恰是证明了华盛顿共识的有效性。"②

（三）中国模式与"标准新自由主义模式"的差异

一些西方学者之所以把中国模式称为有中国特色的新自由主义发展模式，说明在他们看来，中国模式除了具备新自由主义的特征以外，还有显著的中国特色，即它与一般的、标准的新自由主义模式有着非常明显的区别。伊万·塞勒尼认为，中国的改革并没有完全按照"华盛顿共识"的菜单进行。中国虽然允许外国投资，允许私营企业在一定范围内的发展，但是中国依然拒绝国有企业的全面私有化。③ 中国模式没有完全遵循华盛顿共识的指导，中国的转型与俄罗斯的"休克疗法"也有着根本的区别。

1. 中国并没有实现完全的私有化、自由化、市场化

第一，中国没有实现全面的私有化。在新自由主义者看来，中国确

---

① ［俄］A. 伊拉里奥诺夫：《中国经济"奇迹"的秘密》，载李仁臣《外国人看中国改革开放20年》，湖北人民出版社1999年版，第226—227页。

② 陈志武：《未来不需"摸着石头过河"》，http://news.hexun.com/2010-12-17/126257794_2.html。

③ Iván Szelényi, "Capitalism in China? Comparative Perspectives", 载 Yin-wah Chu, *Chinese Capitalisms: Historical Emergence and Political Implications*, Palgrave Macmillan, 2010, p. 204。

实在很大程度上私有化了,但是"中国政府还控制着很多实体经济,国有经济的比例要比其他一些亚洲经济体高出很多"①。在私有化的过程中,中国一直强调"抓大放小",即中国把一些小型的国有企业私有化了,但对于一些大的企业,中国政府始终将其掌控在自己手中。中国还有一个庞大的国有资产管理机构,即国有资产管理委员会。因此,中国尽管受到了新自由主义私有化的影响,但并没有完全按照新自由主义的指导实现全面的私有化。在斯蒂格利茨看来,与传统的新自由主义改革不同,"中国的经验表明,一个国家不一定需要等待产权结构界定非常清晰,就可以引进外资或者刺激国内投资"②。这说明,中国并没有严格按照新自由主义的指引,而是根据自己的实际从新自由主义思想中汲取对自己有益的因素。

第二,中国也没有实现绝对的自由化。新自由主义主张绝对的自由化,在新自由主义者那里,政府"被视为腐败、资源配置低效、财富再分配的专横和阻碍经济进步的一个根源"③。因此,政府应该完全退出经济生活,实现经济的绝对自由,包括金融自由、贸易自由、投资自由等。改革开放以来,中国虽然加入了世界贸易组织,在企业改革中遵循政企分开的原则,但是,中国政府在很多关键领域并没有放弃对经济的管控。由于担心融入全球经济的同时,遭遇不可预知的风险,威胁到国家的经济安全,政府没有完全从经济领域撤退。尤其是在金融领域,中国始终没有让利率、汇率自由浮动,而是把制定利率、汇率的权力掌控在中国人民银行。亦如大卫·哈维所说,中国的特殊实际要求"中国政府偏离新自由主义教条,而像凯恩斯主义国家那样行事"④。

第三,中国也没有实行完全的市场化。虽然 1992 年召开的党的十四

---

① [美] 乔纳森·安德森:《走出神话:中国不会改变世界的七个理由》,余江、黄志强译,中信出版社 2006 年版,第 4 页。
② 张冠梓:《哈佛看中国——政治历史卷》,人民出版社 2010 年版,第 17 页。
③ [美] 戴维·科兹:《论政府在经济转型中的作用——俄罗斯与中国过渡经验之比较》,《当代世界社会主义问题》2005 年第 3 期。
④ [美] 大卫·哈维:《新自由主义简史》,王钦译,上海译文出版社 2010 年版,第 151 页。

大，被新自由主义者认为是中国全面吹响了向市场进军的号角，中国正在走向全面的市场化，但结果并非他们所预料的那样，中国在采取市场体制的同时，并没有放弃国家的宏观调控，并没有把一切都推向市场，在中国政府看来，市场并不是万能的，市场只有在国家的宏观调控下，才能发挥自己的作用。所以有学者指出："在经历二十多年的改革开放之后，毫无疑问，中国经济在许多方面已经为市场所主导；不过在另一方面，中国政府依旧拥有和管理着相当多的产业组织，特别是掌握着重工业、资本密集型服务业以及金融业的控制权。"① 意大利学者乔万尼·阿里吉认为，中国政府在促进经济社会发展上的作用并未减退。相反，在发展新产业、建立新出口加工区、扩大和使高等教育现代化等方面，以及建设主要基础设施上的投入，其力度与和它人均收入水平相当的任何一个国家相比，都是空前的。② 巴里·诺顿认为，中国的经验表明，市场作用确实是一个国家发展的核心所在，但是，中国的经验又表明中国并不支持"市场原教旨主义"，中国并没有实施全盘的市场化。相反，中国认为，人员与机构的稳定扩充，激励与财产权的一致性和可预见性，以及弥补市场失灵的政府协调，与市场的稳定扩张同样重要。③

在新自由主义者看来，尽管中国在私有化、自由化、市场化等方面与新自由主义所主张的私有化、自由化、市场化还有很大差距，但中国的这些"特色"只是短暂之计，中国最终必将走向真正的私有化、自由化、市场化，从而全面转向新自由主义。彻底的私有化、自由化、市场化是中国未来发展的必由之路，也是中国进一步取得成功的关键。就银行业而论，乔纳森·安德森指出，"只要政府不从银行的具体经营决策中撤出，银行的改革和重组就没有完成。股权私有化将是保证银行不会走回头路、重复过去的错误的最终杀手锏"。对于银行的私有化，乔纳森·

---

① ［美］乔纳森·安德森：《走出神话：中国不会改变世界的七个理由》，余江、黄志强译，中信出版社 2006 年版，第 4 页。
② ［意］乔万尼·阿里吉：《亚当·斯密在北京：21 世纪的谱系》，路爱国、黄平、许安结译，社会科学文献出版社 2009 年版，第 359—360 页。
③ ［美］巴里·诺顿：《中国经济：转型与增长》，安佳译，上海人民出版社 2010 年版，第 8 页。

安德森的最后结论是，私有化是中国国有银行的最终目标，并且私有化的工作已经开始，在不久的将来会取得显著进展。① 至于中国为什么没有迅速彻底地向新自由主义转向，是因为中国政府担心采取苏联式的"休克疗法"，会引起社会的动荡，导致不可预知的政治后果。中国政府之所以向那些最大型的企业提供比较多的保护和支持，是因为这些企业的规模和影响太大，万一私有化效果不佳，国家可能承受不起改革失败的后果。

2. 中国的私有化、自由化、市场化都是渐进式的

中国模式的另一个显著特征，在于中国的新自由主义化不同于俄罗斯的"休克疗法"，中国的私有化、自由化、市场化都是通过渐进的方式实现的，中国并没有"大爆炸"，而是缓慢平稳地实现了新自由主义的转型。"在一切关键的政策领域，中国所遵循的战略基本上与俄罗斯新自由主义的战略相反。"② 而斯蒂格利茨之所以把中国称为新自由主义的典范，就在于虽然中国也遵循了与当年东亚成功故事中相类似的增长模式，但是，与东亚国家形成鲜明对比的是，中国又拒绝了那种极端的自由化，因而避免了东南亚金融危机所带来的冲击，只经历了些微的动荡。③

美国左翼学者马丁·哈特—兰兹伯格指出，1991年苏联解体后，苏联东欧国家采用了以"休克疗法"为标志的新自由主义政策，但"休克疗法"给这些国家带来的却是灾难性的后果。这一后果也导致保守的新自由主义者和左派新自由主义者的分野。左翼的新自由主义者对迅速的、大规模的自由化和私有化的看法产生了质疑，他们认为，优先考虑的应该是有关宏观经济稳定的改革，而非自由贸易和短期的资本流动，并且改革一定要深思熟虑，细密谨慎。而中国虽然也采取了私有化、自由化和市场化，但中国采取的是渐进式，而非休克疗法。也正因为如此，中

---

① [美] 乔纳森·安德森：《走出神话：中国不会改变世界的七个理由》，余江、黄志强译，中信出版社2006年版，第113页。

② [美] 戴维·科兹：《论政府在经济转型中的作用——俄罗斯与中国过渡经验之比较》，《当代世界社会主义问题》2005年第3期。

③ Martin Hart–Landsberg and Paul Burkett, *China and Socialism: Market Reforms and Class Struggle*, Monthly Review Press, 2005, p. 29.

国才避免了苏东国家改革那样的悲惨结局,反而实现了经济社会的快速发展。因此,中国可以说是新自由主义发展的一个新版本,是可供其他国家进行新自由主义改革效仿的典范。斯蒂格利茨认为,资本的全球化对贫穷国家是有利的,中国就是其中的一个榜样。中国成功地融入了全球市场,却没有遵从华盛顿共识的基本观点。中国采取了私有化、降低了贸易壁垒,却是以渐进的方式进行的,以确保社会结构不会在改革过程中崩溃。中国没有听从国际货币基金组织的建议,却实现了高速增长、减少了贫困。[1]

因为中国既没有实现全面的私有化,也没有实现绝对的自由化和完全的市场化,同时,中国也没有采取苏东国家那种激进的转向新自由主义的做法,而是缓慢但稳定地过渡到新自由主义。因此,中国模式并非是新自由主义的标准版本。它既体现了新自由主义的一般特征,又具有自己的鲜明特色,因此,中国模式可以看作新自由主义的一个变本,是具有中国特色的新自由主义模式。

(四)"新自由主义中国化"的谬误

之所以把中国模式看作新自由主义的发展模式,关键还在于对中国改革开放以来的发展历程的误解,把中国的经济社会改革理解为新自由主义中国化的过程,把"中国特色"看作新自由主义中国化,而不是马克思主义中国化的结果。包括对中国经济制度改革、经济体制改革、国有企业改革、社会保障制度的改革等,都存在着严重的误解。"人们经常认为,中国对外贸易和投资更加开放,……但却不能推论说,中国因此坚持华盛顿共识所开出的新自由主义药方。"[2] 虽然许多西方学者包括媒体都把中国模式的成功归因于采取了新自由主义的政策,接纳了国际货币基金组织和世界银行的建议,但也有学者并不这么认为。乔万尼·阿里吉就指出:"意识形态相反的阵营,在影响舆论走向的媒体如《金融时

---

[1] Eyal Press, "Rebel with a Cause: The Re-Education of Joseph Stiglitz". *The Nation*, Vol. 274, No. 22, 2002, pp. 13–14.

[2] [意]乔万尼·阿里吉:《亚当·斯密在北京:21世纪的谱系》,路爱国、黄平、许安结译,社会科学文献出版社2009年版,第357页。

报》和《经济学家》的支持下，华盛顿共识的机构推动者——世界银行、国际货币基金组织、美国和英国的财政部——都夸耀说，自20世纪80年代以来伴随中国经济增长而出现的世界收入不平等和贫困的减少，可归因于中国坚持了其政策建议。撒哈拉沙漠以南的非洲地区、拉美及苏联真正坚持了这些政策建议，却遭受了一系列长期经济灾难，这与上述说法是相互矛盾的。"① 中国模式的成功，不是新自由主义的成功，不能把中国模式看作新自由主义的发展模式。把中国模式看作一种新自由主义的发展模式，源于对中国改革开放以来的一些政策措施的误解。

一是对社会主义市场经济的误解。改革开放以后，在解放思想的前提下，打破了对计划经济才是社会主义，市场经济就是资本主义的旧的观念的束缚，开始逐步放开发展商品经济，希望利用市场来配置资源，激发经济活力。在很多人看来，这是中国改革向新自由主义转向的开始。而1992年党的十四大，明确提出我国经济体制改革的目标就是要建立社会主义市场经济，则被很多人理解为向新自由主义全面转向的标志。改革开放40多年来，中国的社会主义市场经济体制越来越完善，而在新自由主义者看来，这是新自由主义在中国的胜利，中国已经偏离了马克思主义的道路。客观地说，有中国特色的社会主义市场经济体制绝对不同于传统的计划经济体制，中国早已冲破了计划经济的束缚，但是，中国的社会主义市场经济体制改革也绝不同于新自由主义所主张的完全的市场化。刘梁辉（Leong H. Liew）认为，中国对市场的政治干预、对经济部门的管理以及任何形式的战略性产业政策都不符合新自由主义模式的市场化。中国的经济改革创造了一个与新自由主义模式大相径庭的市场经济。② 新自由主义者只看到了中国社会主义市场经济其中市场的一面，从来都没有关注或者说是故意淡化其社会主义性质的一面。江泽民曾经明确指出："我们搞的是社会主义市场经济，'社会主义'这几个字是不能没有的，这并非多余，并非'画蛇添足'，而恰恰相反，这是'画龙点

---

① ［意］乔万尼·阿里吉：《亚当·斯密在北京：21世纪的谱系》，第358页。
② Leong H. Liew, "China's Engagement with Neo‑liberalism: Path Dependency, Geography and Party Self‑Reinvention", *The Journal of Development Studies*, Vol. 41, No. 2, 2005, p. 332.

睛'。所谓'点睛',就是点明我们市场经济的性质。"① 那些一直认为市场经济就是市场经济,没有什么社会主义市场经济与资本主义市场经济之分,或者说只有资本主义的市场经济的观点是错误的。错误的原因在于这些观点只看到市场经济的一般特征,没有看到市场经济与社会主义制度相结合以后而体现出的社会主义属性。在中国,建设有中国特色的社会主义经济,就是建设能体现社会主义制度属性,既能发展经济,又能实现共同富裕的市场经济。离开社会主义制度,抽象地讲市场经济,讲的就不是中国特色社会主义市场经济。

二是对农村改革、国有企业改革的误解。对农村经济改革的误解。乔纳森·安德森指出:"中国模式运作方式非常简单。50年前,把每个人土地都拿走了,30年前,把土地又还给他们了;50年前,把人们财产全部剥夺了,30年前,把人们财产权还给人们了。"② 所以,私有化就是中国模式的实质,以此看来,中国模式自然应该是新自由主义的发展模式。但事实上,中国的土地并没有私有化。中国城市里的土地始终是国有性质,农村的土地所有制实际上在改革开放以后也没有发生变化。农村经济改革并没有改变土地的所有权。至少到目前为止,中国农村的土地依然是集体所有,而且是实质上的集体所有,农民有的只是经营权,并不具备所有权。农民有在自己土地上搞经营的自由,甚至可以把自己的土地出租给别人,让土地自由流转,但绝对没有出卖土地的权力,因为中国,所有农村土地都不是农民私有的。

对国企改革的误解。在很多国外学者看来,中国的国有企业改革就是整个经济私有化的过程。改革开放以后,为了克服长期以来国有企业缺乏活力、效率低下的问题,也为了适应从计划经济向商品经济也即后来的市场经济的过渡,必须打破公有制一统天下,进行国有企业改革,从最初的放权让利到后来抓大放小,出售国有企业。国有企业改革一方面赋予企业更多的自主权,进而激发企业的活力;另一方面,也是适应

---

① 《江泽民论有中国特色社会主义(专题摘编)》,中央文献出版社2002年版,第69页。
② 马国川:《再议"中国模式":依然难以达成的共识》,http://www.caijing.com.cn/2010-12-17/110595016.html。

市场经济发展的要求，在市场经济条件下，不可能只有单一的经济主体，必须有一部分企业是私有的。需要指出的是，中国的国有企业改革与新自由主义指导下拉美国家的国有企业改革是两个不同的概念。拉美国家的国有企业改革完全是在新自由主义指导下的私有化进程的表现，中国的国有企业改革虽然与拉美国家的国有企业改革带来了相似的负面影响，如失业率上升、收入差距拉大等，但中国的国有企业改革在本质上与拉美国家的改革不同。拉美国家的改革是出于对国有企业本质的否定而进行的，其目的就是消灭所有的国有企业。中国的国企改革的目的则是试图通过改革来刺激国有企业的活力，在立足中国经济现实基础上更好地发挥国有企业的作用，"市场和私有企业只是对计划和国有制的补充"。①中国的经济制度改革有一个重要的原则，就是国企改革不能破坏国有经济的主导地位。所以，中国的国企改革不是新自由主义的私有化。中国与那些接受新自由主义方案的国家相比，放松管制与私有化一向更具选择性，进展更为缓慢。改革的关键并非私有化，而是让国有企业引入竞争机制，产生"鲶鱼效应"，使它们相互之间、与外国公司之间，特别是与大量新出现的私有、半私有和集体所有制企业之间展开竞争，以产生活力，产生效益。②

三是对扩大地方自主权、放松经济管制的误解。在新自由主义者看来，中国经济的成功在很大程度上得益于中国的经济自由化。改革开放以后，原来高度集中的计划经济体制逐步被打破，产权清晰、权责明确、政企分开、管理科学的新企业制度逐步建立。政企分开成为国有企业改革的一项重要方针，政府逐渐放松对企业的管制。然而，在很多学者看来，中国经济的成功并非得益于经济的自由化。赵穗生指出："中国模式之所以独一无二，就在于共产党政权一直保护着自己的政策空间（policy space），也就是能够决定在什么地方，怎样采纳西方的思想。当中国政府在采纳华盛顿共识的大多数基本原则，特别是强调市场、企业、全球化

---

① Leong H. Liew, "China's Engagement with Neo‐liberalism: Path Dependency, Geography and Party Self‐Reinvention", *The Journal of Development Studies*, Vol. 41, No. 2, 2005, p. 334.

② [意] 乔万尼·阿里吉：《亚当·斯密在北京：21世纪的谱系》，路爱国、黄平、许安结译，社会科学文献出版社2009年版，第359页。

以及国际贸易的作用时,却拒绝或修正那些会大幅降低政府作用的自由主义政策。"① 他认为,虽然中国逐渐开放了国内市场,但仍然对一些关键部门进行保护,对一些新兴产业提供各种帮助和扶持。叶列娜·波多利科也指出:"中国是在维持国家主导作用的情况下向市场经济迈进的。不仅如此,中国的发展模式并不以降低政府的作用为条件。"② 她认为,中国模式在减少政府对企业经营承担的责任的同时,要求加强国家在宏观调控、社会管理和提供社会基本公共服务方面的作用。她还指出,虽然中国目前70%以上的国内生产总值都是非国有企业创造的,但中国人非常清楚,私有企业离开国家管理就无法生存。因此,中国的成就与其说建立在经济自由化基础上,不如说建立在经过深思熟虑的具有长远目标的社会经济战略之上。乔万尼·阿里吉指出,中国在"经济改革中所推行的相对渐进主义,以及中国政府为促进国家市场的扩大与新社会劳动分工之间的协调而采取的应对行动,这些都表明,新自由主义学派所推崇的休克疗法、最低纲领派政府和自我监管的市场等乌托邦式信仰,对中国改革者和斯密来说,都是格格不入的"③。"如果说中国的成功还有其他什么基础的话,那就一定是从不盲目接受华盛顿(共识)的政策。具有'中国特色'的改革是中国改革进程的决定性特征。"④

(五)中国模式与新自由主义模式的本质区别

马克·里欧纳德认为,"传统共产党的粗鄙官僚面容只是个障眼法,掩饰了世上最大规模也最野心勃勃的市场化和民营化过程。借由把市场革命称为'中国特色社会主义',有关当局得以引用马克思和毛泽东的

---

① Suisheng Zhao, "The China Model: can it replace the Western model of modernization" *Journal of Contemporary China*, Vol. 19, No. 65, 2010, p. 424.

② [俄]叶列娜·波多利科:《中国的发展模式是对西方自由经济的真正挑战》,《海外经济评论》2007年第33期。

③ [意]乔万尼·阿里吉:《亚当·斯密在北京:21世纪的谱系》,路爱国、黄平、许安结译,社会科学文献出版社2009年版,第361页。

④ [意]乔万尼·阿里吉:《亚当·斯密在北京:21世纪的谱系》,第357页。

话,将密尔顿·弗里德曼和弗里德里克·海耶克的构想旧瓶新装,好让自己师出有名"①。把中国模式等同于新自由主义模式,是对中国模式性质的严重误解。全球化时代中国模式的形成,正逢新自由主义大行其道,毋庸讳言,中国模式必然带有新自由主义的某些特征,在中国模式身上多少能够找到新自由主义的影子。毕竟,中国模式借鉴了其他发达国家经济发展的许多经验,包括新自由主义经济方面的理论和政策。但无论如何,不能因此把中国模式看作是新自由主义的发展模式,中国模式与其有着本质的区别。

从价值取向来看。新自由主义是为以美国资本为代表的国际金融资本向全球扩张服务的,新自由主义代表的是国际大资本的利益,是对劳动大众尤其是第三世界国家的工人阶级的一种剥削和压迫。加拿大学者娜奥米·克莱恩指出,对于深受新自由主义影响的智利来说,"当奇迹背后的狂热与推销术被揭穿后,大家看到皮诺切特和芝加哥男孩统治下的智利,并不是一个以自由市场为特质的资本主义国家,而是政商财团主义(corporatism)国家。Corporatism(统合主义)这个字眼原本指的是墨索里尼的警察国家模式,由社会上三种主要势力——政府、企业和工会——结盟而成,它们互相合作以确保以国家民族为名的秩序。智利在皮诺切特统治下,实验的是一种新形态的统合主义:一个警察国家和大企业互相支持的结盟,联手对第三个势力——劳工——发动全面战争,借以大幅增加联盟占有国家财富的比率"②。新自由主义打着自由的幌子,实质上是进一步剥夺了处在社会最底层的劳动大众的自由。在智利,主张民主自由的新自由主义却与独裁专制的皮诺切特政权紧密地结合在一起。正像人们所说的那样,弗里德曼的理论带给他诺贝尔奖,给智利带来的却是独裁的皮诺切特将军。中国模式在本质上是中国特色社会主义的发展模式,它始终坚持社会主义的价值取向,它的基本经济政治制度,都是为了保障绝大多数人的利益。与新自由主义只赋予资本的自由不同,

---

① [英]马克·里欧纳德:《中国怎么想》,林雨蒨译,行人出版社2008年版,第48页。
② [加]娜奥米·克莱恩:《休克主义:灾难资本主义的兴起》,吴国卿、王柏鸿译,广西师范大学出版社2010年版,第76—77页。

中国模式坚持以人为本,是为了实现大多数的自由和全面发展。"公有和私人企业竞争的白热化,确实导致了城市工人在毛泽东时代所享有的就业保障的瓦解,以及很多过度盘剥现象,特别是对流动工人。……然而,工人的困境和反抗必须放在政府政策的背景下来看。在此方面,政府政策同样不支持通过牺牲工人福利来提高利润的新自由主义核心措施。与人均收入水平相当甚至更高的国家相比,在中国的正式部门,不仅合资企业工人所享受的医疗、养老和其他'指令性福利'一向都更加慷慨,而且在解雇工人方面也更加困难。"[1]

从制度基础来看。中国特色社会主义制度实际上在改革开放前已经确立,改革开放并没有动摇这些基本的经济政治制度,所以在中国不存在根本上实现新自由主义化的可能。首先,经济制度虽然有所变化,但始终没有动摇公有制的主体地位,这确保了中国特色社会主义的社会主义属性。虽然公有制不再一统天下,但公有制依然占主体地位,国有经济依然占主导地位。有了基本经济制度的保障,其他的经济体制改革都不可能脱离社会主义的轨道。其次,在政治上,人民民主专政、人民代表大会制度、中国共产党领导的多党合作和政治协商制度等都没有发生根本上的变化,确保了人民群众在国家政权中的地位以及人民群众能够行使自己的政治权力,这为经济改革提供了政治上的保证,当经济改革有违背人民意志的倾向时,国家可以调整经济改革的方向,以使其能够始终保证人民的利益不受根本性的损害。以医疗改革为例,推行医疗改革的初衷当然是更好地为人民群众提供更优质的医疗健康服务,但是,医疗卫生事业市场化以后,出现了看病贵、看病难、因病致贫、因病返贫的现象,损害了广大人民群众的利益。对此,政府推动建立了新型的医疗保障体制,尤其是在农村,新型农村合作医疗在政府的推动下,基本上涵盖了所有农村居民,解除了农民因看病贵而治不起病的后顾之忧。中国在推动市场体制改革的同时,从来没有放弃政府的作用,而是始终坚持把政府和市场结合起来,当市场不能为人民服务时,要矫正市场改

---

[1] [意]乔万尼·阿里吉:《亚当·斯密在北京:21世纪的谱系》,路爱国、黄平、许安结译,社会科学文献出版社2009年版,第363—364页。

革的方向。

从政府与经济的关系来看。完全的市场化，是新自由主义观点的支柱之一。新自由主义认为，政府在经济中的作用应该极为有限，如果政府能够很大程度地退出经济生活，那么效率、收入分配和科技进步将达到最佳。作为经济角色，政府不可避免地被视为腐败、资源配置低效、财富再分配的专横和阻碍经济进步的一个根源。美国总统乔治·W. 布什的重要税务政策顾问格罗弗·诺奎斯特（Grover Norquist）宣称，他推动布什政府实施大规模减税计划的最终目标是"把政府规模减小到可以拖进浴室并淹没在浴缸里的程度"①。取消政府与市场的联系，实际上是为新自由主义所代表的国际垄断资本进入发展中国家打开了方便之门。对于亟待在全球扩张的国际垄断资本来说，利用自己的资本、技术优势等使发展中国家在经济上对国际垄断资本产生依赖并不困难，关键的障碍在于，发展中国家政府对市场的干预和控制，严重阻碍了垄断资本对发展中国家经济的全面控制。因此，强调完全的市场化，使发展中国家放弃政府的经济管制，成为国际垄断资本控制发展中国家经济的一个重要手段。东南亚金融危机证明，一旦放弃政府对市场的控制，国家的经济安全就要受到威胁。中国在改革开放，发展市场体制的同时，始终没有放弃国家的宏观调控。龙安志就指出，当 1993 年中国的通胀率高达 21.7，需要采取严厉措施将经济拉回到理性、可控的轨道上来的时候，中共中央和国务院联合颁发了"宏观调控十六条"②，大胆地将市场经济的货币和财政工具与社会主义行政管理相结合，"'宏观调控的十六条措施'悍然登场，毫不理会新自由主义经济学家与休克疗法的存在"。③ 中国利用宏观调控，使市场经济始终保持在为社会主义国家和人民服务的

---

① ［美］戴维·科兹：《论政府在经济转型中的作用——俄罗斯与中国过渡经验之比较》，《当代世界社会主义问题》2005 年第 3 期。
② 中共中央、国务院针对当时我国经济发展发展中存在的比较突出的问题而提出的一系列宏观调控措施，1993 年 6 月 24 日发布并生效，详见《中共中央、国务院关于当前经济情况和加强宏观调控的意见》（中发〔1993〕6 号）。
③ ［美］龙安志：《世界的未来：中国模式对全球新格局的重塑》，石盼盼译，中国人民大学出版社 2017 年版，第 45 页。

轨道上。如果遵循新自由主义的逻辑，实行私有化基础上的完全市场化，就不可能坚持和完善社会主义宏观调控，也不可能在改革开放中坚持独立自主，就会陷入市场原教旨主义的陷阱。

总的来说，中国改革开放以来，始终坚持中国特色社会主义道路。有学者认为，新自由主义的代表人物弗里德曼在20世纪90年代曾经给中国改革开放绘制了一条路线图。弗里德曼指出，中国需要一个市场经济；中国需要一个自由化的市场经济；中国需要一个私有化的自由的市场经济；实现这一目标的唯一途径就是全面私有化。[①] 但中国没有接受弗里德曼的建议，尽管中国接见了国际货币基金组织代表团，甚至新自由主义经济的权威米尔顿·弗里德曼，处在变革时期的中国却没有同意实施"华盛顿共识"的新自由主义的要求。[②] "即使有人认为中国过去30年经济的显著增长与华盛顿共识中的一些改革的因素存在一致性，但是所有人都同意，中国并没有遵从华盛顿共识。"[③] 中国的改革确实采取了华盛顿共识中提出的一些政策措施，但中国在改革开放的过程中始终坚持了四项基本原则，并没有像苏联一样，把新自由主义作为自己改革的指导思想，所以，只是因为中国模式表面看上去和华盛顿共识貌似一致，就把中国模式看作是对华盛顿共识的简单修正，或者把中国模式看作新自由主义中国化的产物，是不客观的。中国模式假若真的遵循了新自由主义的发展逻辑，同样逃脱不了"拉美模式"那样悲惨的命运；相反，中国经济社会持续地快速发展，恰恰表明中国没有遵循经济社会发展的新自由主义逻辑，中国模式在本质上不是新自由主义模式。正是因为中国拒绝了新自由主义的指导，中国才没有像俄罗斯一样成为新自由主义的实验场，从而避免了"实验室中可怜的小白鼠"的命运。

---

① 王天义：《新自由主义与中国现实》，载何秉孟《新自由主义评析》，社会科学文献出版社2004年版，第404页。

② [波兰]博格丹·高拉尔奇克：《中国道路：一台高效但未经打磨的发动机》，《经济观察报》2011年3月1日第42版。

③ Scott Kennedy, "The Myth of the Beijing Consensus", *Journal of Contemporary China*, Vol. 19, No. 65, 2010, p. 467.

不能不说的是，自华盛顿共识在拉美国家、苏东国家被证明失败以后，新自由主义很容易把中国当作拯救自己的最后一根稻草，对此，我们应该有着清醒的认识。"后苏联的崩溃促使人们寻求新的新自由主义成功事例，进而树立榜样以便其他国家效尤。……中国的发展经验反映了保守的新自由主义者和左翼新自由主义之间的策略性的分歧和原则性的共识。"① 新自由主义其实只是作为一种社会思潮而存在，并没有哪一个国家能够在实践中确立新自由主义制度，因为，全面的私有化、绝对的自由化，完全的市场化在目前的任何一个国家，都没有实施的可能。林春认为，把中国现存的一切问题都归咎于市场化和私有化不彻底是不客观的，而在中国确立一个以私有产权为基础的万能、完善的市场则完全是一厢情愿。② 新自由主义在美国、英国遭到了强烈的抵制，因此拉美、苏东国家不幸成为新自由主义的试验场，当垄断资本在国内遭遇挫折时，拉美、苏东国家就成了国际垄断资本攻城略地的战场。另外，把中国模式看作新自由主义模式的典范，实际上还暗含着中国是一个"独裁国家"，因为，几乎所有能够推行新自由主义的发展中国家，都是独裁国家，从皮诺切特统治下的智利，到苏哈托统治下的印度尼西亚，再到乌拉圭、巴西、韩国的军政府，无一不是如此。而中国如果真的实施了新自由主义，难道中国不也是一个独裁国家吗？

国外有学者把中国模式看作新自由主义的发展模式，也给我们提出了警示，虽然中国模式在实质上不是新自由主义的发展模式，但中国在改革开放的过程中，确实在某些方面出现了新自由主义化的迹象。郑永年曾经指出，新自由主义某种程度上在中国被本土化了，并导致了很大的负面效果。中国社会事业的市场化改革之所以那么迅速，就是因为没有能够抑制新自由主义的力量。他认为，新自由主义对冲破计划经济的束缚、促进经济增长确实起到一定的正面作用，但新自由主义影响到社会公共服务领域，使政府把公共服务取消掉、市场化，是非常糟糕的。

---

① [美] 马丁·哈特—兰兹伯格，保罗·伯克特：《解读中国模式》，庄俊举译，《经济社会体制比较》2005 年第 2 期。

② 林春：《"中国模式"议》，《政治经济学评论》2010 年第 4 期。

中国目前提供公共服务不是因为没有钱,而主要是动力不足。动力不足,则是因为穷人缺乏影响国家政策的渠道。① 这也提示我们,为什么一些国外学者把中国模式看作一种权贵资本主义模式或官僚资本主义模式,他们认为,中国虽然号称是一个人民的国家,但实际上,真正掌握权力的人只是少数的权贵、官僚、精英,中国社会已经在新自由主义的冲击下开始严重分化。这就是新自由主义在中国产生的影响,对此,我们应该有清醒的认识。郑永年还指出,"不可否认的是,在另外很多领域,尤其是国有企业改革领域,新自由主义指导下的恶性私有化还在继续。现在是人们反思新自由主义改革路线的时候了"②。事实上,无论是在外国,还是在中国,越来越多的人已经认识到,"迅速的市场化、与西方日益增加的交流并不能创造出像改革开放初期很多人所期待那样的乌托邦"③。近些年来,中国已经越来越重视和加强以公平正义为核心,以改善民生为重点的社会建设。党的十六大报告就曾提出构建和谐社会的思想,十六届四中全会则明确提出构建社会主义和谐社会的基本目标,十六届六中全会进一步指出,社会和谐是中国特色社会主义的本质属性,十七大党章还把"和谐"作为社会主义现代化建设的目标写入社会主义初级阶段的基本路线,十七届五中全会明确提出要进一步加强基本公共服务体系建设。在实践中,社会建设也取得了很大进展,新型农村合作医疗的全面覆盖、农村最低生活保障制度的有效实施、城市保障房建设等一些重要举措,充分表明了党和政府已经意识到,市场机制并不适用一切领域,为社会提供基本公共服务是政府应该承担的责任。罗敦大学亚非学院学者罗迪克指出,中国在 1997 年之前确实曾经实行过新自由主义的政策,但总体来讲,中国的发展成就,不能归结为"华盛顿共识"的市场原教旨主义或新自由主义。尤其是世纪之交以来,中国一直致力于构建和谐社会。这些努力代表着对一种从根本上背离新自由主义的发展模式

---

① 张飞岸:《社会改革比政治改革更重要——专访郑永年教授》,《国际社会科学杂志》2009 年第 1 期。
② 郑永年:《未竟的变革》,浙江人民出版社 2011 年版,第 146 页。
③ 张冠梓:《哈佛看中国——政治历史卷》,人民出版社 2010 年版,第 29 页。

的追求。①

二 中国特色资本主义模式

关于中国模式的性质，除了中国特色的新自由主义之外，还有一种观点认为，中国模式在本质上是有中国特色的资本主义发展模式。把中国模式看作是有中国特色的资本主义发展模式，与把中国模式看作是有中国特色的新自由主义模式具有某些共同之处，因为新自由主义本质也是资本主义。只不过，强调中国模式的新自由主义本质，主要是从中国模式的一些具体的制度、政策方面出发。而强调中国模式的资本主义性质，则主要是从中国模式的价值层面考虑，认为中国模式在本质上是为资产阶级服务的，其所带来的后果与实行纯粹的资本主义并无根本性的差异。这种模式，既具有资本主义的一般特征，又具有典型的中国特色，是一种中国特色的资本主义发展模式。斯蒂芬·哈尔珀曾引用《星际迷航记》中的一句话来表达对中国模式的看法："这的确是资本主义，但却不是我们熟悉的那种。"②

（一）所谓的"资本主义在中国的复辟"

在一些国外学者看来，中国模式就是一种资本主义的发展模式。而之所以说它是一种资本主义发展模式，就在于在中国模式下，资本主义的经济基础已经形成，资本主义的一些普遍社会现象在中国已经出现，甚至还固执地认为中国改革开放的过程就是向西方全面转向的过程。在这些学者看来，"中国的改革是推行资本主义的三十年"③。中国模式

---

① Lo Dic, China versus the Washington Consensus: The Anomaly for World Bank Advocacy Research, SOAS Department of Economics Working Paper No. 164, London: SOAS University of London, 2009, p. 14. （罗迪克在2007年一份工作报告中同样表达了这样的观点，见 China's Quest for Alternative to Neo‑Liberalism, No. 153, 2007。）

② [英] 斯蒂芬·哈尔珀：《北京说了算：中国的威权模式将如何主导二十一世纪》，王鑫、李俊宏等译，八旗文化2010年版，第58页。

③ [法] 加布里埃尔·格雷西永：《中国经济不再例外》，《海外经济评论》2008年第46期。

"并没有什么独特之处,只是再现了西方已经忘却的过去而已。"① 在这些把中国模式看作资本主义发展模式的学者中,比较有代表性的是美国左翼学者马丁·哈特—兰兹伯格和保罗·伯克特。他们认为:"中国的市场改革并不通往社会主义的复兴,而是通往彻底的资本主义复辟"②。"中国特色资本主义"(Capitalism with Chinese Characteristics)以及"中国式资本主义"(Sino-Capitalism)③ 这样的词语也频繁出现在国外学者研究中国模式的论著之中。

这些学者之所以把中国模式看作是一种资本主义发展模式,其理由和依据主要体现在以下几个方面。

一是,从制度基础来看,他们错误地认为,改革开放的过程就是私有化的过程,中国的公有制经济基础在改革过程中已经被破坏。有学者指出:"今天的中国拥有资本主义制度的所有基本支柱,包括市场体系的推广,中国经济融入帝国主义主导的世界经济,土地和财产的私有化,以及劳动力的商品化和散居化。"④ "中国经济的许多核心要素实际上运行在资本主义的基础之上。"⑤ 在这些学者看来,这些都是市场经济改革的必然结果。马丁·哈特—兰兹伯格和保罗·伯克特指出:"一旦走上以市场为目标的改革道路,改革进程中的随后每一步都会被改革本身所产生的张力和矛盾(tensions and contradictions)所牵制"⑥。实际上也就是改革将会一步一步被改革所产生的问题所牵制,改革再也不能按照改革设计者所设计的道路按计划进行。尽管中国在进行经济体制改革的过程中,

---

① Michael Barr, *Who's Afraid of China? The Challenge of Chinese Soft Power*, Zed Books Ltd, 2011, p. 134.

② Martin Hart-Landsberg and Paul Burkett, *China and Socialism: Market Reforms and Class Struggle*, Monthly Review Press, 2005, p. 16.

③ Christopher A. McNally, "Sino-Capitalism: China's Reemergence and the International Political Economy", *World Politics*, Vol. 64, No. 4, 2012, pp. 741–776.

④ Timothy Kerswell & Jake Lin, "Capitalism Denied with Chinese Characteristics", *Socialism and Democracy*, Vol. 3, No. 2, 2017, p. 52.

⑤ Eddie J. Girdner, "China as a capitalist state: from 'primitive socialist accumulation' to neoliberal capitalism", *The Turkish Yearbook*, Vol. XXXV, 2004, p. 123.

⑥ Martin Hart-Landsberg and Paul Burkett, *China and Socialism: Market Reforms and Class Struggle*, Monthly Review Press, 2005, p. 61.

始终坚持公有制的主体地位不动摇,强调在坚持社会主义基本制度的前提下发展市场经济,但是,在这些国外学者看来并不尽然,社会主义市场经济依然把中国从一个公有制的社会演变为一个私有制的社会。他们认为:"无论用什么方式,将国有资产转变成可以用来剥削自由劳动力的资本性资产,这就是马克思所说的'原始资本积累'的复制,尽管在中国是以'社会主义市场经济'的名义进行的。"①

与马丁·哈特—兰兹伯格和保罗·伯克特的观点相似,罗伯特·韦尔(Robert Well)认为,尽管开始进行市场化改革的初衷是社会主义的,但市场的规则很快就被证明是无法被控制的。改革进程的每一个阶段都会产生新的问题,而这些问题只有通过进一步扩大市场才能得到解决,因此陷入了市场改革的陷阱,逐步导致资本主义政治经济制度的日益巩固。所以,事实并非像改革家们所试图证明的那样,是"利用资本主义来建设社会主义",而成了"利用社会主义来建设资本主义"。② 在罗伯特·韦尔看来,市场并不是一种单纯的经济手段,它是一种演变的工具,最终把公有制演变为私有制,把社会主义演变为资本主义,社会主义的市场经济是根本不存在的。

二是,过分夸大中国的贫富差距,把贫富差距与资本主义社会的两极分化等同起来,并错误地认为中国已经产生了新的资产阶级。有西方学者指出:"中国发展模式在本质上是资本主义的。是因为改革开放尽管取得了一定的成就(主要表现在 GDP 增长),但分配极不平等,具有深刻的资本主义特征。"③ "对中国后社会的阶级分析表明,作为中国共产党的缔造者和宪法所规定的国家统治阶级的工人和农民,在政治上被边缘化,在经济上被重新无产阶级化。"④ 不能否认,改革开放的过程中,中

---

① Martin Hart-Landsberg and Paul Burkett, *China and Socialism: Market Reforms and Class Struggle*, Monthly Review Press, 2005, p. 55.

② Robert Weil, *Red CAT, White Cat: China and the Contradictions of "market socialism"*, Monthly Review Press, 1996, p. 230.

③ Timothy Kerswell & Jake Lin, "Capitalism Denied with Chinese Characteristics", *Socialism and Democracy*, Vol. 3, No. 2, 2017, p. 51.

④ Timothy Kerswell & Jake Lin, "Capitalism Denied with Chinese Characteristics", *Socialism and Democracy*, Vol. 3, No. 2, 2017, p. 51.

国社会确实产生了较大的贫富差距，但并不能因此就认为中国走上了资本主义道路。一个显而易见的事实是改革开放以来中国人民的物质生活得到了极大丰富，民主政治参与的形式不断拓展，所以，无论从哪个角度出发，都谈不上中国工人和农民的"重新无产阶级化"。还有一些学者错误地认为，随着市场经济的发展，中国新的资产阶级正在形成。大卫·科兹指出，"中国正在形成新的资产阶级"，并"从工人阶级身上获取利润，剥削价值。总有一天他们会把自己的阶级利益强加于维持现有社会体系之上。"① 客观而言，改革开放以来，随着私营企业的快速发展，私营企业主的数量越来越多，但这些私营企业主没有也不可能形成一个新的资产阶级。在中国特色社会主义制度下，私营企业存在的价值主要是为国家和人民服务，而不是剥削工人的工具；这些私营企业主是社会主义事业的拥护者，甚至还有一部分是共产党员，而不是对工人进行剥削的资本家。诚然，改革开放以来这些私营企业主属于先富裕起来的一部分，但他们富裕起来以后还要承担一个艰巨的责任，那就是带动社会共同富裕。虽然，也存在有些国外左翼学者指出的"当大部分的中国劳动人民辛苦奋斗时，一小部分中国资产阶级却在追求和美国高收入者相似的生活方式"② 这种个别现象。但我们还是应该坚信，在中国共产党的领导下，贫富差距一定会逐步缩小，共同富裕的目标一定会实现。我们也可以看到，在改革开放的过程中我们党始终强调，"社会主义与资本主义不同的特点就是共同富裕，不搞两极分化。"③ "社会主义的目的就是要全国人民共同富裕，不是两极分化。如果我们的政策导致两极分化，我们就失败了；如果产生了什么新的资产阶级，那我们就真是走了邪路了。"④

三是，错误把改革开放以来党的理论创新认为是意识形态的转向。

---

① ［美］大卫·科兹：《苏联解体给我们的教训》，载成龙《海外马克思主义中国化理论研究》，广东人民出版社2009年版，第308页。

② Martin Hart-Landsberg and Paul Burkett, *China and Socialism: Market Reforms and Class Struggle*, Monthly Review Press, 2005, p.67.

③ 《邓小平文选》第3卷，人民出版社1993年版，第123页。

④ 《邓小平文选》第3卷，第110—111页。

在马丁·哈特—兰兹伯格和保罗·伯克特等一些比较固执的左翼学者看来，中国当前的资本主义并非威尔·赫顿所说的"资本主义只是手段，而非目的"，恰恰相反，资本主义才是中国改革的根本目标。同为左翼学者的哈里·麦格道夫（Harry Magdoff）① 和约翰·贝拉米·福斯特（John Bellamy Foster）② 则指出，改革开放以后，中国"从现实到理论都发生了令人震惊的转向。中国鼓励国内与国外投资，以大力发展私有产业，宣称要转向所谓的市场社会主义，意识形态也来了个 U 型大转弯"。③ 据此，他们片面地认为，改革开放以后，中国共产党在指导思想上已经发生了转变，资本主义才是改革开放的真正方向。

  在这些学者看来，中国的改革开放始终是以资本主义为导向的，因为领导改革开放的无产阶级利益的代表者中国共产党已经蜕变为资本家利益的代表者，改革的方向也已为他们所把控。"许多共产党的干部已经成为资本家"④。甚至提出"党的精英确实从正在继续的资本主义复辟进程中获得了好处，对此已经很少再有疑义了"⑤。"面对人民的各种变革要求，他们试图寻找一种改革方式，以使自己能够实现对国家财富的更为牢固的控制，并且引领自己通过试错法（through trial and error）拥抱'中国特色'的资本主义。"⑥ 同样，我们需要指出的是，在改革开放的过程中，有的党员领导干部利用手中的职权，为自己谋取私人利益。但我们也需要清楚地知道，这些行为仍然是极少数，并且也决不为我们党

---

  ① 美国著名激进经济学家，曾任《每月评论》杂志主编。熟悉中国，多次到访中国。"文革"期间，参加过中国国庆 25 周年招待会，改革开放后，也曾到北京、上海、广州等地讲学。著有《帝国主义时代：美国外交政策的经济学》《繁荣的终结》等。

  ② 美国著名左翼学者，曾任《每月评论》杂志主编，美国俄勒冈大学社会学教授，马克思主义生态学创始人，当代西方马克思主义生态学理论的代表人物。其主要著作有：《脆弱的星球》（1994，1999）、《马克思的生态学》（2000）、《生态危机与资本主义》（2002）。

  ③ Martin Hart-Landsberg and Paul Burkett, *China and Socialism: Market Reforms and Class Struggle*, Monthly Review Press, 2005, p. 8.

  ④ Richard Smith, "Creative Destruction: Capitalist Development and China's Environment", *New Left Review*, Vol. 1, No. 222, 1997, p. 12.

  ⑤ Martin Hart-Landsberg and Paul Burkett, *China and Socialism: Market Reforms and Class Struggle*, Monthly Review Press, 2005, p. 35.

  ⑥ Martin Hart-Landsberg and Paul Burkett, *China and Socialism: Market Reforms and Class Struggle*, Monthly Review Press, 2005, p. 34.

纪国法所容。在改革开放过程中，特别是党的十八大以来，通过全面从严治党，保证中国特色社会主义道路不会改旗易帜，始终是我们党的一项基本原则和重要战略布局。

对于马丁·哈特—兰兹伯格等人关于中国特色资本主义模式的观点，一些国外学者也提出了质疑。芝加哥德保罗大学全球研究协会一份题为"中国：市场社会主义还是资本主义"的研究报告指出，中国并非马丁·哈特—兰兹伯格与芭芭拉·弗莱（Barbara Foley）等大部分左翼学者所认为的那样，已经完全滑向中国特色资本主义。该报告指出，虽然对资本主义的定义有很多种，包括结构定义（structural definition）、阶级定义（class-based definition）等，但无论从哪个角度看待中国，中国都不属于资本主义。报告还从三个方面分析了中国为什么不会走向资本主义。一是中国共产党清楚地知道，资本主义解决不了中国的根本问题，二是社会大众对资本主义的抵制，三是中国共产党对社会大众反资本主义倾向有着清醒的认识。[①]

（二）所谓的"非典型的资本主义发展模式"

在一些国外学者眼中，虽然中国在改革开放以后走上了资本主义道路，但是，中国的资本主义并不同于他们所期望的资本主义模式，而是具有鲜明的中国特色。正如斯蒂芬·哈尔珀所指出的那样，"我们上世纪曾经的意识形态敌人如今已加入了现代市场阵营，但却产生了我们意想不到的结果。"[②] 中国模式在一些学者看来，确实是一种资本主义的发展模式，但却有着自己的特殊性，是一种新的、不同的资本主义。而这些特殊性也是国外学者关注的一个重点，因为中国模式的特性关乎西方自由资本主义模式的未来。对于一些国外学者来说，西方资本主义发展模式相比，中国模式是一种国家资本主义模式，是没有民主的资本主义模式。

---

① DePaul University Global Studies Association, "China: Market Socialism or Capitalism", May 13, 2006. http://www.luc.edu/faculty/dschwei/ChinaCap.GSA.pdf.

② ［英］斯蒂芬·哈尔珀：《北京说了算：中国的威权模式将如何主导二十一世纪》，王鑫、李俊宏等译，八旗文化2010年版，第68页。

1. 中国模式的国家资本主义特征

国家资本主义被一些学者看作中国模式的代名词，中国模式就是国家资本主义模式。他们认为，把中国模式与西方的资本主义发展模式相比较，最突出的特色就是在中国模式中，国家扮演着极其重要的角色，国家或者说政府是最大的资本家，因此，中国模式可以称为国家资本主义模式。"中国并没有从国家社会主义向市场资本主义转变。相反，改革时期的中国发展了一种独特的国家资本主义形式。"① "就中国的资本主义而言，中国正在追求国家引导的资本主义，即经济的总体方向，包括私营部门，都是由政府政策引导的。"② 伊恩·布雷默引用温家宝与 CNN 主持人法里德·扎卡里亚（Fareed Zakaria）的谈话，认为中国国家资本主义的实质就是 "国家宏观调控下发挥市场配置资源的基础作用，把看得见的手与看不见的手有机结合起来"③。但是，"看得见的手"与"看不见的手"并不是平等的关系，"看不见的手"要受到"看得见的手"的制约，也就是说，在国家和市场的关系上，不是市场说了算，而是国家说了算。也有学者认为，中国的资本主义独具特色，在市场经济运行中，资产阶级控制着私有生产，并占有剩余价值，但市场却处在国家的紧密控制之下。④ 总而言之，中国模式就是一种国家资本主义模式。

在一些西方学者看来，不仅中国模式是国家资本主义模式，实际上世界上多数新兴国家都在采取国家资本主义模式。美国《时代周刊》曾经刊文指出，如今的新兴国家资本主义国家（中国、俄罗斯、中东石油国家）已证明它们的模式很成功，这使其他发展中国家的领导人早就开

---

① Kellee S. Tsai and Barry Naughton, "State Capitalism and the Chinese Economic Miracle", in Barry Naughton and Kellee S. Tsai, eds. *State Capitalism, Institutional Adaptation, and the Chinese Miracle*, Cambridge University Press, 2015, p. 3.

② Andrew Szamosszegi and Cole Kyle, *An Analysis of State - owned Enterprises and State Capitalism in China*, U. S. -China Economic and Security Review Commission, October 26, 2011, p. 91.

③ Ian Bremmer, *The End of The Free Market: who wins the war between states and corporations*, Portfolio, 2010, p. 129.

④ Shaun Breslin, *Capitalism with Chinese Characteristics: the Public, the Private and the International*, Working Paper (Murdoch University Asia Research Center), No. 104, June 2004, p. 1.

始怀疑民主资本主义对他们来说不一定是最好的发展模式。① 在诸如此类的西方媒体看来,中国、俄罗斯等新兴国家采取的都是国家资本主义发展模式。他们的共同特点有:鼓励私营企业和外商投资,但又控制着一些核心支柱产业,并用政府资金扶持这些产业,以便使其立足国际市场。正因为国家资本主义模式的国家干预,使中国、俄罗斯等国家拥有世界上最大规模的主权财富基金,也使这些国家在过去十年里,经济增长速度明显高于那些"自由民主国家",取得了对西方国家的速度优势。伊恩·布雷默认为,像中国移动这样号称全球最大的移动通信运营商,与西方传统的跨国公司不同,它不是由公司的股东在经营,而是由政治统治者来经营。并且,国家资本主义不是为了维护全体公民的个人权利,而是为了维护国家的权力。伊恩·布雷默指出:"国家资本主义是为了国家的政治目的而支配市场。"②

对于中国为什么会采取所谓的国家资本主义模式,也有不少学者进行了深入分析。特蕾莎·赖特认为,英格兰在18世纪后期开始工业化,当时的全球竞争和资本流动都是有限的。这种有限的竞争意味着资本家无须政府的支持和保护。而对所有的后工业化国家来说,加剧的竞争使国家参与到资本的集中过程,因此,那些第一波工业化的国家,资本和政府的关系相对独立,而对后工业化国家,资本和政府的联系更加紧密。③ 因此,在一些后工业化国家,资本主义的发展带有更多的政府的影子。在突尼斯、印度尼西亚这些国家,资本与国家政权是共生关系。韩国在20世纪80年代早期,复制了印度尼西亚的模式,因为韩国企业要参与世界竞争,必须依靠政府的力量。但到了80年代中期以后,随着韩国企业国际竞争力增强以后,他们不再依赖于政府的支持,因此,军事独

---

① 刘志明:《"中国模式"不是国家资本主义》,《红旗文稿》2009年第15期。
② Ian Bremmer, *The End of The Free Market: who wins the war between states and corporations*, Portfolio, 2010, p.20.
③ Teresa Wright, *Accepting Authoritarianism: State-Society Relations in Chinese Reform Era*, Stanford University Press, 2010, p.28.

裁政权也就不能再维持自己的统治了。① 当前的中国与韩国 80 年代早期的情形类似,企业要参与国际竞争,需要国家力量的支持,因此,在中国这样一个发展中国家,国家资本主义的发展就是必然的了。

对于一些学者把中国模式看作国家资本主义模式,也有学者表达了不同看法。郑永年就指出:"西方把中国看成是'国家资本主义'。但如果我们梳理一下从汉朝到当代中国的经济形态,就会发现中国几千年来一以贯之地存在着一个比较有效的政治经济体制。叫它'资本主义'也好,'市场经济'也好,中国一直以来都有一个三层市场或者三层资本共存的大结构。顶层永远是国家资本;底层的都是自由民间资本,像今天的中小企业;还有一个中间层面,就是国家跟民间互动合作的部分。在这个结构中,一些关系到国民经济支柱的领域,国家一定要占主导地位,但是大量的经济空间会放给民间自由资本;而在中间层,政府和民间资本积极互动,有合作也有竞争。通过这样三层的资本结构,政府维持与市场之间的平衡,并履行经济管理的责任。"② 在郑永年看来,只有政府与市场关系失衡并极端偏向政府,才可称为国家资本主义。而改革开放以后的中国在处理政府与市场的关系时,是相对平衡的,因此,并不能简单把中国模式认为是一种国家资本主义模式。

2. 中国模式是一种没有民主的资本主义发展模式

与左翼学者更多从价值层面分析中国模式的资本主义属性不同,一些西方学者更加注重中国模式与西方资本主义模式在运行方式上的不同。多数西方学者认为,资本主义的发展应该建立在民主政治的基础上,但中国却在没有建立民主制度的情况下,实现了资本主义经济的快速发展,"是一个没有民主的资本主义案例"(a case of capitalism without democracy)。③ 这些学者指出,中国模式与一般意义上的资本主义不同,它在经济上虽然搞资本主义,但却并没有实行资本主义的民主。也因此,他们

---

① Teresa Wright, *Accepting Authoritarianism: State-Society Relations in Chinese Reform Era*, Stanford University Press, 2010, p. 29.
② 郑永年:《国家与发展:探索中国政治经济学模式》,《文化纵横》2019 年第 1 期。
③ Tsai, Kellee S., *Capitalism without Democracy: the private sector in contemporary China*, Cornell University Press, 2007, p. 201.

把中国模式称为威权主义模式,并且提出,"中国的政治经济模式正在取得胜利,并且看起来是自由民主的资本主义的一个很有吸引力的替代模式"①。

乔治·华盛顿大学教授布鲁斯·迪克森(Bruce Dickson)指出,"'红色资本主义'是对中国整个改革时代的一个极好的比喻。红色资本主义标志着竞争以及当代中国矛盾的性质:自由经济与列宁主义政治体制同时存在。中国既要为如何允许信息、劳动和商品的自由流动,为经济发展所必要的服务进行斗争。因而红色资本主义体现了经济和政治权力在中国的合并。"② 法国《费加罗报》记者伊兹拉莱维奇则把中国模式称为"超级资本主义"模式。他指出,"作为美国和非洲、超现代性和中世纪、权力高度集中和权力极大下放的混合体,中国目前的体制是很独特的,算不上是真正的法制国家,又不存在反对势力,我准确地称其为'超级资本主义'"。③

无论是威权资本主义,还是红色资本主义,或者说是超级资本主义,国外学者实际上都是在说,中国的资本主义模式,是一种与西方自由民主理念相背离的资本主义模式。中国特色的资本主义模式打破了资本主义自由民主的基本理念,创造了一种新型的没有民主的资本主义模式。特蕾莎·赖特在《可接受的威权主义》一书中,详尽阐释了中国模式的资本主义为何与西方的资本主义不同,即为什么在发展资本主义的同时,并没有推行西方的民主政治? 特蕾莎·赖特对中国社会的各个阶层对于民主政治改革的诉求都进行了分析,发现在中国,没有哪一个阶层希望改变当前的政治体制,进行民主化的改革。无论对私营企业主来说,还是对普通民众来说,他们都没有改变中国共产党执政地位的要求,只是

---

① Ian Buruma, The Year of The China Model, Jan 7, 2008, http://www.project-syndicate.org/commentary/the-year-of-the--china-model-.

② Bruce J. Dickson, *Red Capitalism in China: The Party, Private Entrepreneurs, and Prospects for Political Change*, Cambridge University Press, 2003, p.157.

③ 《德斯坦、埃里克·伊兹拉莱维奇谈当中国觉醒的时候》,载宿景祥、齐琳《国外著名学者、政要论中国崛起》,中共中央党校出版社2007年版,第282页。

希望中国共产党能更坚持社会主义的原则。① 蔡欣怡（Kellee S. Tsai）在《没有民主的资本主义》一书中也指出："资本家必须要求民主的信念是一个神话，而不是社会科学的规律。""自由民主国家允许许多直接的政治表达形式，但中国企业家在表达他们的政策关切方面比投票、游说和抗议更微妙，也可能更有效。""中国企业家并不要求中国进行西方式的政治改革。"② 从特蕾莎·赖特和蔡欣怡的分析中，我们可以看到，在当代中国，无论哪个阶层，都不希望改变中国的政治现状，也正因为如此，中国的经济虽然在持续快速发展，但西方国家所希望的那种中国实现西式民主的幻象没有也不可能成为现实。

（三）"中国特色资本主义发展模式"错误理解的根源

无论把中国模式理解为国家资本主义模式、官僚资本主义模式，还是威权资本主义模式，都是建立在一个错误的前提基础上，那就是不承认中国特色社会主义。而之所以出现如此错误的判断，主要是因为这些学者把现实中不是资本主义的因素贴上资本主义的标签，把现实中存在的一些政策层面的因素上升到制度层面，把中国存在问题的根源全部归因于中国特色社会主义制度所致。

1. 强加上的资本主义"标签"

一是把实行市场经济与发展资本主义等同起来。一些西方学者认为，市场经济在本质上是资本主义的，搞市场经济就是要复辟资本主义。他们认为："中国已经初步建立了一个以私有产权为基础、以雇佣劳动为支撑的市场经济，这是一个不争的事实。无论人们赞扬还是反对，只要承认这个事实，就很难得出另外的结论，因为这正是资本主义经济体制的基本特征。"③ 一直以来，无论是社会主义国家的经济学者，还是资本主

---

① Teresa Wright, *Accepting Authoritarianism: State-Society Relations in Chinese Reform Era*, Stanford University Press, 2010, p. 8.

② Tsai, Kellee S., *Capitalism without Democracy: the private sector in contemporary China*, Cornell University Press, 2007, pp. 5, 201.

③ 张利军、郭敏：《日本学者评日本国内关于中国当前经济发展的几种代表性观点》，《国外理论动态》2005年第4期。

义国家的经济学者，都普遍认为社会主义只能实行计划经济，市场经济是资本主义的专利。因此，改革开放以后，中国发展市场经济的尝试引起了前所未有的争论。认为中国既然搞市场经济，就是要搞资本主义。古巴哈瓦那大学国际经济研究中心教授胡利奥·A. 迪亚斯·巴斯克斯指出，"也有少数理论家、学者将中国发生的一切归结为放弃社会主义理想，回归资本主义道路。对中国改革开放政策的这种评价主要存在于在社会思想上遵循马克思主义理论的左翼流派中。批评的焦点集中于市场在整个改革开放过程中所扮演的角色。所提出的诸多论据包括，本希望中国政府实行的市场改革计划能够为社会主义带来新的活力，最终却将国家引向了相反的道路，日益加快向资本主义下滑的速度，并受到外国资本的束缚。"① 著名左翼学者萨米尔·阿明就是如此，阿明坚持认为，邓小平的改革开放和此后实行的社会主义市场经济选择的是一条资本主义道路。"市场社会主义"成为逐步建立资本主义基本结构和制度，同时尽量减少资本主义过渡过程中的摩擦和困难的捷径。② 正是这种对市场经济的误解，使一些国外学者把中国模式看作是一种资本主义的发展模式。

其实，邓小平在南方谈话中已经明确指出，"计划多一点还是市场多一点，不是社会主义与资本主义的本质区别。计划经济不等于社会主义，资本主义也有计划；市场经济不等于资本主义，社会主义也有市场。计划和市场都是经济手段。"③ 虽然南方谈话在理论上澄清了市场只是经济手段，既不姓社，也不姓资，社会主义也可以搞市场经济。但这并没有平息人们的争论，尤其是一些国外左翼学者，依然认为，中国搞市场经济，就是要复辟资本主义。在他们看来，根本不可能存在什么所谓的"社会主义市场经济"，因为市场经济只属于资本主义。大卫·科兹就认

---

① 《西媒：社会主义新模式将在中国诞生》，环球网，2011年5月3日，https://world.huanqiu.com/article/9CaKrnJqZAq。
② Samir Amin, "On China: 'Market Socialism', a Stage in the Long Socialist Transition or Shortcut to Capitalism", *Social Scientist*, Vol. 32, No. 11/12, 2004, pp. 4 – 5.
③ 《邓小平文选》第3卷，人民出版社1993年版，第373页。

为,"市场经济的唯一作用,就是使得一部分人先富起来"。①实际上,国外一些学者对市场经济的认识存在很明显的错误。不能否认,市场是资本得以再生和增值必需的媒介,资本离不开市场,但并不代表市场就一定具有资本主义的制度属性。从市场经济和资本主义产生的历史我们可以清晰认识到,市场经济的产生要远远早于资本主义,因此,不能把市场经济看作资本主义的专利。资本主义确实要靠市场才能实现资本的增值,但实现资本增值却并非市场的唯一功能。在社会主义条件下,市场要发挥的不是为资本增值服务的功能,而是如何调节生产,配置资源的功能。因此,决不能认为实行市场经济就是走资本主义道路,更何况我们搞的还是社会主义的市场经济。

二是,把实行股份制与搞私有化等同起来。一些国外学者强调,股份制是资本主义的"精髓",搞股份制就是搞私有化。改革开放以后,为了推动经济的发展,中国在探索发展社会主义市场经济的同时,也尝试进行所有制实现形式的改革,股份制成为公有制一个新的重要实现形式。而股份制的采用,被一些学者认为是私有化的推行,股份制改革被认为是私有化改革。卡默尔(Solomon M. Karmel)认为,"中国刚刚出现的股票和红利市场已经引起了国际媒体的广泛关注,然而这些市场的出现是很难理解的。"因为,一直以来,股票等一直被认为是资本主义特有的,不应该在社会主义的中国出现。卡默尔还认为,股份制在中国的发展,"结果是产生一种缓慢的政府主导下的转向资本主义的管理方式和所有制方式。"② 与把市场经济等同于资本主义一样,这样的观点同样是把股份制看作是资本主义的专利。实际上,股份制只是一种所有制的实现形式,并不具备所有制的属性,也即股份制既不姓社,也不姓资。用邓小平的话来说,"许多经营形式,都属于发展社会生产力的手段、方法,既可为资本主义所用,也可为社会主义所用,谁用得好,就为谁服务。"③ 作为

---

① [美]大卫·科兹:《苏联解体给我们的教训》,转引自成龙《海外马克思主义中国化理论研究》,广东人民出版社2009年版,第308页。

② Solomon M. Karmel, "Emerging Securities Markets in China: Capitalism with Chinese Characteristics", *The China Quarterly*, Vol. 140, 1994, p. 1105.

③ 《邓小平文选》第3卷,人民出版社1993年版,第192页。

一种方法、手段，资本主义一直在实行的股份制同样可以为社会主义所利用，而且应该为社会主义所利用，因为"社会主义要赢得与资本主义相比较的优势，就必须大胆吸收和借鉴人类社会创造的一切文明成果，吸收和借鉴当今世界各国包括资本主义发达国家的一切反映现代社会化生产规律的先进经营方式、管理方法。"① 并且，从马克思对于股份制的描述来看，他并没有把股份制与私有制等同起来。马克思指出："在股份公司内，职能已经同资本所有权相分离，因而劳动也已经完全同生产资料的所有权和剩余劳动的所有权相分离。""实际执行职能的资本家转化为单纯的经理，别人的资本的管理人，而资本所有者则转化为单纯的所有者，……全部利润仍然只是在利息的形式上，即作为资本所有权的报酬获得的。而这个资本所有权这样一来现在就同现实再生产过程中的职能完全分离，正像这种职能在经理身上同资本所有权完全分离一样。"② 因此，所有制的实现形式与所有制本身是两个概念，不存在说一种所有制就一定要采取固定的实现形式。

2. 不能正确理解中国特色主义基本经济制度

改革开放以后，经济领域资本主义因素的发展，也被一些国外学者认为是中国转向资本主义的重要原因。改革开放以后，党对我国仍处于社会主义初级阶段这一基本国情有了更为客观的判断，认识到社会主义初级阶段的生产力水平和发展的不平衡性，决定了非公有制经济发展的必要性。在社会主义初级阶段，非公有制经济发展对于充分调动社会各方面的积极性、促进经济增长、扩大就业、活跃市场和满足人们多样化的需要等方面具有重要作用。所以，党的十五大明确把以公有制为主体，多种所有制共同发展确立为我国现阶段的基本经济制度，明确了非公有制经济的地位。从改革开放的经济社会发展的现实来看，非公有制经济的发展，在提高人民生活水平，扩大就业，促进经济增长等方面起到了非常重要的作用。在浙江、广东、江苏、福建等东部沿海地区，正是因为非公有制经济的快速发展，使整个东部地区的经济社会发展水平远远

---

① 《邓小平文选》第3卷，第373页。
② 《马克思恩格斯文集》第7卷，人民出版社2009年版，第495页。

高于中西部地区。所以,鼓励和引导非公有制经济的发展,经过了实践的检验,符合中国的现实国情。

但是,一些国外学者片面地认为,非公有制经济的发展,实际上代表中国在逐步积累资本主义的经济基础。马丁·哈特—兰兹伯格在强调中国模式的资本主义属性时就强调指出:"1978年,国有企业产生中国工业部门(指采矿业,公用事业,制造业)的全部产值。到2003年,私营部门的份额已经大于国有部门的份额:52.3%比41.9%。"① 事实上,这些数字并不能表明中国社会主义基本经济制度的性质已经发生了改变。非公有制经济确实不属于社会主义的因素,但是,不能说允许非公有制经济的发展就是要搞资本主义。中国确实允许非公有制的存在和发展,但有一个基本前提,就是不能动摇公有制经济的主体地位。在中国,公有制经济不仅在量上,而且在质上,相对于非公有制经济都占有优势。主要矛盾的主要方面决定着事物的根本性质,因此,在中国,虽然有众多非社会主义因素的存在,但社会主义的因素占据绝对优势,所以,从本质上来说,中国的发展模式依然是社会主义的发展模式。单一的公有制,既不符合马克思主义的辩证唯物主义,而且已经被实践检验并不符合中国现阶段生产力的发展水平。以公有制为主体,多种所有制共同发展的所有制结构更符合社会主义初级阶段的基本国情,更能够促进当代中国社会生产力的发展。邓小平就指出:"我们吸收外资,允许个体经济发展,不会影响以公有制经济为主体这一基本点。相反地,吸收外资也好,允许个体经济的存在和发展也好,归根到底,是要更有力地发展生产力,加强公有制经济。"② 他还特别强调,我们吸收资本主义中一些有用的方法来发展生产力,但仅仅是作为一种方法来使用,不会动摇我们的社会主义制度属性。

3. 把中国存在的问题归因于中国特色社会主义制度

一些学者之所以把中国模式看作资本主义的发展模式,还在于他们

---

① Martin Hart-Landsberg, "The Realities of China Today", *Against the Current*, 2008, Vol. 23, No. 5, p. 22. 文中数字源于经济合作发展组织中国经济调查2005。(OECD Economic Surveys: China, OECD Economic Surveys, 2005, p. 29.)

② 《邓小平文选》第3卷,人民出版社1993年版,第149页。

认为在中国模式下，产生了与资本主义社会相同的社会后果，诸如严重的剥削，较大的贫富差距甚至是两极分化等。

马丁·哈特—兰兹伯格在解释为什么把中国的改革开放看作是资本主义的复辟过程时指出，"改革产生了日益增长的剥削过程，一个以绝大多数中国劳动者无法接受的代价为少数人生产大量财富的过程"①。罗伯特·韦尔在分析中国工人阶级的现状时则指出，"我们所了解的情况清楚反映了毛泽东去世后三十年巨大社会变革的影响，在他领导下推行的社会主义革命政策被拆除，转而回到'资本主义道路'，让无产阶级处于越来越危险的境地。在这个曾经是最平等的社会里也出现了迅速拉大的贫富两极分化趋势，一方面是特别富有的上层精英，一方面是生活条件日益恶化的位于底层的广大工人农民。"② 在这些学者眼中，改革开放带来了严重的贫富分化，而这本应是资本主义社会才会出现的情况。

实事求是地说，在改革开放40多年的过程中，确实出现了贫富差距拉大的现实。在社会主义初级阶段，由于存在多种所有制和实行市场经济体制，客观上存在着产生两极分化的可能性。因为劳动者的个人禀赋和家庭负担的不同，拥有生产要素的多少不同，人们在竞争能力上的差距，以及城乡之间、地区之间、脑力劳动与体力劳动之间，以及不同经济领域和部门之间客观上的差别，必然引起收入的差别和富裕程度的不同。但是，中国目前存在的这种贫富差距拉大的现象，与资本主义社会普遍存在的两极分化虽有相似之处，却有着根本的不同。中国目前存在的贫富差距只是一个暂时的现象，它也不是像资本主义社会那样，贫富差距甚至两极分化是由其资本主义社会制度所决定的。而中国特色社会主义的本质是要消灭剥削，消除两极分化，最终达到共同富裕。贫富差距的拉大只是中国经济转型期的阵痛，这种贫富差距不能也不会发展到两极分化，随着社会保障制度的完善和社会主义市场经济体制的日益成熟，共同富裕的社会主义目标一定会实现。而资本主义的两极分化则是

---

① Martin Hart-Landsberg, "The Realities of China Today", *Against the Current*, 2008, Vol. 23, No. 5, p. 1.

② Robert Weil, "Conditions of the Working Classes in China", *Monthly Review*, Vol. 58, No. 2, 2006, p. 25.

一个普遍的社会现象，它的根源是资本主义制度本身，只要资本主义制度存在，两极分化就不会消失。所以，当前中国存在的贫富差距拉大的现象与资本主义的两极分化是两个不同的概念，不能因此把中国模式断定为资本主义的发展模式。

另外，中国现阶段存在的剥削现象，也与资本主义社会中的剥削有着根本的不同。在现阶段的中国，由于存在着多种所有制，一定程度和一定范围内的剥削现象不可避免。但是，这种剥削仅限于非公有制经济内部，并且，这些在非公有制经济内部工作的劳动者，与资本主义社会一无所有的工人阶级有着根本的区别。在资本主义社会，工人除了被迫出卖自己的劳动力以外，没有其他任何选择的自由，因为他们没有任何属于自己的生产资料。而在中国，在非公有制经济内部的劳动者，还有另一种身份，他们还是这个国家的主人，是国有经济或集体经济的所有者。这就是中国模式，社会主义因素与资本主义因素并存，但只要社会主义因素还占主体地位，中国模式就依然是社会主义的发展模式。邓小平指出："个别资产阶级分子可能会出现，但不会形成一个资产阶级。总之，我们的改革，坚持公有制为主体，又注意不导致两极分化，过去四年我们就是按照这个方向走的，这就是坚持社会主义。"他还指出："只要我国经济中公有制占主体地位，就可以避免两极分化。当然，一部分地区、一部分人可以先富起来，带动和帮助其他地区、其他的人，逐步达到共同富裕。我相信，随着经济的发展，随着科学文化和教育水平的提高，随着民主和法制建设的加强，目前社会上那些消极的现象也必然会逐步减少并最终消除。"①

总的来说，把中国模式看作一种具有中国特色的资本主义发展模式，主要是因为在中国道路发展的过程中，存在一些资本主义的因素。这就要求我们对中国模式与资本主义的关系进行更为深入的分析，厘清中国模式与资本主义的关系，特别是要立足实际，完整准确地理解中国特色社会主义。国内学者郑杭生曾就这一问题进行过比较客观的阐释，他提出，中国特色社会主义是"一种利用资本主义，但又与资本主义有本质

---

① 《邓小平文选》第 3 卷，人民出版社 1993 年版，第 149 页。

区别的社会主义。这样的社会主义有市场经济、有证券交易、有劳资关系等资本主义社会同样存在的东西,不仅如此,中国还有企业主共产党员——红色资本家"等。中国特色社会主义在自我发展完善的过程中确实采取了一些在资本主义社会非常流行的政策措施,但是,一定要明确,我们采取这些措施的目的只是为了借鉴资本主义的某些有益因素。当然,在这个过程中,我们还是要划清与资本主义的界限。因为,"如果不能清醒地自觉认识到这是利用资本主义,那就很容易与资本主义相混淆。"① 国外一些学者之所以把中国模式认为是一种资本主义性质的发展模式,就在于没有混淆了这个界限。在社会主义与资本主义共存的阶段,社会主义只有充分利用资本主义的一切积极因素,才能最终战胜资本主义。这是我们利用资本主义,在中国模式下允许资本主义因素存在发展的一个最重要的原因。中国模式不是资本主义的模式,却是一种善于利用资本主义的发展模式。对于我们的改革,我们也许可以用美国学者张大卫的观点做一个比较中肯的评价。他指出,邓小平"作为一个改革家、要把中国改造成不同于毛和苏联曾希望看到的那种模式。当苏联要把一个弱小的但有独立性的中国置于其支配之下时,毛似乎要中国处于永远革命的状态。邓很明显希望建设一个现代化的中国,它为有古老的文化遗产、自卫能力、受到各国的尊敬而自豪,邓还希望中国能为世界相平作出积极的贡献。""邓从来不是而且现在也不是一个'走资派'。虽然毫无疑问他准备对意识形态进行改革,但对马克思所描绘的社会的哲学信仰却不会改变。"②

三 实用主义发展模式

除了带有明显偏见的中国特色新自由主义模式和中国特色的资本主义模式之外,也有一些学者把中国模式看作实用主义的发展模式。他们认为,

---

① 郑杭生《社会学视野下的"中国经验"》,《光明日报》2009年12月3日第10版。
② [美]戴维·W. 张:《邓小平不是走资派》,载齐欣《世界著名政治家、学者论邓小平》,上海人民出版社1999年版,第304—305页。

中国模式既不是新自由主义的，也不是资本主义的，当然也不是社会主义的，而是没有意识形态属性，只讲究实效的实用主义发展模式。实用主义有时候更像对中国模式特征的一种描述，但既然把"实用"上升到主义，而且往往在谈实用主义的同时，强调中国模式不具有意识形态的属性，所以，还是应该把实用主义的研究归于对中国模式的性质分析更为恰当。

把中国特色社会主义看作实用主义的观点，自改革开放之初就出现了。一些国外学者把邓小平提出的"实践是检验真理的标准""不管黑猫、白猫抓住老鼠就是好猫"等观点理解为放弃了社会主义的价值取向，只要能解决当前的现实问题，就是应该采取的政策，而忽略社会主义的长远目标。最近几年来，随着国外中国模式研究的兴起，也有一些学者把中国模式称为实用主义的发展模式，认为实用主义是改革开放的指导思想，所谓的中国特色社会主义其实就是实用主义。

（一）褒贬不一的"实用主义模式"

把中国模式看作实用主义的发展模式，相较于带有明显偏见的中国特色新自由主义和中国特色的资本主义模式等观点，虽然表面上更符合中国实际，但也并不正确，同样是对中国模式性质的一种误读。把中国模式看作实用主义的发展模式，既有国外学者对中国模式注重实用的肯定，也有对中国模式偏离社会主义方向的批评，虽然都称为实用主义，但褒贬不一。

1. 注重实效的实用主义模式

一些国外学者认为，中国改革开放之所以能够取得如此巨大的成就，就在于改革开放以来坚持了实用主义的发展模式。《时代周刊》1980年的一篇题为"我们从我们过去的教训中学习"的文章指出，"在过去的两年里，中国领导人抛弃了僵化的意识形态束缚，转向灵活的自由主义。共产主义的经济政策被修改，转而给工人和农民更多自主权，给予文学和艺术工作者更多自由，增派几千名学者和科学家到西方资本主义国家去学习"。[①] 文章引用中国一些官员、学者的观点，认为中国已经从过去

---

① "'We Learned from Our Suffering' Chinese tell of the momentous changes sweeping their nation", *Time*, Vol. 116, No. 19, 1980, p. 50.

的痛苦经历中得到启示，即中国必须坚持符合中国实际的发展道路。还有学者把邓小平与毛泽东对比，认为毛泽东更像一个浪漫主义者，他试图在中国如此落后的基础上，坚持纯粹的社会主义，试图通过"大跃进""人民公社"等方式进入共产主义，然而，事实证明，毛泽东的社会主义理想只能是一个乌托邦。美国学者阚哈叶指出："毛泽东是个浪漫主义者，一个沉迷于诗行的空想家；相反，邓小平是位现实主义者，一位精明的生意人和一位善于使可能变成现实的实践家。"① 正是邓小平的实用主义态度，才使中国开辟了一条具有中国特色的社会主义道路。法国学者魏柳南则指出，"长达数十年的意识形态的僵化，是造成中国所经历的悲剧的直接原因。今后党和国家做出的决定应该很大程度地遵循实用主义和随机应变的策略，尽管这有可能对拥护马列主义毛泽东思想的官方意识形态路线产生冲击或与之相矛盾。中国政治经济的发展不应再拘泥于某个意识形态的限制，譬如对一些理论的应用（马克思主义、经济领域的自由主义或者是在制订经济计划时的议会民主原则等），而是采用一种根据经验办事的模式。"② 魏柳南也认为，人们总是习惯于"戴着旧世界的有色眼镜描绘被马克思列宁主义和毛泽东思想光芒遮掩的中国，甚至曲解中国现任领导人的政治决策。而事实上，这些政治决策是非常务实的，并且在很大程度上摒除了意识形态的考量，虽然他们继续保留了共产主义基本纲领中的一些口号和参照标准。……尽管还存在对于马克思列宁主义和毛泽东思想信仰的宣传，大规模教授其中的格言以稳固共产党的权力，但意识形态对于内政和外交的影响都消失了"。③

对于邓小平的实用主义，在一些国外学者看来，并不是对社会主义的抛弃，也不是全面转向资本主义或者新自由主义。埃克里·伊兹拉莱维奇指出，在邓小平身上，"并没有任何极端自由主义的气味。如果说，

---

① ［美］阚哈叶：《现实主义者、精明的生意人和实践家》，载齐欣《世界著名政治家、学者论邓小平》，上海人民出版社1999年版，第392页。
② ［法］魏柳南：《中国的威胁？》，王宝泉、叶寅晶译，人民日报出版社2009年版，第13页。
③ ［法］魏柳南：《中国的威胁？》，王宝泉、叶寅晶译，人民日报出版社2009年版，第50、52页。

撒切尔和里根的改革是基于意识形态的影响,那么邓小平所信奉的则是更务实的发展观。在中国,用动物来打比喻是大家喜闻乐见的修辞方式,而邓公的名言则是'不管白猫黑猫,抓到耗子就是好猫!'他就是用这种说法来为自己那些大胆的创新政策进行辩护。经济发展是他所坚持的'硬道理',他所关心的问题是如何使自己的人民走出贫穷,走出几十年计划经济之后更加恶化的贫穷状况"。① 也就是说,邓小平的实用主义仍然坚持了社会主义的价值取向,他所采取的实用主义的目的与社会主义的目的在根本上是一致的,都是要使人民摆脱贫穷,过上幸福生活。从事海外邓小平理论研究的学者成龙认为,国外一些学者所谓的邓小平的"实用主义"观点,实际上是对邓小平讲究实事求是的一种褒扬,与英美等西方国家流行的实用主义是显然不同的。② 日本学者渡边利夫则直接把实用主义与社会主义联系起来,他指出,邓小平的实用主义不是乌托邦社会主义,而是重视生产力的社会主义;不是主观能动主义,而是物质刺激之类的实事求是主义;不是激进主义,而是实验主义性的实用主义,这正是所谓邓小平经济思想的精髓。③ 上述观点肯定了邓小平在探索中国特色社会主义建设过程中始终坚持的实事求是精神,是比较客观的,但是,把实事求是冠以实用主义之名,就成了对实事求是的歪曲。

2. 偏离社会主义的实用主义

也有一些国外学者认为,改革开放以后的中国,在实用主义的指导下,逐渐偏离了社会主义的轨道。首先,中国共产党不再是一个纯粹的工人阶级的政党,而成为一个代表全体人民的党,这其中甚至包括资本家。赵穗生指出,中国共产党在以前曾经把自己定义为工人阶级的先锋队,并在毛泽东时代按照马克思主义的指导夺取了国家政权,进而改造社会。但是,邓小平之后,解放思想,不再强调意识形态,开始实行以

---

① [法]埃克里·伊兹拉莱维奇:《当中国改变世界》,姚海星、裴晓亮译,中信出版社2005年版,第4页。
② 成龙:《海外马克思主义中国化理论研究》,广东人民出版社2009年版,第269—270页。
③ [日]渡边利夫:《邓小平的经济思想与改革开放》,《国外中共党史研究动态》1994年第6期。

市场为导向的经济改革，唯有如此，才能解决日益涌现的社会问题。中国共产党的历史方位正在发生变化，不得不进行从革命党向谨慎的（conservative）执政党的转型。所以中国共产党才把实现政治稳定和经济发展作为自己的主要目标，并且把党的性质由无产阶级的先锋队定义为"两个先锋队"，以扩大自己的阶级基础，获得更多的支持。赵穗生认为，"三个代表"已经明确指出，共产党不仅仅是工人阶级的代表，而是先进生产力、先进文化和最广大人民利益的代表。[1] 中国共产党不再是工人阶级或者说是社会主义力量的代表，党的目标不再是追求建设社会主义，而是追求实现中华民族的伟大复兴，社会主义在改革开放的过程中逐渐让位于实用主义。

一些学者还认为，"中国的经济改革和现代化进程并非由任何意识形态教条或是原则所驱动，而是由经济成功取向的务实主义所驱动"。对于科学发展观、构建社会主义和谐社会等理念，在这些学者看来，与社会主义并没有必然的关联，而更像是实用主义的观念。因为，科学发展观与和谐社会观念的提出，目的仅仅是在于平衡经济和社会生活，实现城乡协调发展，沿海和内陆共同发展，实现人与自然的和谐，避免环境恶化，缩小贫富差距等。而这些都只是为了使共产党能够长期执政下去，与共产党的意识形态并无关系。科学发展观等新思想，"将重点放在降低地区经济不平衡、缩小收入差距、提升能源使用效率、遏制环境恶化以及建立社会福利计划、一个更稳定的社会秩序和更强大的社会道德感。这些都是实用主义的政策，以帮助共产党作为执政党继续掌握权力"。[2] 科学发展观体现的是实用主义，不是意识形态问题。瑞典学者辛尤汉指出："今天的中国在摒弃了共产主义这种意识形态之后，明显地出现了一种向古老的、非马克思主义价值观的回归。……'社会主义和谐社会'究竟是什么意思呢？它可能包罗万象，也可能一无所指。从这个意义上来说，这个口号奉行的正是现代中国的政治传统——务实主义：是什么

---

[1] Suisheng Zhao, "The China Model: can it replace the Western model of modernization", *Journal of Contemporary China*, Vol. 19, No. 65, 2010, p. 430.

[2] Suisheng Zhao, "The China Model: can it replace the Western model of modernization", *Journal of Contemporary China*, Vol. 19, No. 65, 2010, p. 431.

无关紧要，只要有用就行。"① 在这些学者看来，中国模式的价值目标不是为了追求社会主义，而仅仅是为了现实的经济增长，为了维持共产党的统治，所以中国模式是实用主义模式。但以上这些观点其实都是错误的，因为无论是众多学者所说的缩小贫富差距、建设福利社会，还是节能减排、实现人与自然和谐发展等，这些难道不都是社会主义的真正的要求吗？如果说资本主义也这么做了，那我们恰恰可以说这些做法或者说目标是资本主义为了维持自己的政治统治而采取的实用主义手段而已。

（二）误解为"实用主义模式"的根源

之所以认为中国模式在本质上是实用主义的发展模式，关键在于对改革开放以来的一些政策和措施的理解不够全面，甚至错误理解了这些政策措施。认为解放思想、实践是检验真理的标准、发展才是硬道理、"黑猫白猫、抓住老鼠就是好猫""摸着石头过河"等都是中国改革开放坚持实用主义路线的突出表现。而之所以把这些政策措施理解为坚持了实用主义的路线，是因为在一些国外学者看来，解放思想、实践是检验真理的唯一标准等这些措施非常符合实用主义的基本特征。实用主义的基本特征包括对形而上学的批判、行为主义的哲学观、效用即真理的真理观、工具主义的方法论等。

1. 误认为解放思想为冲破社会主义意识形态"束缚"提供了条件

国内学界普遍认为，解放思想是中国特色社会主义发展的逻辑起点，没有解放思想，就没有后来的改革开放，也就没有中国特色社会主义道路的开辟。但是，在一些国外学者看来，解放思想的最重要的意义在于摆脱了意识形态的束缚，解放思想为中国寻求社会主义之外的道路提供了重要的理论支持。如果没有解放思想，就不会有后来的中国模式。因为解放思想为冲破社会主义的意识形态束缚提供了条件，美国学者龙安志就指出：终结意识形态，开始求真务实，是迈出中国改革的第一步。②

---

① ［瑞典］辛优汉（Johan Lagerkvist）:《中国模式的局限性》，郭存海译，见http://ilas.cass.cn/u/guocunhai/｛8D47184A-2278-46CB-9545-5E1A48DB6211｝.pdf。

② ［美］龙安志:《世界的未来：中国模式对全球新格局的重塑》，石盼盼译，中国人民大学出版社2017年版，第23页。

美国著名实用主义学者威廉·詹姆士指出:"实用主义使我们所有的理论都变活了,使它们柔和起来并使每一种理论起作用。"① 而解放思想的重要作用就在于打破了对马克思主义、毛泽东思想的束缚。约翰·奈斯比特和多丽丝·奈斯比特都认为,中国模式是解放思想的产物,邓小平领导中国跨越了意识形态的鸿沟,从自己的实际出发,创造了一种新的体制,这种新的体制已经不能再用"社会主义"来概括了。多丽丝·奈斯比特认为:"中国并没有给自己找一个所谓的意识形态的外衣来披上,而是实实在在地从自己的国情出发。她建立了自己的做法、自己的体系,这就像花一样,她本身很成功,而且她能够扎根发芽,能够自己茁壮成长。这就是中国的成功之处、聪明之处。邓小平没有将另一个外衣覆盖在中国的身上,或者受制于意识形态思维,他做的恰恰相反。"② 因此,解放思想的作用与实用主义的作用是一样的。

约翰·奈斯比特有一个"神奇的蜕变"说,他指出:"1978年,中国共产党打开了使蛹与世隔绝几十年的坚硬外壳,开始了神奇的蜕变。"③ "中国不要把自己裹在'共产主义'这个老茧子当中,你已经化蝶了,你就应该展翅高飞。"④ 在他看来,自1978年以后,中国已经在逐步脱离社会主义,中国模式的形成和发展的过程,恰恰是中国摆脱社会主义的过程,邓小平的解放思想为中国逃离社会主义打开了闸门。40年后,中国模式成形了,中国也就彻底摆脱了社会主义的桎梏。

2. 把"实践是检验真理的唯一标准"误解为"有用即真理"

新加坡学者林住君认为,实践是检验真理的唯一标准,使中国的改革开放得以从意识形态的束缚中摆脱出来,尤其是从毛泽东关于社会主义建设的一些僵化的思想中解放出来。他指出,实践是检验真理的唯一

---

① [美] 威廉·詹姆士:《实用主义》,陈羽纶、孙瑞禾译,商务印书馆1979年版,第30页。
② 赵启正、[美] 约翰·奈斯比特、[奥] 多丽丝·奈斯比特:《对话:中国模式》,新世界出版社2010年版,第21页。
③ [美] 约翰·奈斯比特、[德] 多丽丝·奈斯比特:《中国大趋势:新社会的八大支柱》,魏平译,中华工商联合出版社2009年版,第35页。
④ 赵启正、[美] 约翰·奈斯比特、[奥] 多丽丝·奈斯比特:《对话:中国模式》,新世界出版社2010年版,第14页。

标准使中国的改革开放可以"完全不受任何既定思想理论或意识形态的束缚"①。美国学者张大卫也认为,邓小平"很少关心'黑猫白猫'的意识形态之争,只要猫抓耗子;对于他来说,意识形态的修正主义似乎不是一个值得论争的问题,如果这种修正看来是必要的、合理的和有实践意义的"。"实践是检验真理的唯一标准",是实用主义的一种表现,因为它要把一切意识形态都置于受其实践效果所检验的地位。② 实际上提出实践是检验真理的唯一标准,在当时主要是为了解放思想,是为了从对毛泽东晚年所犯的错误中解脱出来,而并不是要抛弃毛泽东思想,更不是要抛弃马克思主义。何况,马克思主义、毛泽东思想作为真理,恰恰是因为它们都已经接受过实践的检验。对于江泽民,一些学者认为,他也是一个实用主义者,美国霍普金斯大学国际问题研究所客座研究员陈有为曾这样形象地指出:"在江泽民的口袋中,左边装的是马列,右边装的是孔孟之道;另一个口袋中装的是西方文明思想。他既非左派,又非右派,而是一个务实派,会根据时机需要而转变。"③ 这确实是一个非常形象的比喻,可在真正理解中国改革开放经历的人们看来,却又显得那么可笑。孔孟之道也好、西方的文明思想也好,他们在当代中国都是在为"马列"服务的。

3. "发展才是硬道理"就是"唯 GDP 主义"

一些学者认为,从十一届三中全会提出以经济建设为中心,到 1992 年邓小平南方谈话提出"发展才是硬道理",中国共产党实现了从"政治挂帅"到"经济挂帅"的转变,从坚持强调意识形态的纯洁性到"黑猫白猫,抓住老鼠就是好猫"的实用主义的回归。在这些学者看来,中国改革开放的实用主义思想在邓小平"发展才是硬道理""黑猫白猫,抓住老鼠就是好猫"等论断中体现得淋漓尽致。有学者指出,邓小平领导的改革之所以被贴上实用主义的标签,"在很大程度上得益于他的两只猫的

---

① [新加坡] 林住君:《中国的经济改革及其国际影响》,载覃火杨《海外人士谈中国社会主义》,北京大学出版社 1990 年版,第 53 页。

② [美] 张大卫:《中流砥柱 各有千秋——周恩来与邓小平》,王宏周、杜淑英等译,中国广播电视出版社 1988 年版,第 3 页。

③ 成龙:《海外马克思主义中国化理论研究》,广东人民出版社 2009 年版,第 457 页。

理论，这种理论表示，他不受意识形态的束缚，并因而能够把效率作为他的指导原则"①。"邓没有真正地信奉某种具体学说，实践成功将为他的理论提供各种依据"②。墨西哥国立自治大学教授、拉丁美洲与中国商业经济一体化研究专家安都乐（Arturo Oropeza Garcia）认为，邓小平是一个实用主义者，因为邓小平曾这样指出，当前有两种发展模式，哪一种对我们有用，我们就用哪一种，如果社会主义对我们是有用的，我们就用社会主义的方式，如果资本主义对我们有用，我们就用资本主义的方式。③ 所以，在他看来，中国模式并不追求社会主义还是资本主义，它只强调发展，因而是一种实用主义的发展模式。

（三）实事求是与实用主义的区别

从国外学者把中国模式称为实用主义发展模式的缘由来看，国外学者对中国改革开放以来的一些政策、措施的理解还存在一定的片面性，有些仅仅是停留在某些政策措施的字面意思，而没有考虑到其深层次的含义。这种片面性的理解是把中国模式称为实用主义模式的最主要的原因。

1. "猫论"的本质

邓小平的"猫论"是国外学者把中国模式称为实用主义模式的最主要的理由之一。他们认为，邓小平的"猫论"明确指出，中国的发展不需要带有任何意识形态的色彩，因为"猫"的颜色无关紧要。无论是白猫，还是黑猫，只要抓住老鼠就是好猫。所以，很明显中国改革开放是追求实用主义的。

国外学者这种对"猫论"的描述，带有很强的片面性，并没有考虑到邓小平当时提出"猫论"的背景，也没有能够深刻理解"猫论"的更

---

① Lucian W. Pye, "An Introductory Profile: Deng Xiaoping and China's Political Culture", *The China Quarterly*, Vol. 135, 1993, p. 440.
② ［美］戴维·W.张：《用"和平革命"进行改革》，载齐欣等编译《世界著名政治家、学者论邓小平》，上海人民出版社1999年版，第390页。
③ Arturo Oropeza Garcia, "China And Its Development Model: A Broad Outline From A Mexican Perspective", *Mexican Law Review*, Vol. II, No. 1, 2009, p. 115.

深层次的含义。1962年，邓小平在谈到"怎样恢复农业生产"时，借用了刘伯承常说的一句四川谚语，即"黄猫、黑猫，只要捉住老鼠就是好猫"，用来说明在农业生产方面，究竟应该采取什么样的政策。他指出，"生产关系究竟以什么形式为最好，恐怕要采取这样一种态度，就是哪种形式在哪个地方能够比较容易比较快地恢复和发展农业生产，就采取哪种形式；群众愿意采取哪种形式，就应该采取哪种形式"①。邓小平当年提出的"猫论"其实表明的是，我们在制定农业政策时，要有实事求是的态度。"猫论"最主要的是体现了实事求是的精神，而不是"有用就是真理"的实用主义理论。

黑与白，讲的都是猫的外表的颜色，邓小平这里的不分"黑白"，主要是指在一些具体的措施上，不要陷于姓"社"姓"资"的争论、"黑"与"白"的区别，并不像张大卫所说的是意识形态层面的区别，而只是手段和方法的区别。这里的"猫论"与后来邓小平在南方谈话中提出的"三个有利于"标准的含义其实是一样的。在南方谈话中，邓小平明确提出判断改革开放一切政策措施的标准，"应该主要看是否有利于发展社会主义社会的生产力，是否有利于增强社会主义国家的综合国力，是否有利于提高人民的生活水平"②。只要符合"三个有利于"，就可以搞，正像他所说的那样，计划多一点还是市场多一点，这些不是社会主义与资本主义的本质区别。猫的颜色白一点还是黑一点，不是问题的关键，问题在于这只猫是不是抓老鼠，只要抓老鼠的猫，都是为人民服务的"猫"。因此，在中国模式下，在中国改革开放的过程中，并没有刻意追求这只"猫"外表的颜色，但始终强调这只"猫"的心一定要是红色的，它一定得是一只为人民服务的"猫"。因为，无论是"抓老鼠的猫"，还是"三个有利于"，都始终强调一点，即一切为了最广大人民的利益。

2. 实事求是思想路线的真正内涵

在一些学者看来，解放思想为中国从社会主义转向实用主义打开了

---

① 《邓小平文选》第1卷，人民出版社1994年版，第323页。
② 《邓小平文选》第3卷，人民出版社1993年版，第372页。

闸门，解放思想就是要摆脱社会主义意识形态的束缚，解放思想是实用主义占领中国改革开放阵地的主要武器和突破口。这种理解完全忽视了邓小平对解放思想内涵的阐释。邓小平指出："我们讲解放思想，是指在马克思主义指导下打破习惯势力和主观偏见的束缚，研究新情况，解决新问题。解放思想决不能够偏离四项基本原则的轨道，不能损害安定团结、生动活泼的政治局面。"① 也就是说，解放思想，是把对马克思主义的教条式的理解中解放出来，解放思想不是要抛弃马克思主义，而是为了更好地认清马克思主义的实质，从而真正坚持马克思主义。而一些学者所谓的开始求真务实就是抛弃意识形态也是不客观的，我们所讲的求真务实不是不要意识形态，更不是要抛弃马克思主义，求真务实的本质恰恰是通过求马克思主义之真，务当代中国之实。

"实践是检验真理的唯一标准"也不像一些国外学者所指出的那样，把社会主义的意识形态置于中国的实践中去检验。毛泽东曾经指出，"理论与实践的统一，是马克思主义的一个最基本的原则。按照辩证唯物论，思想必须反映客观实际，并且在客观实践中得到检验，证明是真理，这才算是真理，不然就不算"②。因此，实践是检验真理的标准，符合马克思主义的真理观，也符合毛泽东的真理观。坚持实践是检验真理的唯一标准，也不是要否定毛泽东思想，更不是去否定马克思主义。邓小平虽然指出，"我们坚信马克思主义，但马克思主义必须与中国实际相结合。只有结合中国实际的马克思主义，才是我们所需要的真正的马克思主义"③。这只是在强调，马克思主义要指导中国的实践，也必须和中国实际相结合，而不是说，马克思主义必须要在中国的实践中才能证明是真理。邓小平从来都没有否定马克思主义是真理，他还强调指出，"我坚信，世界上赞成马克思主义的人会多起来的，因为马克思主义是科学"④。就是强调，马克思主义是真理。

改革开放以来，在中国模式形成和发展的过程中，马克思主义一直

---

① 《邓小平文选》第 2 卷，人民出版社 1994 年版，第 279 页。
② 《毛泽东文集》第 7 卷，人民出版社 1999 年版，第 90 页。
③ 《邓小平文选》第 3 卷，人民出版社 1993 年版，第 213 页。
④ 《邓小平文选》第 3 卷，人民出版社 1993 年版，第 382 页。

发挥着理论指导作用，并不像有的学者所指出的那样，马克思主义的意识形态已屈从于现实发展尤其是经济发展的需要。郑永年在《中国模式——经验与困局》中指出："意识形态已经从指导政策的功能转变为论证政策的功能。从前，中国共产党领导人用意识形态来指导现实政策，如果现实政策和意识形态不相吻合，就要改变现实政策，迎合意识形态的纯洁性。现在的做法刚好相反。意识形态是为现实服务的，用来解释现实的合理性和论证现实政策的合理性。当意识形态与现实不吻合时，需要修正的是意识形态，而非牺牲现实。"①但显然，这种理解有失偏颇，中国改革开放的过程，是对"什么是马克思主义、怎样发展马克思主义""什么是社会主义、怎样建设社会主义"等一系列问题认识不断深化的过程，随着改革开放的深入，党对这些问题的认识也在不断深化，一些原来对马克思主义、社会主义的错误认识和理解需要在实践中不断去纠正，像任何事物的发展一样，这一过程的发展也是螺旋式的，一些政策需要在实践中不断调整。因此，中国的改革开放，看上去像是坚持了实用主义的指导思想，意识形态只是为现实的政策来辩护。然而，这只是一种浅显的认识，因为，在中国改革开放过程中，始终坚持了四项基本原则这一前提，也即无论怎样调整，都不能也没有背离马克思主义的指导思想。所以，在改革开放过程中形成的中国模式，不是实用主义的，而是社会主义的。

就渐进式改革来讲，也不能将其称为一种实用主义的路径选择。1937年，毛泽东在实践论中就提出，"实践、认识、再实践、再认识，这种形式，循环往复以致无穷，而实践和认识之每一循环的内容，都比较地进到了高一级的程度"。所以，渐进式改革、"摸着石头过河"符合辩证唯物主义的认识论和方法论，而不是一种实用主义的方法论。尽管中国的改革是渐进式的，摸着石头过河式的探索，但中国前进的方向始终没有改变，这也是中国模式的一大特点，就是尽管过程具有不确定性，但目标非常明确，那就是实现社会主义，实现中华民族的伟大复兴。在当前这一阶段，中国共产党确立了建设中国特色社会主义的目标，这说

---

① 郑永年：《中国模式——经验与困局》，浙江人民出版社2010年版，第70页。

明，石头代表着中国的特色，河的对岸则是社会主义。因此，坚持实践是检验真理的唯一标准，"并不意味着他放弃社会主义，而表明在邓的思想中，社会主义（以及共产主义）是与繁荣富强相联系的（这是马克思的观点），他要用各种方法来实现这一繁荣富强。他不想让那些没有参与过社会与经济实践只是在办公室中勾画蓝图的人来实现他的计划，也正因为如此，一些非共产主义作家称他为实用主义者"①。

3. "注重实用"与"实用主义"的根本区别

讲究实用、求真务实是中国传统文化的一个突出特点，经世致用的哲学思想要求知识分子关注社会现实，面对社会矛盾，利用所学解决社会问题，以求达到治国安民的实效。这一思想体现了中国传统知识分子讲求功利、求实、务实的思想特点以及"以天下为己任"的情怀。毛泽东在领导中国革命的过程中，强调把马克思主义与中国革命的实际联系起来，把马克思主义中国化，以解决中国革命的实际问题。他始终强调一切从实际出发、理论联系实际、实事求是。所以，注重实用，反映在毛泽东领导中国革命和社会主义建设的整个过程之中，尽管毛泽东在探索社会主义建设道路的过程中出现了一些问题，但他依然强调马克思主义与中国实际相结合的基本原则。

邓小平在领导中国改革开放的过程中，也强调把马克思主义与当代中国的实际和时代特征相结合，来指导改革开放。这种对待马克思主义的态度反映了邓小平实事求是、注重实践、讲究实用的思想。邓小平指出："学习资本主义国家的某些好东西，包括经营管理方法，也不等于实行资本主义。这是社会主义利用这种方法来发展社会生产力。把这当作方法，不会影响整个社会主义，不会重新回到资本主义。"②

讲究实用确实是中国模式的一个突出特点，讲究实用与实用主义在某些方面也确有相似之处。讲究实用、求实务实是实用主义的外在表现，所以，中国模式很容易被认为是一种实用主义的模式。但中国模式所体

---

① ［英］理查德·伊文思：《邓小平传》，武市红等译，上海人民出版社1996年版，第270页。

② 《邓小平文选》第2卷，人民出版社1994年版，第236页。

现出的注重实用的精神与实用主义有着本质的区别。首先，中国模式注重实用的精神，"实用"的根本目的是集体和国家，中国在改革开放中所采取的一切所谓的"实用主义"措施，实际上都是为了发展生产力、提高人民的生活水平。一切所谓的"实用主义"的政策措施，最终要看是否符合最广大人民的利益。"人民拥护不拥护，人民赞成不赞成，人民高兴不高兴，人民答应不答应"① 是制定各项方针政策的出发点和归宿。在这里，"实用主义"的政策措施只是服务于社会主义的手段，而非指导中国改革开放的意识形态。而西方的实用主义，在本质上是一种个人主义哲学，"实用"的根本目的是个人。正因为如此，也有一些国外学者否认邓小平是一个实用主义者。大卫·古德曼就认为，邓小平虽然讲究实效，但他并不是一个实用主义者，从他的整个政治生涯来看，他都可以说是一个坚定的革命者，他所做的一切，都不是为了个人。邓小平坚信，共产主义才是解决中国在 21 世纪所面临的一切问题的最有效的方法。② 斯图尔特·施拉姆也认为，邓小平并不像欧美和日本一些学者所说那样，是一个"实用主义者"。实际上他在延安时期就确立了自己的信仰，并且一生都信奉无产阶级专政，信奉共产党的先锋作用。③ 其次，实事求是的精神反映了真理与价值的统一，而实用主义哲学则认为，有用就是真理，有用才是真理，从而使真理服从于价值。最后，实用主义只重利，不讲义，这种思想反映在国家层面，其实是一种霸权主义哲学。对于一些西方国家来说，只要是对自己有利的就是真理，就可以为所欲为，到处搞霸权主义和强权政治。因此，成龙教授在分析实事求是与实用主义的关系时指出，"实用主义之所以能够为美国资产阶级所接受，正是因为它满足了帝国主义时代垄断资产阶级向海外扩张的要求"④。而中国的注重实用的哲学观，则强调义利相结合的思想，在强调获得自我利益的同时，

---

① 江泽民：《论党的建设》中央文献出版社 2001 年版，第 194 页。
② ［澳］大卫·古德曼：《邓小平政治评传》，田酉如等译，中共中央党校出版社 1995 年版，第 7 页。
③ ［美］斯图尔特·施拉姆：《邓小平超过毛泽东了吗》，载齐欣等编译《世界著名政治家、学者论邓小平》，上海人民出版社 1999 年版，第 191 页。
④ 成龙：《海外马克思主义中国化理论研究》，广东人民出版社 2009 年版，第 278 页。

不能忘记道义。所以，在改革开放的过程中，中国始终坚持和平发展道路，把发展的立足点建立在自力更生的基础上，不搞霸权主义，而强调互惠互利，和平共处。

从以上分析可以得出，讲究实用、求实务实的思想在中国模式的形成过程中确实发挥了重要的作用，但这与实用主义有着根本的区别，因此，虽然中国模式体现了实用主义的某些特征，但不能把其归为实用主义的发展模式，它在根本上是一种社会主义的发展模式。有许多西方人士认为，中国模式的一个非常突出的特点就是不再强调意识形态，或者说经济发展高于意识形态，也是注重实用主义的表现。这样的看法表明这些人只看到了事物的表象，而没有看到其根本。中国确实强调以经济建设为中心，但并不只是强调经济发展，因为以经济建设为中心并不只是经济问题，而是个政治问题。邓小平早就指出，贫穷不是社会主义，发展太慢也不是社会主义，经济能否快速发展直接决定了社会主义优越性的体现，社会主义的本质也需要通过发展生产力才能体现出来。不过，中国所强调的以经济建设为中心，是有前提的，也就是以经济建设为中心，但不能离开两个基本点，即坚持改革开放，坚持四项基本原则。这个前提决定了中国以经济建设为中心，必须要通过改革开放，走和平发展的道路，同时，这个前提也决定了中国以经济建设为中心，其实是以提高人民群众的生活水平为中心，因为中国经济建设的目的是提高人民的生活水平。所以说，中国的以经济建设为中心有一个明确的价值取向，即服务于人民群众。它在方法上不强调意识形态，而在本质上非常注重意识形态。中国模式既谈问题，更讲主义。只谈主义，解决不了现实问题，只谈问题，不讲主义，则解决不了根本的问题。

需要指出的是，混淆"实用"与"实用主义"的概念，给中国模式加上实用主义的标签，是对中国模式的一个误读，不仅不利于认清中国模式的内涵和性质，还会对中国模式的发展带来很多弊端。

一方面，把中国模式称为实用主义的发展模式，实际上是否认了中国模式的社会主义性质，实用主义与社会主义是格格不入的。德国学者乌利·佛兰茨在评价邓小平时指出："在物质文明上，他表现的像个实用主义者，在精神文明上又像个教条的马克思主义者。……如果是针对文化、思想、道德和政治,那他就坚持四项基本原则。如果针对经济、贸易、赚钱,那口号就是:'不管白猫黑猫,抓到老鼠就是好猫。'"① 而俄罗斯学者杰柳辛对邓小平的评价则道出了中国改革开放的求实精神与实用主义的区别。杰柳辛指出,总结实践的经验构成了邓小平认识社会主义的基础。作为一个大胆的改革家,他同19世纪、20世纪许多思想家一样,渴望中国变成一个繁荣富强的国家。邓小平的思想、理论不是来源于书本,在他看来,马克思主义的精髓恰恰是用现实主义态度对待世界、对待生活。所以,认真思考正在发生的变化并制定符合这种变化的路线才是政治家的主要任务。因此,邓小平的人生哲学是实践哲学,他为改造中国经济所采取的所有政策都是在实践中产生的,并且他认为这些政策也都要经过实践的检验,是否符合"三个有利于"的标准。"实践"是衡量思想意识的标尺。对他来说,实际成效、生产增长、人们生活改善要比对学说的"忠诚"更加珍贵,他也强调人们要坚持社会主义原则、马克思主义、毛泽东思想,并且认为放弃马克思、列宁、毛泽东的主义和思想是一种罪过。按照邓小平的话说,那样做是要"丢掉老祖宗"。②

另一方面,把中国模式称为实用主义的发展模式,给中国带来的另一种危害就是变相地宣传了"中国模式威胁论"。中国模式被一些西方学者认为缺乏道德优势,主要原因是因为中国的发展模式缺乏国际责任。如果被加上"实用主义"的标签,这就更表明只要对中国有利的,就可以做,因此更加剧了世界对中国的担心、对中国模式的忧虑。

四 中国特色的社会主义发展模式

虽然一些国外学者把中国模式称为中国特色的新自由主义模式、中

---

① [德] 乌利·佛兰茨:《邓小平传》,天力、李强译,甘肃人民出版社1989年版,第243页。
② [俄] 杰柳辛:《社会主义思想的救星》,载康绍邦《世界的反响:国外人士论建设有中国特色社会主义理论与实践》,学习出版社1997年版,第16页。(原载俄罗斯《远东问题》杂志1994年第5期。原题为"邓小平和社会主义现代化理论"。董友忱编译。)

国特色的资本主义模式、实用主义模式等，这些观点有一个共同之处，那就是都否认中国模式是社会主义的发展模式。与这些否定中国模式社会主义性质的观点不同，也有一些学者认为，虽然中国模式中有资本主义的因素，也带有很浓的实用主义色彩，但从根本上来说，中国模式坚持了科学社会主义的基本原则，是一种新的有中国特色的社会主义发展模式。正如阿里夫·德里克所言，北京共识或者中国模式中最重要的内容，不是中国文化的副产品而是社会主义的遗产，北京共识或中国模式都能在"有中国特色的社会主义"那里找到其渊源。①

（一）社会主义是中国模式的内核

在一些学者看来，中国模式确实采取了一些新自由主义的政策，也接纳了很多资本主义的因素，并在很多方面采取了实用主义的态度，但是，无论是新自由主义的政策，还是资本主义的因素，或者是实用主义的态度，都只是一些表面的现象，并不能因此而否定中国模式的社会主义性质。中国模式仍是社会主义的，因为实现社会主义依然是中国模式的鲜明的价值取向。新自由主义、资本主义、实用主义的种种因素，只是实现社会主义目标的手段和工具。

埃里克·李认为，中国特色社会主义"并非空洞的口号，而是包含了一项始终如一的发展与政治战略，该战略的目的是达到一种艰难的平衡：通过市场经济实现高增长率，并在维护国家政权的同时确保社会公正与安定"②。伦敦经济学院教授林春也指出，"说到底，中国模式的规范性在于它的社会主义取向，志在最终取代一个危机重重的全球资本主义整合模式。从南北分化到资源掠夺，从赌博经济到战争机器，资本主义已经证明不能解决世界的问题，也不能解决中国的问题"③。在中国共产党成立90年之际，一些国外学者也指出，在共产党的领导下，中国模式

---

① ［美］阿里夫·德里克：《中国发展道路的反思：不应抛弃社会主义革命的历史遗产》，《当代世界与社会主义》2005年第5期。
② Eric Li, "China's 'Color Revolution' Is Red", *New Perspectives Quarterly*, Vol. 28, No. 2, 2011, p. 7.
③ 林春：《"中国模式"议》，《政治经济学评论》2010年第4期。

始终坚持社会主义的方向。智利共产党总书记劳塔罗·卡莫纳说:"中国的发展来源于中国人民及其执政党的智慧,他们知道如何才能发展经济,更重要的是,在发展经济问题上,执政党能超越意识形态的生硬标签,从更加科学合理的角度考虑经济发展问题。当外界审视中国经济成就时,时常提到中国模式或者中国经验,但更重要的是,这种模式和经验背后的精神实质是中国共产党始终秉持的社会主义发展模式和理念。"①

(二) 社会主义制度基础决定了中国模式的性质

一些国外学者认为,中国模式之所以能够始终坚持社会主义的价值取向,关键在于中国模式始终在社会主义的制度框架内运行,社会主义的制度框架基础决定了中国模式的社会主义性质。

中国在改革开放过程中虽然引进了资本主义因素,但是,这些资本主义因素只能在社会主义的框架下发挥作用,社会主义的制度框架决定了这些资本主义因素只能为社会主义服务。

中国在政治体制上依然保持了传统的社会主义体制。以至于理查德·麦格雷戈指出,中国并非只是名义上的共产主义,因为如果列宁复活来到了21世纪的中国,他会立刻发现执政的共产党正在复制他近一个世纪前为布尔什维克革命胜利者设计的体制。②因此,虽然中国在经济上存在大量的资本主义因素,但在政治体制上始终坚持社会主义的政治体制,并以此保证了中国模式的社会主义性质。俄罗斯学者巴拉赫塔来中国实地考察后,也表达了同样的感受,他认为,中国的国民经济尽管是多种成分的,但大型企业和关键部门仍掌握在国家手中,而决定性因素的上层建筑是社会主义的,党是整个中国社会的领导力量。正因为如此,中国才没有更换招牌,才在社会主义的旗帜下平静地和未经动荡地进入文明的市场。③久加诺夫在中国改革开放40周年之际指出,中国是一个

---

① 李学梅:《世界奇迹,中国共产党的经济答卷——中外专家学者系列对话之经济篇》,http://www.gov.cn/jrzg/2011-06/19/content_1887719.htm.

② R. McGregor, "5 myths about the Chinese Communist Party", Foreign Policy, No. 184, January - February, 2011, pp. 38 - 40.

③ 徐崇温:《国外有关中国模式的评论》,《红旗文稿》2009年第8期。

没有放弃社会主义发展道路的国家。这一因素可以说是中国改革开放取得成就的主要保证。1978 年后引进的市场机制发挥的是辅助作用，战略部门依旧掌握在国家手中。主要目标依旧是建设社会主义①。

（三）中国模式目标坚定性与手段灵活性的统一

虽然中国模式采取了一些新自由主义的政策措施，引进了一些资本主义的因素，并带有很浓的实用主义色彩，但在一些学者看来，这并不影响中国模式的社会主义性质，因为，无论是新自由主义、资本主义还是实用主义，都只是中国模式下为实现社会主义目标而采取的方法和手段。中国模式的方法和手段是灵活的，但目标是专一的。

中国模式下，体现在经济和政治活动中的一些实用主义措施，并不意味着对社会主义的抛弃，这些看似实用主义的政策措施，最终目的是实现社会主义。因此，胡利奥·A.迪亚斯·巴斯克斯指出，"改革开放以来，中国在经济、社会和政治上都有了大的飞跃，经历了无与伦比的经济增长和发展，没有人怀疑 21 世纪会打下中国龙苏醒的烙印。但是值得关注的是，那些为邓小平的务实主义而带来的中国经济、社会、政治杰出成就而喝彩的专家、社会学家和学者，都没有质疑过中国的社会主义性质"。② 美国学者张大卫也对邓小平理论看作实用主义的观点进行了批评，他指出，"邓小平的思想只是在实际应用、政策偏好和强调不同的计划重点方面与毛泽东有所差异，他们都相信阶级斗争原则，民主集中制，无产阶级专政和共产党在政府里的先锋队作用"。"在意识形态方面的邓小平著名格言'白猫黑猫'论，就是他厌烦不必要的理论解释的证明。因此，过分强调毛泽东和邓小平之间在意识形态方面的争论是错误的，他们真正的分歧存在于某些具体政策和政治活动方面。"③ 也就是说，所谓的邓小平的"实用主义"政策，只是在实践层面更加注重中国的实

---

① 李亚洲：《逆境中奋进的俄罗斯联邦共产党》，《人民论坛·学术前沿》2009 年第 16 期。
② 《西媒：社会主义新模式将在中国诞生》，环球网，2011 年 5 月 3 日，https://world.huanqiu.com/article/9CaKrnJqZAq。
③ ［美］张大卫：《中流砥柱 各有千秋——周恩来与邓小平》，王宏周、杜淑英等译，中国广播电视出版社 1988 年版，第 138 页。

际，其实这正是科学对待马克思主义的必然要求，邓小平的所谓的"实用主义"，恰恰表明了一种对待社会主义的科学态度。

对于中国特色社会主义市场经济的属性，法国学者托尼·安德烈阿尼驳斥了把市场经济与资本主义等同起来的错误观点。法国《思想》杂志2005年第1期发表的《中国还是社会主义国家吗?》一文指出，中国的社会主义市场经济仍属社会主义性质。因为，中国目前正处在社会主义初级阶段，当前最主要的问题是发展生产力，摆脱"贫穷的社会主义"；中国的国家和集体所有制在经济中占主导地位，公有经济发挥着领导作用，土地仍然实行国家所有制，私营经济的发展受到鼓励；中国仍然保留了国家计划和政府宏观调控，只不过通过间接手段进行；中国在发展社会主义市场经济的同时，还促进了精神文明的发展，而这种文明又完全不同于西方文明。因此，中国的市场经济不同于西方的市场经济，是为社会主义服务的市场经济，据此，中国虽然采取了市场经济，但并不是资本主义的，也不是新自由主义的，市场经济在中国是为社会主义服务的。

另外，中国模式下，虽然存在大量的资本主义因素并占有重要地位，例如私有制经济广泛存在，并在经济活动中扮演着越来越重要的角色，私营企业主甚至被允许加入共产党。但是，在当今的中国，并没有形成一个新的资产阶级。早在改革开放之初，邓小平就明确指出，我们要实行开放政策，学习世界先进科学技术，但"我们不能允许产生一个新的资产阶级"①。并强调，"如果产生了什么新的资产阶级，那我们就真是走了邪路了"②。针对国际社会对中国模式性质的质疑，习近平指出，我们说中国特色社会主义是社会主义，那就是不论怎么改革、怎么开放，我们都始终坚持中国特色社会主义道路、中国特色社会主义理论体系、中国特色社会主义制度。"近些年来，国内外有些舆论提出中国现在搞的究竟还是不是社会主义的疑问，有人说是'资本社会主义'，还有人干脆说

---

① 《邓小平文选》第2卷，人民出版社1994年版，第133页。
② 《邓小平文选》第3卷，人民出版社1993年版，第111页。

是'国家资本主义'、'新官僚资本主义'。这些都是完全错误的。"[①]

五 正确理解中国模式的社会主义性质

中国模式无论是从思想基础、制度基础，还是从价值取向来看，其在本质上都是一种社会主义的新模式，中国模式与新自由主义模式、资本主义模式、民主社会主义模式等有着鲜明的区别。

（一）中国特色社会主义理论是中国模式的思想基础

国外学者之所以否认中国模式的社会主义性质，在于他们认为中国在改革开放以后所执行的是一条非马克思主义的发展路线。改革开放否定了毛泽东对中国社会主义建设道路的探索，改革开放是对毛泽东思想、甚至是马克思主义的全面抛弃。因此，中国模式的思想基础实质上是非马克思主义的。进而有人提出，中国的改革开放与英国的撒切尔夫人、美国的里根上台时间不谋而合，实际上中国在改革开放之初，就选择了新自由主义作为自己的指导思想。还有人提出，改革开放就是资本主义在中国复辟的开始，实行市场经济是中国走向资本主义的最主要的表现，改革就是改掉社会主义，使资本主义在中国复辟。之所以出现以上种种对中国模式的错误认识，关键就在于他们没有认清改革开放前后两个历史时期的关系。虽然也有一些学者提出要用历史的方法，联系中华人民共和国成立以来甚至中国共产党成立以来的历史来分析中国模式，但是，他们从来没有辨析清楚改革开放前后两个历史时期的关系，实际上也就是毛泽东关于社会主义建设的思想与中国特色社会主义理论体系之间的关系。

在我们看来，之所以人们把改革开放前后两个历史时期对立起来，只是看到了前后两个历史时期社会主义发展的一些表面现象的不同，没有认识到二者之间的内在联系。改革开放前的历史时期的主要内容可谓毛泽东对符合中国特点的社会主义建设道路的探索，这一时期探索的一

[①]《十八大以来重要文献选编》（上），中央文献出版社2014年版，第109—110页。

个特点是，采取了很多苏联模式的因素，把苏联模式下对社会主义的认识照搬到中国来，而对中国的现实国情考虑不足，进而导致了很多问题，包括建立单一的公有制经济、实行平均主义的分配制度等。但给人们的感觉是，这一时期，中国的探索坚定地坚持了社会主义的基本原则，坚持了社会主义的价值取向。所以，在很多人看来，这一时期的中国，是社会主义的中国。而改革开放以后，中国的经济制度发生了变化，分配制度也发生了变化，特别是非公有制经济表现出惊人的活力，对整个国家经济的贡献非常突出，而按劳分配以外的多种分配方式对人们日常收入的影响更甚于按劳分配，私营企业主的社会地位大幅提高，贫富差距开始显现并呈现出不断拉大的趋势，因此，给人的感觉是改革开放以后，资本主义因素明显超过了社会主义因素，特别是市场经济所带来的一些负面影响，如拜金主义、道德滑坡等，更使人感到中国向资本主义的蜕变。

但实际上，改革开放以后的中国依然坚持了马克思主义的指导思想，中国特色社会主义理论体系不是对毛泽东思想的背离，而是对毛泽东思想的继承和发展。如第三章所述，中国特色社会主义理论体系没有背离马克思主义的指导，它依然是马克思主义和中国实际相结合的产物，只不过，相对于毛泽东在社会主义建设时期对实事求是思想路线的偏离，中国特色社会主义理论体系特别强调要认清中国实际，马克思主义一定要与中国实际相结合。邓小平多次指出，只有结合中国实际的马克思主义，才真正是我们所需要的马克思主义。虽然强调注重中国实际，但中国特色社会主义理论体系并没有放弃马克思主义的指导地位。中国特色社会主义坚持了社会主义的价值取向，坚持了社会主义的基本原则。实事求是是毛泽东思想的精髓，中国特色社会主义理论体系正是实事求是的结果。特别是毛泽东关于社会主义建设的一些正确的思想被中国特色社会主义理论体系所继承，所以，中国特色社会主义理论体系并不是对毛泽东思想的背离，也没有偏离社会主义的方向。作为中国模式的思想基础，中国特色社会主义理论体系决定了中国模式的社会主义性质。我们不能把中国特色社会主义理论体系仅仅作为解决问题的手段或者策略，使其成为"无信念""无信仰"的实用性理论。

(二) 中国特色社会主义制度是中国模式的制度保障

一方面，公有制的经济基础没有动摇。改革开放以后，中国的基本经济制度发生了变化，在公有制经济占主体地位的前提下，允许非公有制经济的存在和发展。所以，自20世纪80年代中后期开始，非公有制经济蓬勃发展，一批又一批国有企业被大量卖给私人经营者，似乎在中国掀起了私有化浪潮，公有制的主体地位被动摇。那些认为中国模式是新自由主义模式的观点也主要是认为中国实行了高度的私有化，认为中国在经济上已经资本主义化，认为中国的公有制经济已经不占主体地位。但这些都脱离了中国的现实。中国一直强调公有制经济在量上的优势，并且还强调质的优势，特别是强调国有经济要有控制力。在一些重要的经济部门，例如，能源、通信、交通等部门，依然是国有经济占据绝对主导地位。只不过，中国的非公有制经济与人们的日常生活更加贴近，包括大部分群众日常生活所需的产品都来自非公企业，并且大部分城镇职工以及农民工都在非公经济内部就业，因此，似乎非公经济已经占据主导地位，其实这只是一个表面现象。一些国外学者特别强调中国模式的一个突出特征是中国拥有一个强势的政府，试想如果公有制经济不占主体地位，政府的"强势力量"又从何而来呢？经济基础决定上层建筑，如果中国经济都私有化了，那么又怎么可能产生一个拥有强大的宏观调控能力的中央政府呢？所以，公有制依然是中国经济的基础，这一地位没有动摇。从这一点出发，中国模式也应该是社会主义性质的。

另一方面，政治上人民当家作主的地位没有改变。中国模式的社会主义性质也是由中国的根本政治制度决定的。改革开放以后，中国的根本政治制度、基本政治制度没有发生多少实质性变化，只是把基层群众自治制度纳入社会主义的基本政治制度框架内。人民民主专政的国体没有变，人民代表大会制度的政体也没有变。这决定了在当代中国，广大人民群众依旧是国家的主人。虽然私营企业主被允许加入中国共产党，但不会改变党作为工人阶级先锋队的根本性质。允许私营企业主入党，从根本上来说是因为在当前这一时期，一部分追求积极进步的私营企业主也是先进生产力发展的代表者，并且他们在追求自身利润的同时，也为服务社会和人民做出了重要贡献，所以允许私营企业主入党并不改变党的性质和宗旨。另外，一部分私营企业主被选为人大代表，也不会动摇人民当家作主的地位，公有制在经济上的主体地位决定了工人、农民在政治上的地位，工人阶级仍然是国家的领导阶级，而农民依然是工人阶级最可靠的联盟。在中国，存在资本家，但不会存在一个资产阶级，因此，中国的社会性质不会发生改变，中国模式在性质上依然是社会主义的。

（三）以人为本是中国模式的鲜明价值取向

改革开放以来，党的几代领导集体继承了毛泽东"全心全意为人民"服务的思想，确立了中国特色社会主义以人为本的价值取向。从邓小平的"人民利益标准"，到江泽民的"代表最广大人民的根本利益"，再到胡锦涛的"科学发展观的核心是以人为本"以及习近平的"以人民为中心"，在改革开放过程中，以人民利益为根本始终是建设和发展中国特色社会主义的价值取向，以人为本的价值取向决定了中国模式的社会主义性质。

一些国外学者指责中国在改革开放过程中只追求经济数字的增长，而忽视广大人民群众的基本权益，与资本主义并无二致。诚然，中国在经济发展的过程中，走了一些弯路，例如，唯经济增长的 GDP 主义，引发了一系列的社会问题，人民群众的一些基本权益遭到了损害。人民群众看不起病、上不起学、住不起房等一系列问题，表明改革开放的成果并没有被广大人民群众所共享，普通民众的权益没有能够得到保障，类似资本主义社会的贫富分化正日益显现。这些都被一些国外学者看作中国日益转向资本主义的主要依据。

出现上述情况实际上并不代表中国特色社会主义的价值取向已经发生偏转，因为这些问题正在被逐一解决。看不起病、上不起学、住不起房子的状况正在逐渐改变，在农村，"新农合"的覆盖率基本上接近百分之百，大病救助基金正逐步建立，农村"三免一补"政策的实施彻底解决了农村适龄少年儿童上不起学的问题。就高等教育收费而言，进入 21 世纪以来，学费一直没有上涨。而当前正在进行的大规模的保障房建设也有望解决城市居民的基本住房问题。总的来说，学有所教、老有所得、病有所医、老有所养、住有所居的目标正在实现，能够保障人民群众基本权益的社会保障体系正日趋完善，社会主义以人为本的价值取向正日趋得到现实体现。

对于正处在不断完善过程中的中国模式来说，出现一些问题，走一些弯路，并不代表就放弃了自己的发展方向，这些社会问题的出现，并不代表中国模式的价值取向发生偏转，甚至在某些时候，走一点弯路是达到目的的必经之路，在社会主义初级阶段，收入差距的长期存在也是为了适应生产力发展而必须付出的代价。

第 四 章

国外关于中国模式特征的研究

中国模式之所以被称为一种新的发展模式,表明中国模式与其他发展模式有着显著的区别,有着自己独特的特点。在国外学者看来,渐进式改革、共产党领导下的强势政府、开放包容等是中国模式的主要特征。国外学者对中国模式特征的分析存在一些突出的问题,包括对渐进式改革、强势政府、开放包容等特征还缺乏深层次的认识,甚至存在一定的误解。

一 "渐进式改革"

中国与苏联曾经是世界上两个最大的社会主义国家,并都在20世纪80年代进行了自我改革,但改革的结果是,苏联的社会主义制度被终结,而中国则创造了一种崭新的社会主义发展模式。究竟是什么原因导致了如此大相径庭的结果,在一些学者看来,最重要的也许是苏联采取了"休克式"的改革方式,而中国则始终坚持的是渐进式的改革。哈佛大学教授罗德里克指出:"过去50年的发展历史揭示了一个惊人的事实:表现最好的国家是那些部分和逐步自由化的国家。当然,中国在这方面是突出的,自1978年以来其惊人的成功是由于其基于渐进主义和试验的双轨战略。"① 中国模式是中国渐进式改革的产物,而渐进式改革也被一些

---

① Dani Rodrik, "Development Strategies for the Twenty – First Century", in Akira Kohsaka, eds. *New development strategies: beyond the Washington consensus*, Plgrave Macmillan, 2004, p. 27.

国外学者认为是中国模式突出的特点之一。特别是在把中国模式看作是一种改革模式与苏联休克疗法式改革模式相比较的时候，渐进性无疑是其最突出的特点。北京共识的首倡者雷默也指出，循序渐进是中国模式的特点之一。①。

（一）渐进式改革及其意义

在一些国外学者看来，渐进式改革体现在中国模式的方方面面。既包括"摸着石头过河"的战略方针，也包括先经济后政治、先农村后城市的改革步骤，还包括具体层面的价格双轨制改革等。

战略上的"摸着石头过河"。"摸着石头过河"是邓小平的一句名言，也是国外学者把中国模式称为渐进式改革模式的最直接的理由。在很多学者看来，中国模式之所以称为中国模式，是相对于苏联的改革模式而言的。苏联改革模式的最突出的特点是大爆炸式的休克疗法，而中国则采取的是渐进式改革的方法。李成认为，"中国模式从本质上来讲是'摸着石头过河'的模式。在经济改革当中，中国从未采取其他社会主义国家计划经济转型的所谓'休克疗法'，而中国采用的是渐进的、有序的、可控的方式，这也是中国模式的一个主要特点。比如，先让经济腾飞，然后再关注合理的分配。就像邓小平讲的'让一部分人先富起来'，让某一部分地区先富起来，然后在过程当中再不断地调整、修整、纠错"。②

改革整体层面上的先经济后政治，先农村后城市。从中国改革的进程来看，中国的渐进式改革主要体现在先经济、后政治，先农村、后城市。郑永年指出："中国的改革很明显呈现出渐进性和分阶段性。""中国改革分三步走，即先经济改革、再社会改革、后政治改革。"郑永年还认为，中国之所以采取先经济、后政治的改革，并不是一个价值判断，即中国应当走这条道路。而认为，这是中国在不断总结经验基础上得出的

---

① ［美］乔舒亚·库珀·雷默:《在"北京共识"下"共同进化"》,《国际先驱导报》2010年4月26日第20版。

② 《中国模式需保持包容与开放》,《国际先驱导报》2010年12月31日第27版。

一个结论。因为，一些先进国家包括欧洲、亚洲的日本和"四小龙"的发展也有这个特征，也经历了这个过程。并且，这种改革模式也符合一些一般的常理。① 日本学者松田学指出，苏联试图通过先进行政治改革，以政治改革推动经济改革，结果却造成社会动荡、政治的混乱，从而使经济改革失去保障。而中国改革之所以保持稳定，则在于中国的改革先从经济改革开始。② 从某种程度上来讲，中国采取渐进式改革是因为汲取了苏联休克式改革的教训。

改革具体层面上的双轨制。双轨制改革被认为是中国渐进式改革的一个突出表现。这种双轨制表现在市场定价和计划定价并行，市场经济与计划经济并行。托尼·赛奇认为，价格改革时保留双轨制，对保证中国改革的平稳进行是非常重要的，虽然市场价格可以调节供求、配置资源。但如果在一夜之间突然全部取消计划定价，实行市场定价，整个经济、甚至整个中国都会陷入混乱。中国改革成功的关键恰恰是避免了经济震荡，避免震荡、保持稳定的一个重要原因在于，中国的计划定价是逐步取消的，而市场定价也是逐步实行的。③ 也有学者认为，中国的计划经济也不是在一夜之间就被完全推翻的，而是在保持计划经济的同时，允许市场经济的发展，让二者并存，发挥各自的优势，因此市场在最初的发展并不是以对计划经济的完全否定为前提的。在这些学者看来，中国的市场经济改革并不是在发展市场经济的同时废止计划经济，而是让二者并存，让计划在与市场的竞争中逐渐被抛弃，这种渐进的方式同样避免了因经济体制改革可能带来的不稳定。

在一些国外学者看来，中国的渐进式发展模式具有重要的意义。

第一，渐进的方式减少了改革的阻力，使改革能够不断深入下去。托尼·赛奇认为，渐进式改革有它的聪明之处。一是不明确说发展方向和目标是什么，这样就不会招致很多人反对，因此减少了改革的人为阻

---

① 郑永年：《何为"中国模式"，认识仍未深入》，《环球时报》2011年2月22日第14版。
② [日] 松田学《中国的经济改革是否成功——与苏联的比较及今后的课题》，《国外社会科学快报》1993年第10期。
③ [美] 托尼·赛奇：《转型的中国与中国的转型》，载张冠梓《哈佛看中国》（政治与历史卷），人民出版社2010年版，第20页。

力和不必要的纠缠,从而赢得改革发展所需要的宝贵时间。二是表明改革开放其实也是一种试验。因为改革本身没有现成的答案,需要摸索,需要试验。① 刘梁辉（Leong H. Liew）认为,渐进的改革方式,可以起到温水煮青蛙的效果,使官僚机构在最初意识不到经济改革对他们利益的威胁,因此,也就不会极力反对改革,从而减少了改革的阻力。② 西澳大利亚州默多克大学的一份工作报告指出,全面改革很容易招致反对改革的人联合起来抵制改革,因此使改革难以进行下去,但渐进式改革很容易在政策制定者中获得通过。③

第二,渐进式的改革保证了政策的连续性,这也使中国的改革始终坚持在社会主义的框架下进行。娜奥米·克莱恩指出,"休克治疗的作用从来就不是为了让经济恢复健康。也许它原本就是为了它实际做到的事——把财富吸聚到顶层,并把大部分中产阶级休克到无以为生"④。休克疗法实际是对原来制度的彻底否定,而渐进方法则保证了改革在原有制度框架下进行。保加利亚社会党国民议会议员亚纳基·斯托伊洛夫就认为,中国实现的是一种渐进、浪潮式的发展,此种模式以政策的连贯性和平衡性见长。⑤

第三,渐进式的改革也保证了中国的改革始终有一个稳定的环境。有学者指出:"渐进主义通常比大爆炸方法更可取,因为它为调整留出了时间,减少了混乱,并可能增强了这样一种信念,即改革不会随后逆转。"⑥ 保持改革、发展、稳定在动态中的相互协调和相互促进是中国改

---

① [美]托尼·赛奇:《转型的中国与中国的转型》,载张冠梓《哈佛看中国》（政治与历史卷）,人民出版社2010年版,第11—12页。

② Leong H. Liew, "Gradualism in China's Economic Reform and the Role for a Strong Central State", *Journal of Economic Issues*, Vol. 29, No. 3, 1995, p. 885.

③ Shaun Breslin, *Capitalism with Chinese Characteristics: the Public, the Private and the International*, Working Paper (Murdoch University Asia Rerearch Center) No. 104, June 2004, p. 5.

④ [加]娜奥米·克莱恩:《休克主义：灾难资本主义的兴起》,吴国卿、王柏鸿译,广西师范大学出版社2010年版,第77页。

⑤ 《"中共具有顽强生命力和强大领导力"——西方政党领袖和专家学者评说中共》,《领导干部之友》2011年第7期。

⑥ Kevin B. Bucknall, "Why China has done better than Russia since 1989", *International Journal of Social Economics*, Vol. 24, No. 7/8/9, 1997, p. 1036.

革开放的一条重要经验,而渐进式的改革缓冲了改革可能带来的矛盾和冲突,从而把改革的力度和社会可以承受的程度统一起来,保证了改革的顺利进行。

第四,渐进式改革具有很强的灵活性,能够在改革的过程中不断进行修正。默多克大学的一份工作报告还指出,渐进式改革的另一个好处是由于改革没有被统一打包,因此很容易就某些在改革过程中被证明是不合适的部分进行调整,而改革不用整体倒退。这反映了渐进式改革具有很强的灵活性。① 中国在改革过程中确实遇到了很多问题,但改革并没有因此而停止,能够总体上继续下去,就在于中国的改革是渐进式的。

(二) 选择渐进式改革的原因

苏联休克疗法的深刻教训。许多国外学者认为,中国采取渐进式的发展模式,是吸取了苏联休克改革疗法的深刻教训。不断总结经验、善于总结经验是中国共产党的一个传统,而渐进式改革也是总结经验教训的结果。魏柳南指出:"研究其他国家所取得的经验,从中国近期的历史中吸取教训,对于清晰确定一个长期目标和行动时间要有足够的耐心,并要逐步地检验制定出的解决方案。也许在失败的情况下会出现发展倒退的局面,但要不惜一切代价避免那种能使整个改革全盘皆输的严重问题,只有这样才能制定出合理的社会经济政策。这方面,中国自 1978 年以来一直都是出类拔萃的。"② 托尼·赛奇则直接指出:"中国之所以一直坚持改革的渐进方法,就是因为中国的政治家目睹了俄罗斯'休克疗法'改革方案所带来的社会动荡,因此一直强调改革必须是循序渐进的和有秩序的,必须坚持'稳定压倒一切'。"③

渐进式改革符合中国的实际。中国作为世界上人口最多的国家,改

---

① Shaun Breslin, *Capitalism with Chinese Characteristics: the Public, the Private and the International*, Working Paper (Murdoch University Asia Rerearch Center) No. 104, June 2004, p. 5.

② [法] 魏柳南:《中国的威胁?》,王宝泉、叶寅晶译,人民日报出版社 2009 年版,第 13 页。

③ [美] 托尼·赛奇:《转型的中国与中国的转型》,载张冠梓《哈佛看中国》(政治与历史卷),人民出版社 2010 年版,第 20 页。

革的复杂性和艰巨性可想而知,中国的改革不可能一蹴而就,因此,休克疗法并不适合中国。一些国外学者指出:"中国、苏联这样的国家在世界上称得上是巨船。常识告诉我们,大船调转方向时,决不可速度过快、用力过猛。苏联历史上的数次改革之所以失败,先是因为态度不够坚定,很多本来有效的改革没有被贯彻下去;后来是改的'太坚决',奢望一夜成为所谓自由民主国家,结果民主梦没有实现,国家的实力却倒退了几十年。"① 所以,渐进式改革,在实践中逐步摸索前行,更符合中国的实际。《新闻周刊》一篇文章指出:"经济改革不是发生在真空中,如果社会成本——反对派以及公众不满——等不能被有效控制,再完美的计划也无济于事。20 世纪 90 年代初,苏联在一夜之间实行了私有化和市场化,放弃了其原有的意识形态。黑帮和寡头,原来的工厂管理者和官僚阶层联合起来大量购买廉价的国有资产。没有一个健全的制度,这些人把原来的国有企业完全侵占,并通过出口能源快速获取财富,通过遍布全球的秘密账户来洗钱。"② 可以说,中国的改革本身就是一个试验,在改革之初,我们只是确定了改革的一些基本原则,而没有一些具体的制度和体制作为改革的保障,因此,中国的改革如果也采取苏联那样的休克疗法,下场可能也不会比苏联好到哪里去。陈志武在《未来不需"摸着石头过河"》中也指出:"当时邓小平在 80 年代初提出这个是可以理解的,那时候人们还没有感受到市场化以后、私有化以后社会的好处,因为大多数人都是没办法超出今天的经历去想人类社会的未来和人类社会规律性的东西,所以在那个时候提出'摸着石头过河'可能是唯一可行的做法。"③

共产党的坚强领导。在有的国外学者看来,中国之所以实行渐进式改革,主要还在于中国共产党对中国社会的牢牢控制。休克疗法的本质是对此前所实行的一切政策措施的根本否定,也就是对社会基本制度的

---

① 《中国改革,最复杂也最成功》,《环球时报》2008 年 12 月 24 日第 7 版。
② Dorinda Elliott and Michael Hirsh, "Gradual Is Good", *Newsweek*, Vol. 134, No. 12, 1999, pp. 44 – 45.
③ 陈志武:《未来不需"摸着石头过河"》,http://news.hexun.com/2010 – 12 – 17/126257794_ 2. html。

否定,因此,苏联的休克疗法实质上是对苏联社会主义制度的否定。之所以苏东国家采取了休克疗法,就在于苏东国家的共产党已经对改革失去了控制权。而在中国,共产党依然掌控着改革的主导权,因此,中国的改革不可能是否定社会主义制度的休克式的方式,而只能是在坚持社会主义基本制度前提下,不断探索改革的方法和手段。刘梁辉认为,在中国,共产党依然掌握政权,所以在中国不可能用市场完全代替计划,也不可能将国有企业完全私有化。因为在中国共产党看来,市场和私有企业都应该为社会主义服务,它们仅仅是对计划和国有经济的补充。共产党在苏东的垮台,导致了苏东国家制度变化的不连续,但共产党依旧保持对中国的统治,并且原来的各种制度逐渐被证明是非常有效的,这使中国的市场改革不可能完全否定原来的发展道路。因此,刘梁辉认为,中国的改革是渐进的,是通过"摸着石头过河"逐步探索,并以追求利益最大化的"帕累托改进"的方式实现的。①

(三) 渐进式改革的可能性

共产党的坚强领导,既是中国实行渐进式改革的必然性所在,也是中国能够实行渐进式改革的关键。② 在刘梁辉等一些学者看来,苏联采取休克疗法是一种无奈之举,因为,20 世纪 80 年代后期共产党的统治在苏东国家已经垮台,新自由主义的影响远远超出了社会主义对经济政治生活的影响,也使国际货币基金组织以及世界银行等主要由西方国家控制的国际组织能够对这些国家的改革施加相当大的影响,并鼓舞了这些国家的一些非共产主义政党,通过新自由主义瓦解共产党的影响,特别是在中央计划机构以及国有企业,这种瓦解的结果非常明显。但是,中国共产党在中国具有绝对的领导地位,这才使中国能够比较成功地抵制了新自由主义的入侵,中国的改革也才能沿着社会主义这条道路前行,而

---

① Leong H. Liew, "China's Engagement with Neo‐liberalism: Path Dependency, Geography and Party Self‐Reinvention", *The Journal of Development Studies*, Vol. 41, No. 2, 2005, pp. 333 - 335.

② Leong H. Liew, "Gradualism in China's Economic Reform and the Role for a Strong Central State", *Journal of Economic Issues*, Vol. 29, No. 3, 1995, pp. 883 - 895.

不可能实现 180 度的转向。并且中国共产党相信,渐进式的改革可以"防止严重的收入不平等的出现以及避免社会冲突"①。虽然中国后来确实出现了新自由主义化的倾向,有了新自由主义入侵的痕迹,但实事求是地看,刘梁辉的分析还是相当客观的,改革开放以后中国共产党牢固的领导地位,确实是中国抵制新自由主义入侵的关键。

中国的特殊国情。也有一些学者指出,中国之所以能够采取渐进发展模式,在于中国具有一些特殊的条件,而这些条件在苏联并不具备,因此即便苏联想要采取渐进式改革,也不可能成功。《新闻周刊》一篇文章指出:"没有人否认俄罗斯以及他们的西方顾问搞砸了莫斯科的改革。但萨克斯②以及其他人都指出,中国在改革问题上具有很大的俄罗斯所不具备的优势。中国的国有经济只占经济总量的 18%,而在俄罗斯,则占到 99%。这意味着邓小平可以实行双轨制的改革,让农村自由发展并补贴国有经济,但在俄罗斯,不可能做到。另外,在中国,富裕的沿海地区可以支持内地,而在俄罗斯,则基本上都属于贫困的内地。"所以,虽然戈尔巴乔夫也喜欢中国模式。或者说,"每个人都喜欢渐进式改革,只要你能做到它"。但也许,只有中国看上去能做好它。③ 托尼·赛奇也认为,改革开放之初的中国,农民的收入很低,这使私营企业可以用很低的工资雇用大量的农民,这样低的工资成本才使这些私营企业得以生存。等私营企业发展以后,国家也才开始对国有企业进行改革。而苏联则不同,苏联集体农庄的农民与城市工人的工资水平不相上下,改革没有最初的突破口,只能尝试全面彻底改革,采取休克疗法。④ 这种改革所带来的后果现在已经很清楚了。

---

① Leong H. Liew, "China's Engagement with Neo-liberalism: Path Dependency, Geography and Party Self-Reinvention", *The Journal of Development Studies*, Vol. 41, No. 2, 2005, p. 335.

② 杰弗里·萨克斯 (Jeffrey Sachs),著名全球发展问题专家,哥伦比亚大学经济学教授,哈佛大学国际研究中心主任,20 世纪 80 年代中期将医学术语"休克疗法"引入经济领域,被称为"休克疗法"之父。

③ Dorinda Elliott and Michael Hirsh, "Gradual Is Good", *Newsweek*, Vol. 134, No. 12, 1999, pp. 44–45.

④ [美] 托尼·赛奇:《转型的中国与中国的转型》,载张冠梓《哈佛看中国》(政治与历史卷),人民出版社 2010 年版,第 19 页。

(四) 渐进式改革存在的问题

就像一个硬币的两面，渐进式改革有不少优势，但也存在一些弊端。虽然渐进的方法是中国改革得以成功的重要因素之一，但是，在一些学者看来，一方面，渐进式改革并非长久之计，改革必须有一个清晰的目标，有一整套改革的方法和措施。另一方面，渐进式的改革也有它不可避免的问题，这些问题在改革的初期并不明显，但随着改革的深入，这些问题越来越突出，甚至给下一步的改革造成了障碍。

一些学者认为，中国过去"摸着石头过河"，虽然取得了改革开放的一系列成功，但问题是不能总是"摸着石头过河"。因为随着改革发展的不断深入，中国也面临着越来越大的挑战。中国的改革再也不能像以前那样，摸着石头过河了，而必须找准方向，实现跨越，因为现在改革的环境越来越复杂，用他们的话说，"石头"已经很难再摸着了。和改革开放初期环境有所不同，现在"河"已经很宽了，"水"已经很深了，如果中间又没有"石头"，那中国该怎么办？如果还一味地强调"摸着石头过河"，不仅很危险，而且做不到。况且，如果我们在"摸着石头过河"的时候，不知道对岸是什么样子，也很危险。所以，中国未来的社会到底是什么样，在政治、经济、社会、文化以及老百姓生活方面究竟能够达到一个什么样的程度、水平和面貌等，这些问题都应该进行深入、认真地研究和分析，并做出判断，不能再仅仅靠"摸索"了。① 也就是不能再搞渐进式改革了。渐进式改革只能在改革之初，发挥重要的作用。渐进式改革不能永远作为中国改革的一个指导方针，这是不现实的，也是不科学的。

对于渐进式改革带来的问题，托尼·赛奇指出，"在渐进式改革实施的过程中，事实上已经产生了一些消极影响"，"渐进式改革所产生的二元体制导致国家和社会在转型过程中付出了高昂的社会成本，这些社会成本可能会远远超过短期内既得利益集团所获得的经济利益"。所以，

---

① ［美］托尼·赛奇：《转型的中国与中国的转型》，载张冠梓《哈佛看中国》（政治与历史卷），人民出版社 2010 年版，第 12 页。

"如果说摸着石头过河的策略在过去中国的改革发展中发挥了很大作用，那么现在到了应该作出调整的时候了"①。也有学者认为，休克疗法虽然带来了严重的后果，却为下一步的改革奠定了重要的制度基础，而中国的渐进式改革，并没有能够在改革的过程中确立一套明确的制度框架，只是把问题不断向后拖延，导致后来的改革越来越难。渐进式改革还存在的一个问题是，在改革过程中一个很小的问题如果被反对改革的人抓住机会反对改革，就会导致改革停止，因此政策需要不断进行调整，中央政府因此就成了"消防队员"，到处"灭火"，以防止产生难以承受的后果。②

（五）国外学者对渐进式改革理解的局限

虽然国外学者既看到了渐进式改革的重要意义，也发现了渐进式改革带来的问题，对中国模式的渐进性特点进行了全面而深刻的剖析，但仍存在一定的局限，这种局限主要体现在几个方面。

第一，认为中国的渐进式发展模式没有一个明确的目标，甚至没有一个明确的指导思想。马克·里欧纳德认为："邓小平和他的同伴因此无法替中国的经济变革拟出一张蓝图或事时间表。相反的，他们广为人知地选择'摸着石头过河'策略，也就是一点一点改变，一次一步，从来不谈最后的目的地为何。为了国家长远的利益，邓小平留心布莱希特的忠告：在遇到障碍时，两点之间最短的距离可以是一条曲线。"③ 这段话虽然道出了渐进式改革的重要意义，但也模糊了中国改革的价值取向。实际上，中国的改革虽然没有明确下一步该怎么走，但目标是明确的，正如郑永年所说，那就是过到河的对岸去，用我们的话说就是最终要实现共产主义。郑永年指出："尽管邓小平当时形象地说改革开放是'摸着石头过河'，但这只是说追求这些价值的过程具有不确定性，但实际方向

---

① ［美］托尼·赛奇：《转型的中国与中国的转型》，载张冠梓《哈佛看中国》（政治与历史卷），第18页。

② Shaun Breslin, *Capitalism with Chinese Characteristics*: *the Public*, *the Private and the International*, Working Paper（Murdoch University Asia Rearench Center）No. 104, June 2004, p. 5.

③ ［英］马克·里欧纳德：《中国怎么想？》，林雨蒨译，行人出版社2008年版，第39页。

是相当明确的。这也是为什么在各种困难面前,例如苏联和东欧共产主义的解体,中国的改革开放始终没有走回头路的主要原因。"① 所以,尽管是渐进式的,摸着石头过河式的探索,但中国前进的方向始终没有改变,这也是中国模式的一大特点,就是尽管过程具有不确定性,但目标非常明确,那就是通过建设社会主义,实现中华民族的伟大复兴,最终实现共产主义。在当前这一阶段,中国共产党确立了建设中国特色社会主义的目标,这说明,"石头"代表着中国的特色,"河"的对岸是共产主义。

第二,认为渐进式改革是中国走向资本主义的策略,渐进式改革是一个量变的过程,最终的质变是实现资本主义。有学者认为,渐进式改革是中国走向资本主义的恰当策略,它并没有像休克疗法那样,带来社会的震荡,而是平稳地使中国转向了资本主义。其他一些学者还喜欢用"斑马村"的故事来说明,渐进式改革是一步一步引导人们走向资本主义的手段,它可以让人们从原来的社会主义理想中,逐步接受美好的资本主义现实。② 这些观点实际上认为渐进式改革坚持了资本主义的方向,却大大降低了改革可能产生的代价。但这些观点忽视了一个基本的前提,即中国的改革始终是在四项基本原则的指导下进行的,尽管在渐进改革的过程中,吸取了一些资本主义的因素,但这些因素并未动摇这四项基本原则,因此也没有改变中国的社会主义性质。从某种意义上来讲,采取渐进式改革,就是为了防止中国可能走向资本主义。因为像中国这样一个如此庞大的国家,如果搞大跨步的改革,一旦出现问题,就像高速公路上飞驰的载重货车,无论是刹车还是调整方向,都已经来不及了。而渐进式改革则可以在改革出现问题时能够及时进行纠正。

第三,把改革开放以来出现的一些问题归因为渐进式改革所致。如前所述,一些学者认为渐进式改革导致了二元体制、付出了高昂的成本、积累了越来越多的问题,这些观点固然有其合理的一面,却也存在片面性。先农村后城市的改革,也是中国改革成功的关键,也是中国特殊国

---

① 郑永年:《国际发展格局中的中国模式》,《中国社会科学》2009 年第 5 期。
② [英]马克·里欧纳德:《中国怎么想?》,林雨蒨译,行人出版社 2008 年版,第 40 页。

情使然。农村改革相对于城市改革，阻力要小得多，农村先行改革恰恰为下一步城市改革奠定了基础，积累了经验。如果农村改革与城镇改革同时进行，很有可能因为强大的阻力而使改革夭折。城乡二元结构不是渐进式改革带来的，只能说是在改革过程中没有正确处理好农业和工业的关系，而与改革的顺序无关。渐进式改革确实积累了一些问题，但是，也许在解决问题的方法还没有找到之前，先搁置问题不失为一个聪明的选择。大踏步的改革并不一定带来预期的结果。正如一位学者所言，"俄罗斯在大步迈进，但走错了方向。中国也在前进，尽管步子有大小，但方向正确"①。中国的渐进式改革正是吸取了其他国家改革的教训，而做出的符合实际的选择，包括在政治方面的改革。"如果中国审视周围邻国的经验教训，它可能会得到如下的结论：对待民主政治的改革要保持审慎，过早地转向多党选举制度有可能给经济带来不稳定。相反，积极改善司法环境、提高政府治理水平、加强市场透明度和问责制将是更现实的选择。"②虽然休克式疗法看上去更彻底，但也不能说渐进式改革是不彻底的改革。邓小平明确指出，中国的改革是中国的第二次革命，之所以把改革称为一场革命，一个重要的方面在于中国的改革是彻底的，渐进性与彻底性并不矛盾，渐进式改革与休克疗法式改革的区别只是改革方法和手段的区别。

二 "开放包容"

在很多国外学者看来，1978年改革开放序幕的拉开，是中国模式形成的起点。改革开放是中国模式得以形成的重要条件，中国模式必然体现出鲜明的开放性特征。李成强调："中国模式不仅仅是渐进的，而且是一个包容的、开放的，是向其他国家学习的一个过程。……中国为什么成功，除了我刚才说的有序、渐进、可控，更多的是它的开放和包容。"③

---

① 《中国正朝着正确方向前进》，《环球时报》2005年12月23日第6版。
② [美]乔纳森·安德森：《走出神话：中国不会改变世界的七个理由》，余江、黄志强译，中信出版社2006年版，第147页。
③ 《中国模式需保持包容与开放》，《国际先驱导报》2010年12月31日第27版。

可见，在一些国外学者看来，开放性是中国模式的一个显著特征。但是，对于中国模式的开放性，国外学者有着不同的理解，甚至存在一定的误解，他们对中国模式开放性特征的认识需要我们去深入剖析。

（一）中国模式汲取了其他模式的有益因素

一些学者认为，中国模式的开放性体现在，中国模式在对外开放的过程中汲取了其他不同发展模式的有益因素，集百家之长，为我所用，才最终得以形成。而中国模式之所以能够引领当代中国取得如此巨大的成就，关键就在于"中国不拒绝一切先进的东西，而是把西方和他国成功的经验融合进自己的模式。"① 在他们看来，中国模式既吸取了苏联社会主义模式的教训，也吸收了资本主义的一些有益因素。

尽管大多数学者都认为，中国模式是对苏联社会主义模式的全面突破，但在一些国外学者看来，中国模式仍然体现了苏联模式的某些基本要素。沈大伟指出，在中国的政治体制中，包含了很多苏联社会主义模式的基本要素，只不过多了党内民主和在地方层面的公众参与等。在中国的经济体制中，则包含着更多苏联模式的遗产，例如，中央和地方政府都对经济进行严厉的控制等。② 尽管沈大伟并非从赞扬中国模式的开放性的角度出发来阐述中国模式与苏联模式的关系，但从他的论述中，我们不难发现，中国模式并非是对苏联模式的完全的摒弃，它还是继承了苏联社会主义模式的一些基本要素，只是抛弃了苏联模式中的不合理因素。

中国模式在形成的过程中，除了汲取苏联社会主义模式的教训以外，还十分重视向西方发达的资本主义国家学习。因为"中国共产党没有让自己局限于研究前社会主义国家，而是真正放眼于全世界的各种政治体制，学习可能对中国有用的东西"③。这也充分体现了中国模式的开放性。萨利茨基这样讲道："我觉得，中国近30年来突出体现的一个原则非常

---

① 郑永年：《为中国辩护》，浙江人民出版社2012年版，第10页。
② David Shambaugh, "Is there a china model", *China Daily*, March 1, 2010, p. 9.
③ 梁染怡、王爱云：《西方学者视野中的国外中国问题研究——访美国乔治·华盛顿大学教授沈大伟》，《中共党史研究》2010年第4期。

有意思。俄罗斯的意识特点在于，对世界的认知黑白分明。我们不知为何把市场与国家、把市场经济和商品生产都对立起来。邓小平非常艺术地摒弃了这种虚伪的对立。我们看到，中国近30年来没有把计划经济和商品生产、强大的国家和发达的市场相对立，而是使其相互依存。另一个原则也相当重要。劳动与资本、雇主和雇工之间的确存在矛盾，但也存在伙伴关系。当注重伙伴关系时，矛盾就会缓解。国家也在做这方面的工作，因而这种矛盾不再危害到社会。"① 在萨利茨基看来，中国模式的一个特点，就是对资本主义所创造的一切积极因素的包容性，中国没有像俄罗斯那样，把资本主义看得一无是处，进而封闭自己。中国的做法恰恰相反，认为在当前社会主义和资本主义并存的时代，社会主义必须借鉴资本主义的一切长处。国内有学者这样指出："中国特色社会主义在处理与资本主义关系时具有明显的开放性和兼容性。从思想层面来看，当代社会主义基本上能够用开放和包容的心态对待当代资本主义这个'天敌'，强调汲取资本主义所创造的属于人类文明成果的东西。"②

同样，中国模式在形成过程中，也汲取了民主社会主义模式的合理因素，民主社会主义国家在社会建设方面的经验对中国模式的形成提供了有益的思想借鉴。萨利茨基认为中国模式是一种综合模式。它汲取了许多国家的发展经验，并使这些经验"中国化"。他认为，从中国模式中可以找到苏联的"骨架"、美国的成就、福利资本主义的特点。③ 所以，"中国模式绝非我们通常认为的那样独特。相反，它集合了人类创造的模式"④。阿里夫·德里克也认为："如果有一个中国模式，它最突出的特点就是愿意尝试不同的模式。"⑤

---

① ［俄］亚历山大·萨利茨基：《中国让"现代化"的概念在世界得以普及》，http://www.china.com.cn/international/txt/2009-09/07/content_18477147_2.htm。
② 蒲国良：《全球视野下的中国新模式》，《党建文汇》2008年第8期。
③ ［俄］亚历山大·萨利茨基：《中国让"现代化"的概念在世界得以普及》，http://www.china.com.cn/international/txt/2009-09/07/content_18477147_2.htm。
④ ［俄］亚历山大·萨利茨基：《中国：万能的现代化模式?》，《海外经济评论》2009年第2期。
⑤ Arif Dirlik, "The idea of a 'Chinese model': A critical discussion", *China Information*, Vol. 26, No. 3, 2012, p. 277.

在一些学者看来，中国模式并无特别之处，因为无论是在苏联模式、民主社会主义模式、新自由主义模式中，似乎都能找到中国模式的影子。但在我们看来，这恰恰是中国模式的突出特点所在，它汲取了其他国家无论是社会主义国家还是资本主义国家的发展经验，参考了不同的发展模式，取其长避其短，从而形成了中国模式。虽然中国模式吸取了不同的元素，但中国模式的内核是有中国特色的社会主义。

（二）"改革的密度"反映了中国模式的开放性

中国模式开放性的另一个体现在于，中国自1978年以来，就始终没有停下改革的脚步，持续不断地改革是中国模式开放性的一个重要体现，中国模式从来都不曾封闭，它在不停地进行创新，不断地完善自我。用雷默在《北京共识》中的话来讲，1978年以来中国在不断地进行改革，改革的"密度"很大，而改革的"密度"恰恰反映了中国模式的开放性特征。

改革的过程实际上又是一个开放的过程。郑永年在谈到如何"把中国模式解释好"这一问题时指出，改革开放的实质就是开放，不但对外开放是开放，实际上对内改革也是开放。其中经济改革是国家经济向整个社会开放，农业改革是向农民开放，政治改革则更开放，体现在可以发展非公经济、保护私有财产、扩大共产党的阶级基础等。他还认为，中国当前强调包容性发展，包容性实际上也体现了开放。[①] 胡利奥·迪亚斯·巴斯克斯指出："从1978年的改革开放政策实施以来，中共就把中国变成了经济、社会和政治的实验室。中国虽然是一个一党制政权国家，但它具有独特的开放性。过去30多年来的事实证明，这一特殊条件使中国具有了永久性的创新能力，无论是在经济、社会还是政治上。"[②] 胡利奥·迪亚斯·巴斯克斯这里所讲到的"独特的开放性"，就是指中国共产党允许在经济政治等领域的不断改革。

---

① 王眉：《把中国模式解释好——郑永年谈中国的对外传播》，《对外传播》2011年第1期。

② 《外国专家：中共是"具有中国特色的共产党"》，中国人大网，2011年6月30日，http://www.npc.gov.cn/zgrdw/npc/zt/qt/qzjd90zn/2011-06/30/content_1662089_2.htm。

诚如胡利奥·迪亚斯·巴斯克斯所指出的那样，自改革开放以来，中国在经济政治等方面的改革不断进行。这种不断的改革正是中国模式开放性的体现，同时在改革的过程中，也能体现中国模式的开放性。在基本经济制度层面，经历了从单一的公有制到公有制为主体多种所有制经济共同发展的改革，把非公有制经济纳入社会主义的基本经济制度，充分反映了中国特色社会主义制度的开放性。在经济运行体制层面，经历了从高度集中的计划经济体制到社会主义市场经济体制的改革，把市场经济与社会主义基本制度结合起来，这也体现了中国特色社会主义制度的开放性。在政治上，把新的社会阶层看作是中国特色社会主义的建设者特别是允许私营企业主加入中国共产党，体现了中国特色社会主义政治的开放性，中国共产党甚至修改自己的党章，强调中国共产党不仅是工人阶级的先锋队，而且是中华民族和中国人民的先锋队，"两个先锋队"的性质同样体现了中国共产党在引领当代中国发展模式形成和发展过程中的开放性。

美国前驻华大使芮效俭指出，中国之所以能够在如此长的时期中保持快速增长，就在于中国模式具有很强的开放性，从而具有了强大的适应能力。中国在发展的过程中，也面临很多挑战，但中国具有开放的心态，因此有着强大的适应能力，所以能够很快适应发生的各种变化。[①] 从今天的现实来看，对外保持开放，对内不断改革，是中国取得长期快速发展的一个关键因素，也是中国模式的一个显著特征。

（三）"制度性外包"是中国模式开放性特征的体现

还有一些学者认为，中国模式并非是由中国领导人根据自己的发展战略所设计的发展模式，而是在参与经济全球化的过程中通过向国际社会开放，而由国际社会来塑造的。美国学者谢德华提出了"制度性外包"的概念来解释中国增长的奇迹。他指出，"中国发生真正变化的动因在于制度性外包，包括将制定重要社会规则的权力转让给第三方，而正是这

---

① 芮效俭：《"中国改革停滞不前"论调很荒谬》，《国防时报》2011年6月10日第6版。

些关键的社会规则深刻影响着中国内部的各种社会活动。"① 把自己的制度设计向国际社会开放,让国际环境来塑造本国的经济甚至政治体制,是中国模式开放性的一个重要体现。

在《中国的逻辑》一书中,谢德华认为,中国在试图融入全球体系的时候,"并不具有老谋深算的长远眼光,也没有一个明确的建设工业并击败全球竞争者的雄心壮志。"也就是说,中国在准备参与全球化之前,并没有一个明确的规划,并没有一个明确的发展模式。因为要参与全球化,"如果按照经济学教科书上的说法去做,应当是由具有远见卓识的政府官员首先建立起所有完善的制度,包括私有产权制、商业法律规范、最低限度的关税壁垒、货币兑换机制,然后才是全球市场魔法般地促进本国经济的发展。"但中国并没有这样做,也没有条件这样做,因为"由于一大堆问题急待解决,中国来不及同国际社会成员国优雅地握手",就迫不及待地参与经济全球化中。谢德华因此指出:"中国在将自己的制度理顺之前,事实上是在体制改革停滞不前的情况下,干脆勇往直前地向全球生产敞开了大门。"② 让国际环境影响中国,让国际准则渗透中国,进而在中国形成一套能与国际社会接轨的新的规则和秩序。

谢德华认为,中国的工业体制改革、国有企业改革都是通过"制度性外包"来实现的,把中国的工业置身于全球产业分工之中,把国有企业完全置身于国外的苛刻管理标准之下,以此来促进中国的经济改革,是"制度性外包"的主要内容。当然,"制度性外包"绝不仅仅是经济制度的外包,必然会涉及政治层面,必须"允许由局外人来定义中国在政治转型过程中出现的术语"。包括"借鉴西方政治中的核心理念来解决这些经济难题:建立法治社会,追求一个以公民福利而非单纯以总体经济增量为衡量标准的经济增长模式,建立正式的法规机制来确保政府对公民承担责任,追求经济发展,以及保护公民的个人权利"③。因此,改革

---

① [美] 谢德华:《中国的逻辑:为什么中国的崛起不会威胁西方》,曹槟、孙豫宁译,中信出版社2011年版,第28页。
② [美] 谢德华:《中国的逻辑:为什么中国的崛起不会威胁西方》,曹槟、孙豫宁译,中信出版社2011年版,第26—27页。
③ [美] 谢德华:《中国的逻辑:为什么中国的崛起不会威胁西方》,第42页。

开放以来，特别是 20 世纪 90 年代以来，中国模式的形成和发展，是经济全球化的国际规则在中国内化的结果。

在谢德华看来，中国模式并不是一个内生型的发展模式，而是利用对外开放的机会，在经济全球化背景下，为了适应参与经济全球化的需要，纯粹由外在的国际环境塑造的一种发展模式。谢德华的"制度性外包"的观点，体现了中国模式的开放性，但是，需要指出的是，中国模式在形成和发展的过程中，确实借鉴了西方国家在经济发展上的一些经验，甚至吸收了一些西方国家政治发展方面的合理因素，但是，决不能说中国把自己的制度、体制的设计外包给国际社会。独立自主始终是中国革命、建设和改革的根本立足点，也是一个深刻教训。坚持独立自主与参与全球化相统一，是改革开放 30 多年的基本经验的总结，中国模式在形成的过程中，也一刻不能放弃独立自主。如果真如谢德华所说，中国把自己的制度体制设计外包给国际社会，那也就不存在中国模式之说了。

（四）如何理解中国模式的开放性特征

毋庸置疑，开放性是中国模式的一个显著特征。但是，对开放性的理解不能仅仅停留在吸取其他发展模式的合理因素、不断进行改革、"制度性"外包等层面，对中国模式的开放性还需要更深层次的理解。

第一，改革开放要以独立自主为前提。独立自主参与经济全球化，是中国改革开放以来的一条重要经验，中国在对外开放的过程中，始终不曾放弃独立自主这一基本原则。中国之所以能够成功利用和平与发展的时代条件，通过对外开放，积极参与到经济全球化的进程中，一个重要的前提就是中国始终坚持了独立自主。

和平与发展是当今的时代主题，任何一个国家都可以利用这一条件，实施对外开放，特别是对于广大发展中国家来说，这是实现追赶发达国家的一个难得机遇。有的国家在对外开放过程中利用经济全球化的机会发展了自己，有的国家却在对外开放的过程中沦为发达国家的附庸，经济全球化不仅没有成为它们发展的机遇，反倒成了阻碍其发展的陷阱。其中一个重要的原因就在于，这些国家放弃了独立自主的原则，盲目地向国际社会开放，最终使自己的发展陷入停滞。拉美国家在华盛顿共识指导下经济社会发展的失败，对其他发展中国家来说，无疑是一个深刻的教训。而中国"在既听取国外建议又根据自身社会、政治和经济环境来进行决策方面，中国可能是最佳范例……如果说中国的成功还有其他什么基础的话，那就一定是不盲目接受华盛顿（共识）的政策"①。

第二，改革开放必须渐进有序进行。除了独立自主以外，中国的改革开放是渐进有序进行的。例如，对基本经济制度的改革，从改革开放开始到党的十二大，逐步肯定"劳动者的个体经济是公有制经济必要的补充"。到党的十三则大把私营经济、中外合资合作经济、外商独资经济同个体经济一起作为公有制经济必要的和有益的补充。党的十四大强调，多种经济成分共同发展是一项长期方针。一直到党的十五大才第一次明确提出我国社会主义初级阶段的基本经济制度，是坚持公有制为主体、多种所有制经济共同发展。从改革开放到党的十五大，确立社会主义初级阶段的基本经济制度，用了 20 年的时间。例如，经济体制改革，1981 年，党的十一届六中全会《关于建国以来党的若干历史问题的决议》中，提出了"计划经济为主、市场调节为辅"的方针。到 1984 年，党的十二届三中全会通过的《中共中央关于经济体制改革的决定》首次提出"在公有制基础上有计划的商品经济"的新概念。1987 年，党的十三大则提出了社会主义有计划商品经济的体制。直到党的十四大，才明确把建立社会主义市场经济体制作为我国经济体制改革的目标。从改革开放到党的十四大，确立社会主义市场经济体为改革目标，就用了十几年的时间，而一直到现在，社会主义市场经济体制还在不断完善之中。

改革是渐进有序进行的，对外开放也是如此。从 1979 年决定设立经济特区，到 1984 年国务院批准开放大连、天津等 14 个沿海港口城市，再到 1985 年 2 月，将长江三角洲、珠江三角洲和闽南厦（门）漳（州）泉（州）三角洲地区开辟为沿海经济开放区，再到 1988 年开放海南，1990 年开发浦东，一直到 2000 年西部大开发，中国对外开放从点到线再到面

---

① ［意］乔万尼·阿里吉：《亚当·斯密在北京：21 世纪的谱系》，路爱国、黄平、许安结译，社会科学文献出版社 2009 年版，第 359 页。

这样的全方位多层次宽领域的开放格局的形成，经历了20多年的时间。

这种渐进的改革，减少了可能面临的阻力，使改革最终可以持续深入下去，如果从一开始就施行全面改革，可能会因为不能被群众接受而遭遇强大阻力，最终使改革半途而废。有序的开放，则确保了开放的主动权始终掌握在自己手中，不会因全面开放而致使受到国际社会的控制，从而沦为发达国家的附庸。中国的改革开放的一大特点，就是渐进有序进行的。

第三，对外开放不是拿来主义。和平与发展的时代主题为每一个发展中国家都提供了对外开放的机会，通过向发达国家学习和借鉴来发展自己，成为共识。但并非每一个国家都能在对外开放的过程中形成具有本国特色的新的发展模式，中国模式之所以能够形成，就在于中国在对外开放的过程中，不仅仅是采取拿来主义的政策，而是通过学习、借鉴，进而消化、吸收，并最终与本国实际相结合实现再创新，真正做到把其他国家的发展经验拿过来为我所用。

在被很多学者看作中国模式核心内容的中国特色社会主义市场经济模式，就是把发达国家普遍采用的市场经济体制与中国的社会主义制度结合起来。市场经济体制一直被认为具有资本主义的制度属性，但是中国以开放的心态接纳了市场经济，并且把市场经济体制建立在以公有制为主体的经济基础之上，创造了一种新的社会主义市场经济体制。在这个过程中，中国并没有因为采用市场经济体制而放弃社会主义的原则，而是创造性地把它与社会主义制度结合起来，让它为社会主义服务。中国模式就是这样，把其他发展模式的合理的因素拿过来，消化吸收，并根据自己的实际进行制度、体制创新，而逐渐形成的，它不是简单的拿来主义的结果。如果对外开放仅仅是为了拿来主义，就不可能产生中国模式，或者充其量中国模式也只是各种模式的大杂烩。

总的来说，中国模式植根于中国深厚的民族文化和社会主义实践之中，又从其他发展模式中汲取了合理因素，既具有典型的中国特色，又突出体现了其开放、包容的特性。张维为指出："我们有一个非常开放的态度，人家好的我们都学，我觉得中国现在实际上是世界上意识形态框框最少的国家之一，只要是好的东西我们都学，但是学的过程当中，我们是以我为主,不是盲目地学。所以,这个就很重要,对我们这个模式的形成非常非常重要。"① 闭关自守、自我封闭是中国近代历史带给我们的最为沉痛的教训,而在独立自主基础上的对外开放,则是改革开放以来我们最为宝贵的经验。只有我们继续坚持在独立自主的基础上参与经济全球化,扩大对外开放,中国特色社会主义才能不断发展完善。用邓小平的话来说,"我们的制度将一天天完善起来,它将吸收我们可以从世界各国吸收的进步因素,成为世界上最好的制度。这是资本主义所绝对不可能做到的"②。

三 "共产党领导下的强势政府"

对于中国模式的特征,除了渐进式改革以外,国外学者关注最多的莫过于一个由共产党领导的强势政府在中国模式中的角色。恩里克·凡胡尔认为,中国模式的一个突出特色就是,"保持强势政府,通过多种渠道积极管理国内事务"③。福山在谈到中国模式的特征时,首先就谈到的是中国拥有一个与众不同的强势政府。④ 在众多国外学者看来,与以美国为代表的自由资本主义模式不同,一个由共产党领导下的强势政府,是中国模式的又一个显著特征。对于共产党领导的强势政府在中国模式中的作用和意义,国外学者存在两种不同的观点,对强势政府的积极意义以及带来的弊端,都有深刻的分析,他们的许多观点也值得我们去深入评析。

(一)"强势政府"的表现

德国学者托马斯·海贝勒指出,中国政府是拥有超强"国家能力"

---

① 张维为:《中国模式的解读及其影响》,《领导之友》2009 年第 5 期。
② 《邓小平文选》第 2 卷,人民出版社 1994 年版,第 337 页。
③ [西班牙]恩里克·凡胡尔:《"北京共识":发展中国家的新样板?》,新华网,2009 年 8 月 20 日,http://news.xinhuanet.com/world/2009-08/20/content_ 11914758.htm。
④ "The China Model A Dialogue between Francis Fukuyama and Zhang Weiwei", *New Perspectives Quarterly*, Fall, 2011, p.43. 也可见石剑峰《福山谈"中国模式"的渊源与前景》,《东方早报》2010 年 12 月 20 日第 A26 版。

的政府。他认为这种国家能力体现在五个方面：一是人民接受中国这样独特的政治体制；二是政府对社会的控制和调节能力；三是政府掌控各种资源，拥有各种强制性手段；四是像多党合作和政治协商这样的协商能力，中国共产党和政府可以与各种新兴社会团体、协会和组织进行合作；五是非常突出的学习能力，从错误和失败中总结经验教训的能力。正是这些能力，使中国政府非常强大。在托马斯看来，中国具有的这种国家能力对于贯彻自己的发展理念、成功处理各种问题和冲突非常重要。[1] 托马斯对中国强势政府的分析比较客观、全面，但对于多数国外学者来说，他们所认为的强势政府却是中国共产党领导下拥有绝对权力的政府。也就是赵穗生所说的"中国模式的独特之处在于共产党政权能够掌握何时、何处以及如何采用外来的观念的政策主动权"[2]。意大利知名记者、经济学家洛瑞塔·纳波莱奥尼认为，中国共产党对国家经济的控制是中国经济成就的关键所在，也是西方的执政者应该效仿的样板。[3]

这种权力体现在经济方面，政府掌握着大量的经济资源。一方面，中国政府拥有大量的大型国有企业，并且这些企业都分布在各个重要领域，像能源、通信等，也就是说政府掌控的这些公有制经济具有很强的控制力。另一方面，政府手中还掌握着制定经济政策的权力，可以利用财政杠杆、金融杠杆对经济进行干预。例如，政府可以运用经济手段控制私有企业，这些企业虽然是私有的，但仍然为政府服务。《经济学人》一篇文章指出，在中国有三分之一的企业看上去是完全私有的，政府在这些企业中没有任何股份，这些企业的老板不是被政府任命的，老板们更关注的是经济利益而不是政治目的，但是，他们仍然受到政府的干预，甚至控制。[4]

体现在政治层面，在于中国是一个一党长期执政的国家，不存在来

---

[1] ［德］托马斯·海贝勒：《关于中国模式若干问题的研究》，《当代世界与社会主义》2005年第5期。

[2] Suisheng Zhao, "The China Model：can it replace the Western model of modernization", *Journal of Contemporary China*, Vol. 19, No. 65, 2010, p. 424.

[3] 《意大利专家：中国经济制度比西方有优越之处》，《国际人才交流》2011年第10期。

[4] "Privatisation with Chinese characteristics" *The Economist*, Vol. 400, No. 8749, 2011, p. 13.

自各方面的政治压力，因此中国政府可以凌驾于社会之上，做任何政府认为应该做的事情。托尼·卡伦（Tony Karon）指出，在中国，"政府可以凌驾在公民之上。……不会有什么有效的管道让你可以抗议"。但他同时强调，中国政府的强势还体现在另一个方面，即政府不会被任何利益集团左右，政府只考虑国家的整体利益，这也让政府更具代表性，因此也更具威信，更具执行力。"中国的系统不会让任何个别的企业，有权否决或左右政府的决策。中国政府的决策，不会为了某部分人的利益，而牺牲国家的整体利益。"①

（二）"强势政府"的积极意义

虽然对很多国外学者来说，并不赞同一个由共产党领导的强势政府，但他们也没有否认强势政府的存在对推动中国模式的形成和发展所产生的重要意义。在这些学者看来，中国的改革能够持续深入，在一些关键时刻能够做出迅速的抉择，就在于中国有这样一个由共产党领导的强势政府，这既是中国模式的特色，也是中国模式的优势所在。

曾经认为历史将终结于自由资本主义的美国学者福山在谈到中国模式时也认为："在印度'民主'模式与中国'权威'模式之间，更多国家钟情中国，前者代表分散和拖沓，后者代表集中和高效。"② 福山还指出："中国相对印度最大的优势就是，在基建方面的投资速度很快，造了许多机场、桥梁、铁路，而这和中国的决策机制分不开。在印度，你如果想修建水坝、机场或者道路，就得和许多组织打交道，如工会、非政府组织、农民协会等，还要向政府提交申请，这会花掉许多时间。美国也有这个问题。因为要考虑权力分散相互制衡。在美国，许多重要的财政政策没有制定出来，就是这个原因。而这个问题中国已经克服了。金融危机发生之后，中国的经济刺激款项也比美国的数额大几倍。这就是

---

① Tony Karon, Why China Does Capitalism Better than the U. S., http：//www.time.com/time/world/article/0，8599，2043235，00.html.

② ［美］弗朗西斯·福山：《中国模式代表集中高效》，《社会观察》2010 年第 12 期。

'中国模式'最重要的优势。"① 多米尼克·德·拉姆布雷斯也认为："政治体制的集中化使中国领导人在变幻莫测、不可预见的环境中反应更为积极，正如 2008 年金融危机所显示的那样。中国是第一个做出反应的国家，也是第一个复苏的国家。"② 福山还谈道：世界上有很多国家都存在强势政府，之所以只有中国如此成功，是因为中国的强势政府与众不同。"强势政府并不稀奇，在世界上很多其他强势政府的国家，那些统治者只想着保住自己的权力。"而"中国政府尽管和西方民主国家有区别，但它对人民负有道德责任，我认为这可能是中国的儒家学说和文化传统的遗产，就是政府必须为公众服务"③。在这里，福山把中国强势政府不是为自己谋私利，而是为公众谋福利的原因归于中国的传统文化，恐怕还是因为他对社会主义或者是中国共产党所存在的偏见，实际上，中国的强势政府之所以负有道德责任，为公众服务，根本上还在于这是一个由共产党领导的政府。

俄罗斯学者波波夫认为，中国改革开放以来所采取的一些自由化政策之所以能够发挥作用，刺激经济增长，关键在于有一个强势政府的存在。波波夫曾经提出过一个问题，即为什么"经济自由化"在中国获得了成功，却在拉丁美洲、撒哈拉以南非洲不起作用呢？波波夫自己给出的答案是，尽管在撒哈拉以南非洲和拉丁美洲也实施了经济自由化，但是因为这些国家的政府权力被弱化了，经济自由化因此不能发挥作用。在中国，经济自由化之所以能够促进经济增长，主要是中国在改革过程中或者说是经济自由化改革的过程中并没有削弱政府的权力。波波夫指出，如果中国的国家能力在未来的改革中被逐步削弱，中国也会变成"标准"的发展中国家。那么，中国的迅速增长就会结束，中国模式也将

---

① 石剑峰：《福山谈"中国模式"的渊源与前景》，《东方早报》2010 年 12 月 20 日第 A26 版。也可见 "The China Model A Dialogue between Francis Fukuyama and Zhang Weiwei", *New Perspectives Quarterly*, Fall, 2011, p. 44。

② Dominique de Rambures, *The China Development Model: Between the State and the Market*, Palgrave Macmillan, 2015, p. 198.

③ 石剑峰：《福山谈"中国模式"的渊源与前景》，《东方早报》2010 年 12 月 20 日第 A26 版。

不复存在。① 也因为，中国作为一个后发展国家，在新自由主义浪潮下，要发展自己，只能采取威权的新自由主义方案，也就是不能削弱政府的权力，因为中国必须要通过由国家作为后台（state - guaranteed）的大公司去争夺国际市场。② 事实也证明，单纯的经济自由化并不能保证经济的增长。在波波夫看来，没有一个强有力的政府，经济自由化本身不会对经济产生刺激作用，中国模式的独特之处，恰恰在于在强势政府之下，允许经济的"自由化"，一旦政府的力量被削弱，强势政府不复存在，那中国模式也就不存在了。《纽约时报》等多家报刊撰稿人彼得·巴恩斯在《资本主义3.0——讨回公共权益指南》一书中指出："中国政府尚未像美国那样已被强大的私有企业所垄断。""中国有机会为其经济发展另辟蹊径，从而在享有市场经济的要义精髓的同时，避免资本主义的弊端。"③

一些国外学者还认为，在2008年国际金融危机爆发以后，国际社会对中国模式中强势政府的作用刮目相看，也促使发达国家反思政府在经济社会发展中的角色。"发展中国家和发达国家的领导人都对中国抵御这场危机的出色能力赞叹不已。中国之所以能够这样做，是因为一部能够避免混乱的民主进程所造成的延误的、严格管理的、自上而下的决策机器。"④ 西班牙《中国政策观察》的一篇文章认为，必须强调中国政府干预能力的积极意义，这种积极意义在于保持对自身金融市场的控制，并与西方国家使用的复杂投资工具保持一定距离，从而使中国能够远离危机。⑤ 郑永年也认为："西方资本主义，正如马克思分析的那样，不可避免地会爆发周期性的经济危机，比如20世纪30年代的大萧条，1997—1998年的亚洲经济危机，2007年、2008年的全球性经济危机等。中国过去40年基本上没有经济危机，这跟这个政治经济体制的调控能力有

---

① 毕文胜：《波波夫谈中国发展模式》，《国外理论动态》2011年第1期。

② Eddie J. Girdner, "China as a capitalist state: from 'primitive socialist accumulation' to neoliberal capitalism", *The Turkish Yearbook*, Vol. 35, 2004, p. 124.

③ 赵剑英、吴波：《论中国模式》（上），中国社会科学出版社2010年版，序言第22页。

④ Nancy Birdsall and Francis Fukuyama, "The Post - Washington Consensus: Development After the Crisis", *Foreign Affairs*, Vol. 90, No. 2, 2011, p. 50.

⑤ 方展文：《"中国模式"举世瞩目》，《海外经济评论》2009年第16期。

关系。"①

对于国外学者关于强势政府的重要意义，也得到了国内一些学者的认同。中国与全球化研究中心主任王辉耀认为，"主导型政府便于资源集中、行动高效，是成就中国模式的核心要素。相反，欧美社会体系由各个社会功能自主组成'网络驱动'的契约模式，少有政府干预，多进行自我管理运行。"并且在王辉耀看来，这些正体现了中国模式与西方模式的根本区别。②

（三）"强势政府"的弊端

虽然有诸多国外学者认为党领导下的强势政府在推动中国发展进步的过程中发挥了重要的作用，但是，在另一部分学者看来，强势政府虽是中国模式的显著特征，但强势政府非但不是中国经济发展的重要推动者，而是中国进一步发展的障碍。

《经济学人》一篇名为《竹节资本主义》（bamboo capitalism）的社论文章认为，"是政府这只有形的大手创造了大多数的奇迹"的看法是错误的，"中国的崛起更多应归功于它的企业家，而非政府的主导。是时候将聚光灯打向这些企业家们了"。文章指出："政府在扫除物质和技术障碍方面着实下了一番功夫：物质上，建设了公路、桥梁及核电站等基础设施；技术方面也通过各种手段便利了国外知识产权的转让。然而，中国的发展活力不仅归功于自上而下的控制，自下而上的努力也功不可没。""政府主导资本主义和严密的政治控制是经济增长的灵丹妙药，这一中国式共识不仅对第三世界国家的独裁者奏效，甚至许多西方商业大亨也受之所惑。事实上，中国经济增长最快的那部分是脱离政府控制的。"③

耶鲁大学金融系终身教授陈志武从制度经济学的角度出发认为，中国存在一个强势政府，意味着制度还很不健全，制度资本的不足决定了中国经济的增长必然要受到高制度成本的束缚。而在这样的强势政府领

---

① 郑永年：《国家与发展：探索中国政治经济学模式》，《文化纵横》2019年第1期。
② 王辉耀：《中国模式——海外看中国崛起》，凤凰出版社2010年版，序言第3页。
③ "Bamboo Capitalism", *The Economist*, Vol. 398, No. 8724, 2011, p. 13.

导下，在缺乏有效的制度保障下，中国之所以保持了 30 多年的经济高速增长，是因为即便中国欠缺制度资本，但中国有着非常丰富的人力资本和自然资源，正是两种资本弥补了制度资本的不足。特别是中国拥有世界上最多，并且相对非常廉价的劳动力资源，在中国经济发展的初期，这种劳动力优势确实可以弥补高昂制度成本带来的不良影响。① 特别是这些年来中国经济增长所依赖的行业是制造业，而制造业恰恰发挥了中国的劳动力优势，进而有效地弥补了制度资本的不足。但在陈志武看来，"第三产业是经济持续增长，市场经济进一步深化的关键点所在，靠'硬苦力'的制造业是无法在国际竞争中获取更大的份额的"。② 而第三产业的发展，对制度的依赖性很高，也就是说必须有足够的制度资本。那么在中国这样的强势政府领导下，制度资本不足，而制度成本很高，必将影响将来的中国经济增长。所以，中国应该削弱政府的权力，通过制度改革来保障产权、完善法制、实现新闻自由等，以扩展制度资本，缩减制度成本，唯有如此，才能推动中国经济持续增长。

针对中国所提倡的追求包容性增长，陈志武还指出，根据历史经验，如果一切由国家主导，包容性增长是不可能实现的。因为，在政府主导下，绝大多数人没有办法享受经济增长带来的好处，经济增长的成果往往只有那些跟权力比较接近的少部分人才能得到。③ 在陈志武看来，要实现包容性增长，必须打破政府主导，实行自由市场经济。而剑桥大学教授大卫·朗西曼则也认为，尽管当前中国政府既不像以前那样受到意识形态的严重束缚，也不会遭遇来自民主制度的监督和制衡，但这只是中国的一个短期优势，因为随着经济的增长和社会的发展，这样的状况不可持续。④

---

① 陈志武：《没有中国模式这回事！》，八旗文化 2010 年版，第 147 页。
② 陈志武：《没有中国模式这回事！》，第 153 页。
③ 陈志武：《未来不需"摸着石头过河"》，http：//news. hexun. com/2010 – 12 – 17/126257794. html。
④ David Runciman, *The Confidence Trap：a History of Democracy in Crisis form World I to the Present*, Princeton University Press, 2013, p. 319.

(四) 如何理解中国政府在改革发展中的角色

在我们看来，一个由共产党领导的强势政府无疑是中国模式最突出的特色，因为在其他任何一种发展模式中，都难以找到类似的特征。这样的一个强势政府在中国模式形成和发展的过程中发挥着重要的作用。

第一，由党领导的强势政府保证了改革的深入有序进行。

改革是利益的调整，任何改革都会遇到阻力，有些改革正是因为没有克服这种阻力半途而废。但中国的改革一直能够有序深入下去，一个重要的原因在于有一个共产党强势政府的领导。首先，中国共产党在人民中具有强大的威信，人民群众普遍理解改革是为了大多数人民的利益，因此支持党领导的改革，这是改革得以进行的重要原因。另外，由于强势政府的存在，在改革过程中，能够排除来自各方的阻力，不会因为某些利益群体的特殊利益而使改革停滞不前。同样，由于强势政府的存在，使决策非常迅速，进而使中国的发展保持了较高的效率，作为一个后发展国家，效率也许是最重要的。《经济学人》杂志一篇文章也提到，辛格也承认中国模式。在谈到经济体制问题时，他略带讽刺意味地指出，自由市场在中国运行却比印度要好得多，这恐怕要归功于印度民主选举出来的共产主义政客。[①] 这里的共产主义政客指的是印度共产主义左派阵线。2004年的印度选举，没有一个政党获取多数，国大党不能单独组阁，只能组成联合进步联盟。共产主义左派阵线虽然没有加入联合进步联盟，但该党的支持对于国大党获取众议院的多数是非常关键的，而因为他们反对自由化与全球化的经济政策，与国大党在很多问题上存在分歧，因此，印度的决策很难像中国这样有效率。中国之所以效率高，就在于有这样一个强势政府。针对美国在处理金融危机中的表现，托尼·卡伦指出："无论是医疗改革还是经济刺激计划，由于特殊利益集团的参与，要么不能落实，要么最后搞出一个能取悦某些利益集团的折中方案，而不

---

① "Reform in India: Democracy's Drawbacks", *The Economist*, Vol. 377, No. 8450, 2005, p. 26.

太可能按照全社会的整体利益来立法。这样一来,就不可能出现高效而合理的决策。更不可能有解决长远问题的能力。"而"中国应对经济危机的成功,一个重要的原因就是,中央集权的制度,让政府有能力快速做出重大而复杂的经济决策"①。

第二,党领导的强势政府保证了中国模式的社会主义性质。

在经济全球化的背景下,一些西方国家企图利用中国的改革开放,诱使中国走上资本主义的发展道路。例如,利用中国国有企业改革的机会,宣传私有化,提出私有化才是国有企业改革的唯一出路。利用中国经济体制改革的机会,鼓吹完全放任自由的市场经济,希望把中国经济纳入发达资本主义国家的经济轨道。利用文化体制改革,把文化多样化演绎为意识形态的多元化,宣传"普世价值"等,诱使中国放弃马克思主义指导思想。改革开放40年过去了,之所以西方国家的这些企图没有实现,中国没有走上西方国家为中国设计的道路,而是创造了一种崭新的社会主义发展模式,关键在于中国有效抵制了来自西方国家的这些侵蚀和干扰,而能够有效抵制这些侵蚀和干扰的关键,还在于中国的改革开放始终在以马克思主义为指导,坚持社会主义价值取向的共产党的领导之下。美中经济与安全评估委员会2011年的一份报告称,中国的国有企业仍在中国经济中发挥着巨大作用,各类国有实体在中国快速扩大的国内生产总值中所占的比重大约为50%。之所以如此,是因为"中国共产党不希望中国变成一个自由市场企业的堡垒"②。

第三,强势政府的存在,弥补了制度建设的不足。

党领导的强势政府的存在,弥补了制度建设的不足。自1978年以来,中国经济、政治、文化、社会等各方面改革的脚步就不曾停止过,这充分说明,中国的制度建设还处在一个探索的过程中。虽然胡锦涛在建党90周年纪念大会上的讲话中提出我们已经确立了中国特色社会主义制度,但这一制度还不是很完善。在很多西方学者看来,完善的制度是经济社

---

① Tony Karon, "Why China Does Capitalism Better than the U. S.", http://www.time.com/time/world/article/0, 8599, 2043235, 00.html.

② 《中国国有企业有多重要?》,《国企》2011年第11期。

会发展的重要前提，而中国模式之所以引人注目，就在它在还没有完成制度建设的条件下居然也取得了快速的发展，这才是中国模式的特殊所在。实际上，在我们看来，中国之所以能够在制度还不完善的条件下快速发展，恰恰在于党领导的强势政府弥补了制度建设的不足。如果既没有制度保障，又没有一个强势政府来推动改革，改革势必难以深入下去。特别是强势政府的存在保证了中国在制度仍不健全的情况下保持了长时期的稳定。正如罗恩·卡利克所言："中国对于海外资本巨大的吸引力在于政治环境的稳定、没有民粹运动导致的国有化外国资产的危险、劳动力既有弹性又有纪律、政策变化比较理性，而且有可预见性。"[①]

陈志武认为中国的改革势必因为制度建设不够完善而受到阻碍，当前之所以经济社会能够快速发展，在于中国选择的是发展加工制造业，一旦将来要发展服务业，势必受到制度不健全的影响。但是，我们应该相信，只要发展服务业是中国走向现代化的必然选择，只要党能够代表中国先进生产力的发展要求，那么，中国共产党必定将仍然是推动进一步改革的倡导者，改革必将深入下去。因为制度的完善需要一个长期的过程，在制度不健全的情况下，如果改革是由政府来推动的，那么政府越强势，改革所遇到的阻力和干扰就越小，改革就越能顺利推行。在中国各项制度逐步走向完善的过程中，一个强势政府将依然会是中国模式的最重要的特色之一。说中国模式的成功在于有一个强势的政府，莫如说中国模式之所以成功，关键在于有一个能够代表人民群众利益的党。但是，出于种种偏见，国外的学者总是避而不谈党的领导在推动中国模式形成和发展过程中的重要地位和作用。

关于中国模式的特点，张维为也做了比较详细的概括。他认为，中国模式有八个显著特点。一是强势政府，能够制定长远战略，并付诸实施。二是实事求是，先试验，再推广。三是关注民生，消除贫困。四是正确处理稳定、改革和发展的关系上。五是渐进改革，拒绝休克疗法。六是确立了比较正确的改革顺序。七是把市场经济和社会主义基本制度结合起来。八是在独立自主基础上对外开放。从张维为对中国模式特点

---

① Rowan Callick, "The China Model", *The American*, Vol. 1, No. 7, 2007, p. 40.

的概括来看，他第一点强调的就是强势政府。他对中国模式第二、第四、第五、第六个特点的概括，归为一点就是渐进式改革，第七点和第八点强调的则是开放性。虽然张维为还认为注重民生也是中国模式的特点，但其他学者对这一点强调得很少。所以，从张维为对中国模式的概括来看，他也主要强调了渐进式改革、强势政府、开放性等特征。

  2008年人民网做了一个调查，关于"中国模式"的主要特点，调查显示排在前三位的分别是：强有力的政府主导（占57.46%）、以渐进式改革为主的发展战略（占47.74%）、对内改革与对外开放同时进行（占44.82%）。① 这也说明，国外学者对中国模式基本特征的概括比较符合中国模式的实际。渐进式改革、强势政府、对外开放基本上反映了中国模式的突出特色，但从某种程度上来说，这些特点更多是从中国模式能否为其他国家提供借鉴的角度出发来进行分析的。《海峡时报》一篇文章指出："中国模式的主要特点在于，强有力的政府主导；渐进式改革；对内改革与对外开放同时进行。对其他国家打开发展之门来说，所有这些中国模式的关键因素都可能证明是有效的。"②

---

  ① 柏彦：《"中国模式"：一个概念深处的思考》，《新京报》2010年3月6日第C04版。
  ② 《"中国模式"他国可以效仿》，《金融博览》2009年第13期。

第 五 章

国外关于中国模式价值和意义的研究

中国模式之所以在国外掀起一波又一波的研究热潮,从根本上来说,主要源于国外学者、政要甚至普通民众对中国模式的价值和意义的关注。对于国外学者来说,中国模式对西方自由资本主义世界的冲击、对其他发展中国家发展道路选择的影响、对世界社会主义运动的推动作用等,是他们研究中国模式的最重要的原因,也是最重要的一个部分。对他们关于中国模式价值和意义的分析进行深入评析,对于我们正确定位中国模式,认清"国外中国模式研究热"的本质具有重要意义。

一 中国模式对自由资本主义世界的冲击

对于中国模式的意义,国外学者尤其是欧美学者最关心的莫过于中国模式对西方自由资本主义的影响。事实上,早在1993年美国前总统尼克松就曾对中国模式表达过自己的担心。他在当时特别希望以西方模式为标准的俄罗斯改革能够取得成功,以此证明西方自由民主资本主义才是发展中国家的未来。他指出,如果俄罗斯取得成功,"那将会大大冲淡中国模式的影响力,就会成为一个活生生的证据向第三世界证明自由可以带来好处。"[1] 当然,尼克松的希望最终破灭了,中国模式在国际上的影响在21世纪日益显现。

---

[1] 陈世香、闫玲:《冷战前后美国亚太政策的演变》,《外国问题研究》1995年第2期。

关于中国模式对西方自由资本主义的影响，不同学者也有着不同的观点。其中的大多数认为，中国模式的崛起，挑战了西方资本主义的"自由民主逻辑"，给西方自由资本主义模式带来了强烈冲击。也有一些学者认为，中国模式的产生，为自由资本主义纠正自己存在的弊端提供了有益的借鉴，自由资本主义模式也可以从中国模式中借鉴一些合理的因素。还有学者认为，中国模式的成功恰恰证明了西方自由资本主义模式的胜利，中国模式是华盛顿共识取得成功的一个典范，中国不会对自由资本主义产生系统性冲击，更不会破坏由美国主导的国际政治经济秩序。

（一）中国模式挑战了西方资本主义的"自由民主逻辑"

在一些西方学者看来，中国模式对自由资本主义的影响，主要体现在三个方面。一是中国模式打破了自由资本主义经济现代化必然伴随政治民主化的基本逻辑，挑战了自由资本主义的基本理念，即经济的增长必然会出现政治的民主化，中国模式的成功是对"历史终结论"的终结。二是中国在保持威权的同时，维持了经济的增长，对一些发展中国家产生了巨大吸引力，使这些发展中国家改变了自己的发展轨道，从在美国引导下走向自由资本主义转为在中国影响下走向威权主义。三是，中国模式的成功特别是2008年国际金融危机爆发后的一些优异表现，使一些发达资本主义国家也开始向中国学习，放弃原来的自由主义理念，加大政府的干预力度，自由资本主义越来越转向国家资本主义，资本主义将越来越带有"中国制造"的标签。

第一，中国模式的成功终结了"历史终结论"，挑战了自由资本主义的基本理念。在一些研究中国模式的国外学者看来，西方国家担心的并非是中国经济的崛起，而是中国模式的崛起。对于很多西方国家来说，中国改革开放以来的经济增长确实给西方发达国家带来很大的冲击。例如，中国的商品充斥着世界市场，西方民众的日常生活越来越离不开中国这个世界工厂。正如一位美国记者萨拉·邦焦尔尼所著的《离开中国制造的一年》中所描述的那样，普通美国家庭的日常生活再也离不开中国制造的产品。但这并不是美国以及西方国家所真正担心的，他们真正担心的是一个与西方自由资本主义模式背道而驰的新的发展模式的出现。

20世纪80年代末,随着冷战的结束,如何评价资本主义制度和社会主义制度及其命运,成为东西方理论界普遍关注的现实问题,而福山的"历史终结论"似乎为这一争论给出了一个最终结论。在福山看来,东欧剧变、苏联解体,冷战的结束,标志着共产主义的终结。历史的发展只剩下一条道路,即走向西方的自由民主资本主义。人类社会的发展史,终被证明是一部"以自由民主制度为方向的人类普遍史",自由民主制度无疑是"人类意识形态发展的终点"以及"人类最后一种统治形式"。但是,中国模式的出现,却从根本上颠覆了福山的"历史终结论"。在一些国外学者看来,中国模式虽然发展了资本主义,却没有生产出资本主义的民主,而是成功地保持了政治上的威权,就如罗恩·卡利克在《中国模式》一文中所概括的那样,中国模式就是"经济自由加政治压制"。美国哈佛大学商学院教授里金钠·艾布拉米就指出,"中国模式"颠覆了经济发展必将导致西方式民主的定论。艾布拉米认为,传统的政治经济学理论强调经济发展和建立西方式民主之间具有必然联系。虽然在中国崛起之前,相关的统计数据已经表明,经济发展和西方式民主制度之间不存在因果关系,但缺乏有力的证据,因为还没有一个有影响力的国家能够在没有民主制度的基础上保持长期快速的经济发展,而中国的发展则为这种结论提供了最有说服力的实证。[1] 斯蒂芬·哈尔珀也指出,"中国正在催化、推动一个更深层、更宏大的变化;正如全球化压缩了世界一样,中国也迫使西方世界日渐萎缩。中国正在悄悄地再造包括发展、经济、社会,乃至政治在内的国际局势,使得西方国家的影响力与价值观越来越难以跨出北约集团的势力范围之外。"[2] "而美国在全世界推行自由民主制度的努力将变得更加艰难。"[3] 也正因为如此,美国总统特朗普在

---

[1] 《"中国模式"挑战传统理论》,人民网国际频道,2009年5月7日,http://world.people.com.cn/GB/1030/9259260.html。

[2] [英] 斯蒂芬·哈尔珀:《北京说了算:中国的威权模式将如何主导二十一世纪》,王鑫、李俊宏等译,八旗文化2010年版,第49页。

[3] Aaron L. Friedberg, "Hegemony with Chinese Characteristics", *The National Interest*, No. 114, July/August 2011, p. 23.

2017 年的国家安全战略报告中把来自中国的威胁视作一个"修正主义"的威胁。①

第二，中国将以自己的模式重塑世界。在有些西方学者看来，中国模式在挑战资本主义自由民主理念的同时，增强了对广大发展中国家的吸引力，提升了中国特色社会主义的制度软实力。在这些学者看来，美国作为首屈一指的超级大国，不仅仅在于他拥有超强的经济和军事实力，关键还在于美国拥有强大的制度软实力，即美国的自由民主资本主义制度具有强大的向心力，这是美国能够成为世界领袖的关键所在。但现在，中国模式的崛起极大地削弱了美国的软实力，增强了中国的吸引力，发展中国家的目光纷纷转向中国。"软实力"概念的提出者约瑟夫·奈认为，中国模式的成功大大提升了中国的软实力，因为"中国的经济增长不仅使发展中国家获益巨大，中国的特殊发展模式包括特殊的民主方式也被一些发达国家称为可效仿的模样，更重要的是将来，中国倡导的民主价值观、社会发展模式和对外政策做法，会进一步在世界公众中产生共鸣和影响力"②。美国《外交事务》一篇文章也认为，中国模式中所蕴含的独特的民主价值理念，将挑战西方世界的传统的自由民主观念，使人们越来越意识到，西方世界奉为圭臬的多党竞争和选举政治并非民主的终极目标。③

一些西方学者还指出，"中国已经改变了关于全球化的辩论的术语，通过证明不需要采用西方民主也能够推动经济发展。在未来，它的协商民主模式可能证明一党制国家也能带来一定程度的公众合法性。如果中国的协商民主制度走向成功，许多发展中国家将兴奋地接受这一民主的新模式。"因此，中国模式的成功，将使世界上许多发展中国家认识到，西方世界所鼓吹的自由民主资本主义模式并不是他们必须要选择的唯一

---

① Donald J. Trump, "National Security Strategy of the United States of America", The White House, December 2017, p. 25. https://www.whitehouse.gov/articles/new-national-security-strategy-new-era/.

② 《世界在向中国献媚》，《瞭望东方周刊》2010 年第 3 期。

③ Eric X. Li, "The Life of the Party: The Post-Democratic Future Begins in China", Foreign Affairs, January/February 2013, Vol. 92, No. 1, pp. 34–46.

道路。马来西亚前总理马哈蒂尔说，西式的民主已被证明是一种"失败"的意识形态。而中国模式却证明不采取西方的民主制度也可以使人民过上好日子。南非前总统姆贝基曾在一篇文章中指出，中国模式也可以适用于非洲。① 巴西企业家、外交家和教授特罗伊霍认为，"拉美人可以从中国的成功中所吸取的经验是，为争取形成一种适合本国特点的可持续经济发展模式，让一代或者两代人作出牺牲也是值得的。"② 照此下去，全球化将不再是"美国的全球化"，而是"中国的全球化"，中国模式的出现打破了美国按照自己的意图绘制世界经济政治版图的愿望，而事实可能是中国将以自己的模式重塑世界。澳大利亚《悉尼先驱晨报》网站一篇文章指出："中国崛起的成功，使我们的体制受到了严峻挑战。中国的成功使有关民主自由的想法相形见绌，中国模式已经成为强有力的替代模式"。当前，越来越多的发展中国家将目光转向中国，如果西方国家不能应对这一挑战，世界的未来将属于中国。因为对于许多发展中国家来说，"中国模式就是冷战后的最佳希望。"③

第三，中国模式甚至会改变资本主义的某些特质。对于一些西方学者来说，中国模式不仅是对自由资本主义理念的挑战，甚至在某种程度上改变了资本主义的某些特质。中国模式的出现，代表了一种新型的资本主义，这种新型资本主义正在与自由民主资本主义争夺资本主义的未来。《观察者》杂志一篇文章指出，鉴于中国模式在经济上的成功，一些西方国家"担心自己的经济被中国超越，开始模仿中国的社会威权主义"④。有学者把中国模式称为国家资本主义模式，并认为这一模式将代表资本主义的未来。"如果美国有史以来第一次选择怀旧，坚持固有的意

---

① Peter Hartcher, "Booming China model has its ups and downs for others", *Sydney Morning Herald*, November 16, 2010. http://www.smh.com.au/opinion/politics/booming-china-model-has-its-ups-and-downs-for-others-20101115-17ual.html.

② 《"中国模式"具有特定性》，《国际先驱导报》2004年7月2日第7版。

③ Peter Hartcher, Booming China model has its ups and downs for others, Sydney Morning Herald, November 16, 2010. http://www.smh.com.au/opinion/politics/booming-china-model-has-its-ups-and-downs-for-others-20101115-17ual.html.

④ Ross Clark, "China's new political model", *The Spectator*, Vol. 312, No. 9465, 2010, pp. 16-17.

识形态，而不是务实和进步主义，那么未来占主导地位的新经济模式就不会是基于西方价值和美国领导的民主资本主义的产物，而是一种带有威权色彩，启发自亚洲价值，由国家引领的资本主义。资本主义的新模式或许就像当今世界如许多其他事物一样，带有'中国制造'标签。"①

在这些学者看来，"中国制造"的最主要成分就是国家干预，国家要变得更有效率。2008年开始的国际金融危机让一些西方国家开始反思，"如果市场力量连住宅抵押贷款融资这样简单的事情都做不好，那么，我们能否将恢复并维系充分就业，减少全球不平衡，阻止环境遭受破坏，为一个没有化石燃料的未来做好准备等等重任放心地交付于市场之手呢？"美国之外的一些国家给出的答案显然是否定的。因为，"中国的经济政策如今被其他亚洲国家奉为圭臬。在此背景下，日本面临一项极其严峻的抉择：是支持美国对中国的批评意见——中国正在人为地压低人民币汇率，还是效仿中国的做法？日本最终选择追随中国，即使这样做将惹恼美国人——这一选择意味深长。"一些发达资本主义国家也越来越认识到，"市场投资者往往是短视的，没有反映被广泛认同的社会目标，有时甚至犯下灾难性错误。因此，在有些时候，政府必须精心塑造市场动机，以实现由政治，而不是市场自身确定的目标，其中包括金融稳定、环境保护、能源独立及减轻贫困。"所以，必须重新重视政府的积极作用，重视提升政府的效率。因此，"在美国之外现在存在着一个坚定的信念：全球资本主义的某种最新版本必须逐渐演化，进而取代经济学家约翰·威廉姆森所称的'华盛顿共识'。"② 而这种演化的方向或者说目标就是中国模式。阿里夫·德里克也认为，"中国式资本主义话语也许对原本占主导地位的欧洲中心主义的资本主义概念提出了挑战，但它本身并没有取代资本主义，而是在资本主义的范畴内提出并代表了一个更好、

---

① Anatole Kaletsky, Blaming China Won't Help the Economy, The New York Times, September 26, 2010. http：//www.nytimes.com/2010/09/27/opinion/27kaletsky.html?pagewanted=all.

② Anatole Kaletsky, Blaming China Won't Help the Economy, The New York Times, September 26, 2010. http：//www.nytimes.com/2010/09/27/opinion/27kaletsky.html?pagewanted=all.

更有秩序的可能选项。"①

不过，也有一些学者认为，中国可能成为亚洲或其他民主国家的地缘政治威胁，这可能使民主国家更加难以推动政治自由化和人权事业，但几乎没有证据表明中国模式或北京共识对西方民主带来系统性威胁。因为对众多美国和非美国报纸文章的定性分析表明，对中国威权主义资本主义政治经济发展模式扩散的担忧似乎被夸大了，尤其是北京既没有对其发展模式提出任何普遍性的主张，也没有积极寻求将其发展模式输出到其他国家。② 而且，也有学者指出，尽管中国在没有实现民主化的条件下实现了经济的快速增长，但这并不能持久，因为"在经济发展取得成功时民主化可能会推迟，但发展中国家最终和不可避免的衰退需要在将来的某个时候实行更大的民主改革。这意味着，无论是新加坡模式还是北京共识，都不能为任何发展中国家提供长期战略。"③ 因此，以美国为首的西方国家并不需要担心中国模式对西方自由民主资本主义的威胁，中国模式不过是世界走向自由民主资本主义长途旅行中一个独特的小站，尽管别有特色，但并非旅行的终点，世界仍然将走向福山所指出的"历史的终结"。

（二）中国模式为西方社会克服危机提供了借鉴

除了对自由资本主义构成了挑战以外，一些学者从另外的角度出发，认为中国模式为西方社会的发展提供了借鉴。有助于自由资本主义克服自身存在的问题，不断完善自由资本主义发展模式。因为中国模式的出现，"西方自由主义治理模式目前正面临越来越大的压力，要求它们表现得更好，并重申其合法性"，"西方以市场为基础的民主国家的吸引力和

---

① [美]阿里夫·德里克：《跨国资本时代的后殖民批评》，王宁等译，北京大学出版社2004年版，第275页。

② Thomas Ambrosio, "The rise of the 'China Model' and 'Beijing Consensus': evidence of authoritarian diffusion", *Contemporary Politics*, Vol. 18, No. 4, December 2012, pp. 395 – 397.

③ Stephan Ortmann, "The 'Beijing consensus' and the 'Singapore model': unmasking the myth of an alternative authoritarian state capitalist model", *Journal of Chinese Economic and Business Studies*, Vol. 10, No. 4, P. 356.

表现需要改进,以恢复西方模式的吸引力"①。

自由资本主义能够从中国获得的借鉴最主要的就是一定范围内的国家干预,特别是2008年国际金融危机发生以后,西方国家把更多目光转移到中国的国家干预上来,认为正是中国政府的适当干预,才使中国能够在这一次的金融危机中获得较强的免疫能力,几乎没有受到多少危机的影响。有学者指出,中国在2008年国际金融危机发生后之所以没有像其他几大经济体那样发展缓慢,反而强劲增长,并不是因为在中国没有自由市场、国家篡改统计数字、操纵股票市场、在一些重要领域限定价格、拥有一些重要战略部门、掌控银行的关键岗位以控制贷款等,真正的原因是中国在通常情况下的国家干预能力,包括限制外资投资银行业、隔离来自国外的金融创新等,而这些正是这次国际金融危机的主要原因。② 中国的这种成功对一些发达国家产生了较大的影响。日本前经济财政大臣竹中平藏认为,金融危机后中国的政策选择已在很大程度上影响到其他亚洲国家,包括韩国、日本,现在它们都开始效仿中国的"国家资本主义"模式。然而这次金融危机后,日本、韩国等受中国的影响,这些国家又重新支持国家干预、支持国家资本主义。竹中平藏还列举了日本和韩国的一些具体举措,进而说明中国模式对日本和韩国的影响。他指出,在日本,已经被私有化的邮政业又要恢复国有,政府融资的作用也正在被看重。快要倒闭的日本航空公司也受到了政府的财政支持,并且这种做法将来也许会越来越普遍。类似的是,虽然许多亚洲国家已有主权财富基金,但韩国政府还是创立了一种新型基金来为建筑行业提供支持。③ 这些都说明,中国模式不仅对发展中国家有借鉴意义,而且对那些坚持自由资本主义理念的发达国家也有重要启示。金融危机发生后的2009年,一些西方主流媒体从正面大篇幅报道中国模式,像《纽约时报》《金融时报》《新闻周刊》《华盛顿邮报》《时代周刊》《外交》杂志

---

① Sebastian Heilmann, *China's Political System*, Rowman & Littlefield, 2017, pp. 424, 426.
② Rana Foroohar, "Why Chinese Capitalism Still Works", *Newsweek*, Vol. 153, No. 3, 2009, p. 25.
③ [日]竹中平藏:《中国三大变化决定亚太地区未来》,《国防时报》2011年3月23日第11版。

等,都对中国模式进行了大量的报道,指出目前西方应更全面、多视角地看待中国模式。这些西方主流媒体之所以提出要更加客观全面地看待中国模式,是因为除了强调中国模式对自由资本主义模式的冲击之外,也希望能从中国模式中汲取对自由资本主义发展有益的因素。除了适度的国家干预以外,也有学者认为,西方国家应该从中国模式中学习如何处理效率与公平的关系问题。高盛公司顾问拉马认为,西方的发展模式一直以来更强调效率,却忽视了公平,进而导致了许多社会问题,而中国模式则比较好地解决了这个问题。他认为中国模式可以用汉字"淡"来解释,正如"淡"字融合了水和火一样,中国式的发展试图完美地实现"效率"与"公平"这两种截然相反的价值。① 美籍华裔学者李安(Ann Lee)认为,尽管中国模式并不是完美无缺,但对于一些发达国家来说确实具有一些借鉴意义。她甚至提出,美国要解决现在所面临的困难和挑战,需要借鉴中国的一些理念,并把这些理念美国化。因为"借鉴中国的一些最佳做法可能有助于美国缩小我们当前的现实与我们所宣称的民主理念之间的差距"。她还指出,西方国家总是固执地认为中国所代表的价值观与西方不同,从而忽视了中国一些可以用来推动西方经济社会发展的理念和原则。②

(三) 中国模式是自由资本主义在发展中国家成功的"例外"

还有另一部分学者认为,中国模式并没有挑战自由资本主义的价值理念,相反,却证明了自由资本主义的成功,中国模式是自由资本主义在发展中国家成功的例外。"中国的成功应归因于自由资本主义的引入,并不存在一个通过政府干预成功刺激经济增长的中国模式。"③ 因此,中国模式不会打破美国主导的国际经济秩序,中国模式既不代表一种新的社会主义发展模式,也不代表一种新的资本主义发展模式,中国模式的

---

① 方展文:《"中国模式"举世瞩目》,《海外经济评论》2009 年第 16 期。
② Ann Lee, *What the U. S. Can Learn from China*, Berrett - Koehler Publishers, Inc., 2012, pp. 7, 14.
③ Kenli Schoolland, "The China Model: Is It A Golden Formula?" *Economic Affairs*, Vol. 32, No. 2, 2012, p. 88.

成功得益于中国在美国主导的国际秩序下合理地利用了自由资本主义的一些核心理念。持这一类观点的主要代表是耶鲁大学终身教授陈志武。

陈志武指出:"中国过去32年的经济快速增长,相当程度上恰恰说明了'华盛顿共识'在中国得到了验证。"华盛顿共识是美国为发展中国家逐步走向自由资本主义规划的发展蓝图,中国模式实际上再一次证明,华盛顿共识在中国真正得到了"共识"。在陈志武看来,根本没有所谓的"北京共识",他指出:如果说北京共识很伟大的话,那么1978年以前那个时候的中国模式应该比现在方方面面会更强,但是为什么要改变呢,之所以要改革就是因为以前的模式不是一个能够促进经济发展,更不能让全社会的人们生活有福利的一个制度架构。我们看到过去的三十几年,随着政府的行政权力从经济领域退出,退出的越多,整个经济活力和大家的财富增加的就更多,这个恰恰说明华盛顿共识开的那些药方,至少对中国来说起到了解放人的创造力、解放人的活力这样一个作用,中国的经历恰恰证明了华盛顿共识的有效性。① 中国的快速发展是"自由"的奇迹,不是"大政府主义"的奇迹。② 陈志武的这一观点也得到了一些学者的认同,在一些学者看来,中国能够成为一个经济大国是拥抱自由市场和全球化的直接结果,中国的改革或许是历史上市场资本主义的最大规模的一次试验。③

陈志武认为,所谓的中国模式并不构成对自由资本主义的挑战,他认为中国为什么在没有建立自由民主资本主义制度的前提下实现了经济的快速发展,主要是由于这样几个原因。

一是改革开放以后中国快速发展的原因在于很好地利用了后发优势。陈志武指出:"中国过去三十年改革开放的成就,相当程度上是通过模仿、通过引进非常成熟的技术,让中国能够比原来更加充分地利用廉价

---

① 陈志武:《未来不需"摸着石头过河"》,http://news.hexun.com/2010 - 12 - 17/126257794.html。
② 陈志武:《没有中国模式这回事》,八旗文化2010年版,第24—25页。
③ Lifen Zhang, Memo from Beijing: China model has lost all its luster, Finacial Times, March 16, 2012. http://www.ft.com/intl/cms/s/0/4bbc289a - 6d03 - 11e1 - a7c7 - 00144feab49a.html#axzz1pk6COrFC。

劳动力，变成世界工厂而取得的。""正是因为通过模仿可以让中国发展得这么快，这么短时间的发展总量这么大，这个从经济学角度来说，有的时候来得太容易的话容易让人产生一种错觉，感觉所有的成就都是因为自己，而不是外面提供的，不是别人做了很多基础性的发展，也不是世界贸易秩序上的逐渐建立贡献给中国的结果。"① 在陈志武看来，中国的成就是以西方资本主义的发展为前提的，中国之所以如此引人注目，在于它站在了自由资本主义巨人的肩膀之上。

二是中国的快速发展得益于美国确立并主导的新的国际秩序。中国之所以能够顺利地通过模仿西方而发展自己，还在于有一个美国确立并主导的国际秩序。因为"如果把现在的改革开放重新放到19世纪晚清所处的世界秩序的背景中，那么我们是否也能看到这么巨大的经济成功呢？答案肯定是'不能'"。因为，中国没有足够强大的用来推动对外贸易和保护自己的军队。1978年以后的中国之所以能够如此成功，在于美国所主导的这个新的国际秩序并不需要强大的军队来推动对外贸易，进而大大降低了外贸交易的成本，并且在这样的国际秩序下，全球化为中国的发展提供了庞大的国际市场。所以，陈志武认为，中国的经济成就至少包括两方面的主要原因，除了上面提到过的西方资本主义国家工业革命后发展起来的工业技术，还有一个就是有利于自由贸易的国际秩序。在他看来，中国改革开放的贡献主要在于"让中国加入了起源于中国之外的世界潮流，让中国搭上了全球化的便车。后发之所以有'优势'也在于这种'便车'已经存在"②。陈志武进而认为，中国的发展不会打破当前由美国主导的国际秩序，因为中国是这一现存秩序的最大受益者。

三是中国的劳动力优势。对于其他发展中国家来说，同样拥有后发优势、有一个有利于发展自由贸易的世界秩序等，为什么独有中国发展如此迅速呢？陈志武认为，除了上述条件以外，中国还拥有其他国家所不具备的独特优势，即中国的劳动力优势。这种劳动力优势既体现在数量上，也体现在素质上。陈志武指出："一个别国少有的强劲要素就是中

---

① 陈志武：《没有中国模式这回事》，八旗文化2010年版，第30—31页。
② 陈志武：《没有中国模式这回事》，八旗文化2010年版，第52—53页。

国的劳动力发挥了作用，不仅有大量年轻人，而且由于文化和历史的原因，中国人特别吃苦耐劳，能够忍受的劳动时间之长和劳动条件之艰，都远超过其他国家。""中国人愿意工作的时间不仅远超过美国、印度，甚至远远超过日本。这个强劲的因素弥补了中国在市场体制发育不足方面的缺陷，拉动了经济增长。"① 所以，其他发展中国家没有能够发展起来，独有中国取得快速发展，并不构成对自由资本主义制度的挑战。何况在陈志武看来，中国的劳动力优势之所以能够弥补制度的不足，是因为中国当前发展的主要是加工制造业，而加工制造业不需要太高的制度保障，而中国将来必然要产业升级，发展服务业，到那个时候，中国就必须像西方国家一样，建立自由民主制度，否则，将会因为高昂的制度成本而限制中国进一步的发展，所以，中国最终不但不会挑战自由资本主义，反而会走向自由资本主义。也可以说，所谓的"中国模式"并不是对"历史的终结"的终结，而是对"历史终结论"的再一次印证。

（四）客观认识中国模式对资本主义的影响

关于中国模式对自由资本主义的影响，国外学者特别是西方学者从不同角度进行了深刻分析。这些分析有的比较客观实际，有的则带有明显的偏见，还存在种种问题。

首先，西方学者在谈到中国模式对资本主义的影响时，从来都没有从这样一个角度出发，即认为中国模式代表一种新型的社会主义发展模式，对资本主义带来挑战。他们都是把中国模式看作另一种资本主义的模式，对自由资本主义构成了挑战。他们都否认中国模式的兴起代表着世界社会主义运动的复苏。他们依然把市场经济、自由贸易等看作是资本主义的专利，而把宏观调控、国家干预看作专制主义。

其次，在强调中国模式挑战自由资本主义自由民主理念的同时，总是否认中国的民主。在西方学者看来，中国模式推翻了经济发展与政治进步相互推动的基本逻辑，因为中国在政治压制的前提下实现了经济的增长，并且经济的增长也没有能够推动民主的进一步发展。其实，这是

---

① 陈志武：《没有中国模式这回事》，八旗文化2010年版，第28—29页。

一种片面的看法。经济与政治相互促进，是社会发展的基本规律，中国模式并没有突破这一规律。中国在实现经济不断增长的同时，民主政治建设也取得了很大的成就。人民代表大会制度不断完善，基层群众自治制度成为一项基本政治制度，确立了依法治国的基本方略等，这些都是伴随经济增长而出现的民主政治的进步。但西方学者总是以西方的民主为标准看待中国的民主政治改革。在他们看来，中国的政治改革必须走西方国家的政治发展道路，像多党制、分权制衡等，否则就不是民主。这是一种非常主观的判断。客观来说，经济的发展与政治的进步虽然联系紧密，但经济和政治的发展进步还要受到很多因素的影响。西方的民主政治体制之所以相对完善，是西方发达国家两百多年经济现代化的结果。中国的经济虽然在改革开放后快速发展，但毕竟至今也不过三四十年的时间，不能苛求如此短暂的经济现代化历程一定能带来政治的完全现代化。中国政治体制的不断完善还需要一个长期的过程，并非仅仅是经济总量达到多少，人均国内生产总值达到多少等这些数字和指标所能决定的。

最后，他们在分析中国模式所带来的挑战时，刻意突出中国模式所带来的威胁。认为中国模式将给资本主义带来有益的借鉴，甚至是克服资本主义的某些弊端的只是很少一部分学者。在大多数研究中国模式的学者看来，中国模式带来的更多是挑战和威胁。因此，他们在分析中国模式对资本主义挑战的同时，也在不知不觉中宣扬了"中国威胁论"，甚至是"中国模式威胁论"，例如，他们认为资本主义在将来不可避免地会带上"中国制造"的标签，把中国称为"全球独裁主义冠军"等。

那么，究竟我们应该如何看待中国模式对资本主义的影响呢？首先，中国模式代表着一种新的社会主义发展模式，它在价值理念上与资本主义是格格不入的，所以，中国模式的兴起必然对资本主义带来冲击。中国模式从某种意义上代表着新的社会主义运动的重新兴起，是冷战以后资本主义所面临的最大挑战，苏联模式刚刚被击溃，一个新的中国模式破土而出。"'新东方'已取代'旧东方'"，中国模式使"东欧和苏联的共产主义衰亡以来西方首次面对制度层面上的根本性挑战"①。其次，不能回避的是，中国模式的形成确实对自由资本主义的一些理念提出了挑战。正如一些学者所言，中国模式的一个最主要的特征就是国家干预，而这正是自由资本主义所抵制的，但是，自由的西方世界日益走向沉沦，而采取国家干预的中国却正冉冉升起，这不能不被看作对自由资本主义的一个沉重的打击。"鉴于经济政策制定的许多西方模式日趋式微，我们有必要放下过去那些常规的解释说明，重新思考常规以外应对经济变迁的方式，比如从中国的发展经验中汲取经验教训。"② 中国模式的兴起为第三世界国家提供了新的选择，打破了西方国家"历史终结于自由资本主义"的美梦。德国学者罗尔夫·贝特霍尔德2003年5月在《我们的时代》周刊上发表的《中国2003——迈向社会主义道路》中说，当今的资本主义越来越明显地暴露其无能，在经济发展速度不断加快的同时，它已无法解决日益严重的全球性问题，如越来越多的国家发生社会劫难、暴力，南北之间的鸿沟加深，环境遭到破坏等，因此，国际社会越来越期望塑造一个资本主义的对立面，中国的重要意义正在于此。③

二 中国模式对于发展中国家的重要意义

中国模式对发展中国家的重要意义也是国外学者研究中国模式的一个重要缘由。除了关注中国模式对自由资本主义带来的冲击之外，国外学者最为关注的就是中国模式对发展中国家将会产生什么样的影响，因为这种影响直接关系到其他发展中国家与发达资本主义国家之间的关系。这其中包含着一些学者对中国模式对发展中国家所带来的影响的担忧。布热津斯基曾经忧心忡忡地指出："如果中国以其10亿人口，能够成功地建设一个政治上可行、从全社会来看又比较富足的国家，它必然日益

---

① 《外媒：欧洲切忌将中国妖魔化或理想化》，环球网，2011年3月18日，https://world.huanqiu.com/article/9CaKrnJqAuH。

② Sebastian1 Heilmann, "Maximum Tinkering under Uncertainty: Unorthodox Lessons from China", *Modern China*, Vol. 35, No. 4, 2009, p. 451.

③ 徐崇温：《国外有关中国模式的评论》，《红旗文稿》2009年第8期。

成为全球主义的焦点，不论它是否希望如此。那些急不可待地想寻求适合本国样板的较贫穷的国家必然对中国趋之若鹜，即使中国不从意识形态角度阐述和宣传中国模式的意义。"①

关于中国模式对发展中国家的影响和意义，在国外学者中间也有不同的看法。一些学者认为，中国模式为苦苦寻求快速发展的落后国家提供了一条可供模仿的发展道路。也有学者认为，中国模式由于自己的特殊性，尽管不能被其他发展中国家所模仿，但仍提供了许多可资借鉴的发展经验。还有学者认为，中国模式存在种种问题，且具有自身的独特性，所以既不能被其他发展中国家所模仿，也不能为他们提供什么可供借鉴的经验，中国模式根本就没有什么实际意义。

（一）中国模式是可供模仿的"现实方案"

在一些学者看来，中国模式最重要的意义就在于为其他发展中国家提供了一条可供模仿的发展道路。20世纪80年代末，一些发展中国家把华盛顿共识作为指导本国经济社会发展的指导方针，但是，华盛顿共识并没有能够使这些发展中国家改变其落后的面貌，相反，却使很多国家陷入了经济社会发展的泥潭而停滞不前，这些发展中国家不得不重新寻找能够被效仿的发展模式。而北京共识的提出，让许多发展中国家看到了期待许久的光明。北京共识或中国模式成为华盛顿共识之后发展中国家可以效仿的新的发展模式。正如马克·莱昂纳德所指出的那样，对于广大发展中国家来说，"一种新的对世界的见解正在形成，并可发展为广受认可的中国模式——一条可选择的、非西方的道路，供世界上的其他地区加以仿效"②。

一些学者认为，目前世界上已经有许多发展中国家正在效仿中国模式。例如，从伊朗到埃及，从安哥拉到赞比亚，从哈萨克斯坦到俄罗斯，从印度到越南，从巴西到委内瑞拉，这些中等收入和贫穷国家的一些研

---

① ［美］兹比格涅夫·布热津斯基：《大失控与大混乱》，潘嘉玢、刘瑞祥译，中国社会科学出版社1994年版，第205—206页。

② 康慨：《马克·莱昂纳德：中国在想什么》，《东方早报》2008年3月5日第C07版。

究团体都在中国的城市和乡村穿行,以寻找北京的经验,理解中国模式。这些国家邀请中国专家为他们讲课。世界上有几十个国家都在复制中国模式,一大批模仿中国的经济特区在世界各地建立起来。①

中国之所以成为发展中国家效仿的对象,源于中国模式对广大发展中国家的强大吸引力。这种新引力体现在许多方面,恩里克·凡胡尔认为,对于其他许多发展中国家来说,中国模式具有非常大的吸引力。因为一方面,中国经济快速发展,民生大幅改善,成功利用了大量外资。这是很多发展中国家希望效仿中国模式的一个原因。另一方面,中国在进行经济改革的同时又保持了政治和社会的稳定。这也是吸引发展中国家的一个原因,许多发展中国家都因为改革引发了社会动荡,这种情况在中国并没有发生。在一些学者看来,中国模式的许多方面都值得发展中国家模仿。新加坡《海峡时报》一篇文章的标题就指出,"中国模式"他国可以效仿。虽然表面上看,中国模式难以让那些没有这样实行政治专制的国家采用。但如果仔细分析,其实中国的许多经验都可以让其他国家模仿。这些可供模仿的方面包括政府主导、渐进改革、对内改革与对外开放相结合等。文章指出:"对其他国家打开发展之门来说,所有这些中国模式的关键因素都可能证明是有效的。"② 经济学家霍米·哈拉斯则明确指出,中国模式值得效仿,他认为:"数十年前,日本、德国和韩国向全世界展示了如何根据基于出口制成品的战略来发展经济。中国的崛起很可能会给出一个同样令人信服的例子,说明开放的经济制度如何能够促进经济飞速发展。对于发展中国家而言,这值得效仿而无须心存恐惧。"③

之所以有学者认为中国模式为发展中国家提供了一条可供效仿的道路,是因为这些学者对中国模式认识的片面性,只看到中国模式的优势所在,而忽视了中国模式存在的问题。还有一些学者则模糊了"效仿"

---

① Mark Leonard, "China's new intelligentsia", Prospect, Vol. 23, No. 144, 2008, pp. 26 – 32.
② 《"中国模式"他国可以效仿》,《金融博览》2009 年第 13 期。
③ Homi Kharas, "Lifting All Boats: Why China's Great Leap Is Good for the World's Poor", Foreign Policy, Jan/Feb 2005, No. 146, p. 56.

和"借鉴"的概念,把"借鉴"说成是"效仿",表面上是抬高了中国模式的意义,实际上是否定了中国模式的意义,因为根本不存在任何一种可以效仿的模式。另外,有学者把"借鉴"说成"效仿",不能排除其宣扬"中国模式威胁论"的险恶用心,因为,这直接导致中国模式与西方发展模式的对立,实际上是在宣传"中国威胁论"。当然,一些学者强调中国模式可供效仿的意义,在于雷默在《北京共识》中强调北京共识是对华盛顿共识的否定。雷默指出,北京共识的吸引力很大一部分来源于其对华盛顿共识的对冲作用,华盛顿共识为发展中国家规划了发展的蓝图,那么替代华盛顿共识的北京共识自然也就有了相应的意义。总的来说,认为中国模式为发展中国家提供了一条可供效仿的发展道路的观点的学者,只是国外研究中国模式学者中的少部分,多数学者还是认为,中国为发展中国家提供的更多的是可资借鉴的经验或教训。其实,这些认为中国可以作为发展中国家实现快速发展的榜样的观点,也并不能成为中国模式可以被效仿的理由。从中我们能够得出的结论,实际上还是中国提供的主要是经验,而不是真正的可供模仿的道路。

(二) 中国模式提供了可资借鉴的经验

大多数国外学者认为,中国模式不能被简单模仿,主要是为发展中国家提供了可资借鉴的经验。甘斯德指出:"就像在其他很多国家已经被证明的那样,并没有一个经济成功的公式,在中国证明有效的模式不能直接照搬到其他的环境中,那些盲目照搬中国政策的国家,将会发现他们和当年毫无保留地采纳华盛顿共识的国家处在相同的境遇中,最终会被国内的政治经济危机所挫败。"[1] 雷默虽然把中国模式称为"北京共识",也强调它有一定的普世性,但这种普世性更多是指中国的经验可以被借鉴,而不是被简单模仿。

中国模式提供给发展中国家的,第一,其中的一些可供借鉴的具体经验。恩里克·凡胡尔指出:"关于中国发展道路可以作为其他国家另一

---

[1] Scott Kennedy, "The Myth of the Beijing Consensus", *Journal of Contemporary China*, Vol. 19, No. 65, 2010, p. 477.

种选择的想法已经被排除,但中国经验仍有许多可以借鉴的地方。具体有以下几点:(1)循序渐进和谨慎的经济和政治改革政策;(2)自由和对外开放的经济政策。明确依靠市场和私有化,参与国际竞争,遵守国际规则;(3)保持强势政府,通过多种渠道积极管理国内事务。"① 在恩里克·凡胡尔等一些学者看来,正是这些经验使中国在过去40多年的时间里取得了快速发展和巨大进步,这些经验虽然在中国的实践中获得,对其他发展中国家仍然适用,就像雷默所说的那样,中国模式具有一定的普世性。一些印度学者也认为,中国崛起的一些政策经验同样适用于印度。包括制定适合本国国情的对外开放政策、与邻为善的周边外交政策、根据国情稳步推进政治改革等。这些经验都对印度有吸引力,而印度目前也正在仔细琢磨"中国模式",以期探索出一条"印度特色"的发展之路。②

第二,中国为发展中国家积极参与全球化树立了榜样。在由发达国家主导的国际经济秩序下,对于许多发展中国家来说,在参与全球化的过程中很容易沦为发达国家的附庸,而失去独立自主的地位,而中国在独立自主基础上参与全球化的经验被一些发展中国家重视。有学者认为:"尽管中国在面对全球化的过程中遇到了一些问题,也没有提供一个可以模仿的模式,但这是一个令人信服的例子,它体现了中国自主的转型、希望和自信,以及很大程度上的自我决定。在其他情况下,中国的叙述引发了一个问题:如何在新自由主义全球化的范围内为发展书写新的剧本。"③ 墨西哥《每日报》一篇文章指出:"中国严格按照自己的发展速度融入全球化进程,让各跨国企业服务于它的发展模式,并没有让全球化成为国家自身发展的威胁"。④ 所以中国模式的意义不单是如何发展自

---

① [西班牙]恩里克·凡胡尔:《"北京共识":发展中国家的新样板?》,新华网,2009年8月20日,http://news.xinhuanet.com/world/2009-08/20/content_11914758.htm。

② 《印度借鉴"中国模式"》,《环球时报》2004年4月28日第7版。

③ James Ames H. Mittelman, "Globalization and Development: Learning from Debates in China", *Globalizations*, Vol. 3, No. 3, 2006, p. 377.

④ [墨西哥]劳拉·阿莉西亚·加林多:《21世纪是中国世纪》,转引自徐崇温《中国特色社会主义道路的世界意义》,《中国特色社会主义研究》2009年第4期。

身经济的问题，同时还包括如何在本国政治独立性不受影响的情况下融入全球经济中去。

第三，中国模式内在的务实主义思想也为发展中国家的发展提供了许多思路。一些学者指出，中国模式虽然非常独特，不能被模仿，甚至都不能提供某些具体的经验。但中国模式毕竟为发展中国家提供了一条不同于"华盛顿共识"的道路。一些学者指出："由于中国发展道路的独特性，其他发展中国家无法复制，但可借鉴中国模式背后务实主义的哲学思想和根据自身国情探寻发展道路的基本思路。"① 例如，在开始国家发展进程和选择具体战略时，应当"遵循渐进和务实的战略，而不是采用休克疗法"②。

第四，中国模式的成功，增强了发展中国家实现快速发展的信心。"对非洲、拉丁美洲和亚洲的许多国家来说，这种把市场经济自由化与专制统治结构相结合的发展模式是除西方自由民主模式之外的另一种有吸引力的选择。"③ 当这些发展中国家不得不接受华盛顿共识所带来的苦果时，他们也许还不至绝望，因为在这样一个关键时刻，中国模式的出现让这些国家突然有了柳暗花明的感觉，让他们又有了一种新的可以参考的选择。季塔连科甚至指出："中国成为当代世界发展的灯塔，使许多发展中国家看到了希望和前进的方向。中国的成功具有巨大的国际意义，让人们有信心去解决本国的问题，许多人说：'应该以中国为榜样！''中国能办到的事，我们为什么办不到？'"④

否认中国模式可以被模仿，但承认中国模式对发展中国家具有借鉴意义，这些观点相对是比较客观的，既看到了中国模式的特殊性，也看到了中国模式具有一定的普世性。事实上，任何一种模式都不可能被模仿，而只能提供一些可供借鉴的经验。雷默在后来接受记者采访时，就

---

① 李玉：《从外媒热议"中国模式"》，《中国改革报》2009年9月29日第4版。

② Christian Ploberger, "China's reform and opening process: a new model of political economy", Journal of Chinese Economic and Business Studies, Vol. 14, No. 1, 2016, p. 84.

③ 《外媒：欧洲切忌将中国妖魔化或理想化》，环球网，2011年3月18日，https://world.huanqiu.com/article/9CaKrnJqAuH。

④ 《中国找到一条符合国情的发展道路》，《光明日报》2009年9月16日第5版。

一些学者对"北京共识"的误读做出了解释。他指出:"当我们说中国模式可以被其他国家所效仿时,我们必须分外谨慎。我说的可以为别国效仿,并非指中国的经济或政治模式可以被别国复制,我的意思是,中国的创新及按照自身特点和想法寻求发展的模式,值得其他国家仿效。这一点对于任何国家都至关重要,而且也唯有如此别无他途。"①

客观来说,中国模式对发展中国家的重要意义在于一方面确实能为发展中国家提供某种借鉴,包括独立自主地参与经济全球化,正确处理改革发展稳定的关系等;另一方面,中国模式能够提供给发展中国家的也许是它让发展中国家多了一种选择,特别是在资本主义遭遇严重危机的时刻,中国模式为其他发展中国家的人们提供了新的发展思路。正如季塔连科所说,"说中国的经验具有国际意义,并不是要简单地重复中国的经验,而是为其他国家的人民提供了思索的源泉"②。里金钠·艾布拉米认为:"中国改革开放三十年,实现了经济发展,保持了社会稳定,这对众多的发展中国家非常具有吸引力。虽然这些发展中国家与中国国情有所不同,'中国模式'也许不完全适用,但'中国模式'的出现毕竟为他们提供了一条不同于西方国家和世界银行、国际货币基金组织所倡导的发展道路,值得他们思考。"③ 所以,中国模式对发展中国家还是具有重要的借鉴意义,但需要强调的一点是,承认中国模式对发展中国家有借鉴意义,不是意味着我们要输出中国模式。

(三) 中国模式既不能被模仿,也毫无借鉴意义

也有一些学者认为,中国模式对发展中国家来说,既不能被模仿,也不具有任何借鉴意义。在这些学者看来,中国模式不能被模仿,是因为中国模式太独特了,令其他发展中国家难以效仿,中国模式不能被借鉴,是因为中国模式还存在太多的问题,根本就不值得其

---

① 雷默:《在"北京共识"下"共同进化"》,《国际先驱导报》2010年4月26日第20版。
② 《中国找到一条符合国情的发展道路》,《光明日报》2009年9月16日第5版。
③ 《"中国模式"挑战传统理论》,人民网国际频道,2009年5月7日,http://world.people.com.cn/GB/1030/9259260.html。

他国家去借鉴。

中国模式的独特性表现在很多方面,而这些方面是其他发展中国家都不具备,也是不可能通过努力去获取的,因此中国模式不能被效仿。如一些学者所言,尽管人们用不同的话语谈论"中国模式",但从可以模仿复制这个意义上说,根本不存在一个所谓的"模式"。因为中国的规模以及历史发展轨迹,都是独一无二的。[①] 弗朗西斯·福山也指出:"对于很多国家来说,中国所代表的发展模式是非常难以复制的。因此,中国发展模式似乎并不可能成为一种普遍发展模式。"[②] 也有一些学者认为,中国模式是令许多发展中国家追捧的快速致富的方案,这些国家包括伊朗、叙利亚、越南甚至巴西、南非等,但只可惜这些国家没有一个能够具备中国的独特的条件,包括中国独特的政治体制、巨大的市场、丰富的劳动力资源等。所以,中国模式只属于中国自己,对于其他国家来说,并没有什么实质意义。

具体而言,中国模式不能被模仿的原因有很多。首先,其他发展中国家没有中国那样的根深蒂固的政治传统,而中国模式如果脱离了这种政治传统,根本就不会产生。理查德·麦格雷戈指出,虽然很多发展中国家都羡慕中国。但仔细研究一下中国模式就会发现,要想复制它显然不是那么简单的。因为大多数发展中国家都没有中国的官僚体制深度和传统(depth and tradition),也没有中国共产党政党结构所形成的那种调动资源和控制人事的能力。[③] 其次,绝大多数发展中国家不具备中国那样丰富而又廉价,却有着较高素质的劳动力资源,这些是使中国能够成为世界工厂的重要因素。所以,有学者指出,立足于变成世界工厂的中国经济发展模式,在很大程度上是在中国领导人意识到本国的特殊优势,并从解决国内特定问题的必要性出发的条件下制定的。因此"那些不具

---

① Minglu Chen & David S. G. Goodman, "The China Model: one country, six authors", *Journal of Contemporary China*, Vol. 21, No. 73, 2012, pp. 180 – 181.

② 俞可平、弗朗西斯·福山:《全球化、当代世界和中国模式》,《北京日报》2011 年 3 月 28 日第 19 版。

③ R. McGregor, "5 myths about the Chinese Communist Party", *Foreign Policy*, No. 184, January – February, 2011, pp. 38 – 40.

备大量廉价劳动力和发展工业的可能性的国家不可能复制中国模式"①。所以,到目前为止,人们普遍认为只有越南比较成功地复制了中国模式。再次,就是中国模式的文化因素,要复制中国模式,需要有和中国相似的文化环境。莫斯科大学亚非国家研究所学者米哈伊尔·卡尔波夫认为,中国模式"只能存在于受到儒家文化影响的特定文化环境,以及国家控制大型工业企业和金融公司的环境之中"②。在儒家文化圈之外,中国模式难以被模仿,因为没有儒家文化的影响,中国模式下的经济、政治制度等都是令人难以接受的。所以,《经济学人》一篇文章指出,虽然中国模式的诱惑力显而易见,但试图模仿中国模式的国家里没几个有中国那样庞大、廉价的劳动力供应,以及对外资有吸引力的国内市场。所以,中国模式难以被效仿。并且,有记录显示,在很多国家,只要政府插手商业不放,就会导致严重的效率低下。③

也有一些学者认为,所谓的"中国模式"到现在还没有真正形成,因此,根本谈不上中国模式有什么可以借鉴的意义。波兰外交家和汉学家博格丹·高拉尔奇克认为,至少到目前为止,还没有什么所谓的"中国模式",有的只是痛苦、艰巨的转型过程。只有在一些关键领域内的改革完成的时候,我们才能够谈论恰当的、完整的"中国模式"。④ 在他看来,现在还不是谈论中国模式的时候,所以更谈不上中国模式的意义。

之所以有一些国外学者否认中国模式对发展中国家具有借鉴意义,原因主要有以下几个方面。一是对中国模式的误读,根本不了解中国模式,简单地认为中国模式只是由于中国的特殊国情,包括人口众多、市场庞大、政府专制等,而没有认识到中国模式内在的因素,例如,独立自主、不断创新、渐进式改革等。记者埃里韦托·阿劳霍指出,中国模

---

① [俄]亚历山大·布加耶夫:《中国模式无法复制》,转引自徐崇温《国际社会关于中国改革和中国模式的讨论魇述要》,《党的文献》2009 年第 6 期。

② 欧阳向英:《俄罗斯涉华舆论的变化》,《对外传播》2010 年第 7 期。

③ "Beware the Beijing model", The Economist, May 26, 2009. http://www.economist.com/node/13721724/print.

④ [波兰]博格丹·高拉尔奇克:《中国道路:一台高效但未经打磨的发动机》,《经济观察报》2011 年 3 月 14 日第 42 版。

式"不是一种可以输出的模式，因为中国特色非常特殊，这是纯粹的中国模式"。二是总是以自我为中心，站在西方的立场上。认为中国模式缺乏道德色彩，中国模式最多只是对那些妄图实现专制统治的独裁者来说有借鉴意义，对于那些真心谋求发展的多数发展中国家根本没有任何借鉴价值。他们认为中国模式根本就不追求自由、民主与人权。三是为了维护处在危机中的资本主义。因为中国模式在发展中国家的成功就意味着世界历史终结于自由资本主义梦想的破产，所以，一些学者特别是欧美学者极力否认中国模式的意义。一位俄罗斯学者的分析也许道出了其中的缘由：中国模式对发展中国家来说，无疑还是最具吸引力的。这些国家越来越多的政治家和经济学家认为，经济腾飞需要的不仅仅是市场，政府也要发挥作用，比如应当推行出口导向型工业政策，即对先进行业和外向型企业提供税收和信贷等方面的优惠。这种模式与美国开出的新自由主义经济处方可谓背道而驰，也与美国保持世界领先地位的目标相抵触。既然中国和整个东亚地区并没有采纳国际金融机构和美国提出的建议，而是反其道而行之，并且创造了"经济奇迹"，那么这是否意味着，美国一直推行的是一种旨在阻碍南方国家经济增长的政策？如果将来所有发展中国家都仿效中国模式，那么新自由主义又该当如何？美国人会高兴吗？① 所以，这些欧美学者不希望看到中国模式成为发展中国家争相学习的榜样。但是，美国不高兴又能如何呢，中国模式的影响力毕竟不是美国说了算的。

三 中国模式的探索对世界社会主义运动的影响

大多数欧美学者认为中国模式并非一种社会主义性质的发展模式，因此，中国模式与世界社会主义运动基本上不存在任何联系。但是，也有一些学者特别是俄罗斯学者认为，中国模式在本质上还是社会主义的，中国模式不仅扩大了社会主义在世界的影响，也为世界社会主义运动注

---

① ［俄］弗拉基米尔·波波夫：《中国的发展模式对所有发展中国家具有难以抗拒的诱惑力》，《海外经济评论》2006年第42期。

入了新的活力。

（一）扩大了社会主义的影响

20世纪80年代末90年代初，东欧剧变、苏联解体使世界社会主义运动走向低谷，特别是作为世界社会主义运动的旗帜国家苏联的解体，被认为是"历史终结论"的最好的证明。"历史终结论"者认为，在西方的自由民主之外，不会再有另一种意识形态。实际上，所谓的"历史的终结"就是指社会主义意识形态的终结，也意味着世界社会主义运动的终结。在很多西方学者看来，苏联解体之后中国也将通过改革开放抛弃社会主义而转向西方，中国的巨变将是对"历史终结论"的最后的证明。然而，令许多西方学者没有想到的是，中国并没有沿着西方国家所设定的思路发展下去，中国确实在改革，也对西方实行了开放，却并没有转向西方。中国的改革始终坚持了四项基本原则，也就是坚持了社会主义的方向。中国通过自己的努力，开辟了中国特色社会主义道路，形成了中国特色社会主义理论体系，确立了中国特色社会主义的发展模式。中国模式的成功，是对"历史终结论"的颠覆，不仅使中国扩大了在国际上的影响力，也使处在低潮的世界社会主义运动重新开始扩大自己的影响。俄罗斯前驻华外交官库达舍夫指出："中国的发展，使社会主义思想在全世界范围内的影响得到扩大，社会主义思想的威望也在提高，越来越多的国家都重新学习和研究社会主义思想。它们意识到，中国社会主义的一些原则和思想对自己国家也是适合的。"[①] 所以，中国模式的成功，使人们重新思考社会主义制度的优势。

有学者认为，中国模式的成功，已经引起了其他社会主义国家的重视。除了越南因为有着与中国相似的国情，把中国模式视作自己改革发展的学习目标以外，另一个社会主义国家古巴也在借鉴中国模式。虽然古巴领导人提出只能学习中国经验，不能照搬中国模式。但实际上学习中国经验是在借鉴中国模式，不照搬中国模式也许是其从中国模式中得

---

① 《苏联前驻中国外交官：中国成就来源于有一批卓越领导人》，中国人大网，2011年6月9日，http://www.npc.gov.cn/zgrdw/npc/zt/qt/qzjd90zn/2011-06/09/content_1658110.htm。

到的最重要的经验。如果借鉴了中国模式的越南和古巴通过改革实现经济社会的快速发展，将会进一步扩大中国模式的影响力，毋庸置疑也将扩大社会主义在世界的影响力和吸引力。

（二）加深了对社会主义的理解

一些国外学者认为，中国模式的成功，激起了人们对社会主义的重新思考，也使人们对社会主义有了新的认识，加深了对社会主义的理解。

第一，中国模式的成功，表明中国的社会主义实践在总体上是成功的。中国在短短四十几年的时间里，从一个异常贫穷落后的国家一跃成为世界第二大经济体，贫困人口大量减少，人们生活水平大幅度提高，这些都说明，社会主义实践在中国取得了成功。

第二，中国模式的成功颠覆了公有制没有效率的观点。美国哈佛大学商学院教授里金钠·艾布拉米说认为，"中国模式"首先颠覆了公有制企业没有效率的传统观点。她认为在中国，作为公有制企业的很多乡镇企业在实现增长方面也非常有效率，由此可见，所有制形式不是衡量效率的核心，问题的关键在于企业能否受到预算的刚性约束，杜绝无效率的行为。中国乡镇企业发展的经验证明，公有制和效率并不是天然对立的。[①] 在哈耶克等一些新自由主义者看来，只有私有化，一个国家的经济才有可能实现快速发展，但中国在公有制占主体地位的前提下，实现了私有制国家所难以实现的高速增长，充分说明只要政策措施得当，公有制的优势就会发挥出来。俄罗斯的改革派认为："没有私有化、不把国家社会所有制转化为私有制就不能走出困境。"[②] 中国模式证明，实现现代化并非只有新自由主义一条路可走。保加利亚经济学家杨科夫曾经在罗马尼亚《经济论坛》上发表文章指出："与欧洲国家相比，中国改革的主要优势是它成功地维持和发展了国有企业并使之适应市场机制，从而避免了东欧国家往往以私有化为借口将国有财产据为己有并因此导致社会

---

① 《"中国模式"挑战传统理论》，人民网国际频道，2009年5月7日，http://world.people.com.cn/GB/1030/9259260.html。

② [俄]阿·布坚科：《四条经验教训——中国特色的社会主义》，《国际社会与经济》1996年第10期。

混乱的悲剧。中国奇迹使那些关于共产主义体制与提高经济效益相互矛盾之类的说法不攻自破。"①

第三，中国模式的成功表明市场经济可以与社会主义制度相结合。长期以来存在的一个争论是，只有资本主义才能实行市场经济，要实行市场经济就必须走资本主义道路。但中国模式通过自己的成功表明，社会主义基本制度可以很好地与市场经济结合起来，让市场经济在社会主义条件下充分发挥资源配置的作用。社会主义市场经济体制可谓中国模式对世界社会主义运动的一个突出贡献。长期以来，人们没有认清市场经济的本质，也没有在实践中去验证市场经济的作用。而中国模式用实践证明，"市场经济和资本主义不是一回事，可以建立一种根本有别于西方资本主义的发达的市场经济。要克服眼前的困难，根本无须回头走18世纪和19世纪资本主义所走过的道路"②。用邓小平的话来讲，市场经济"只要对发展生产力有好处，就可以利用。它为社会主义服务，就是社会主义的；为资本主义服务，就是资本主义的"③。

第四，中国模式为正确处理社会主义与资本主义的关系提供了基本思路。在苏联模式下，社会主义把自己与资本主义完全隔离开来，认为社会主义可以很快通过自己的发展把资本主义甩在身后，实际上是把社会主义与资本主义完全对立起来。而在中国模式下，社会主义与资本主义是一种对立统一关系，认为社会主义与资本主义将长期共存，并强调社会主义要努力学习利用资本主义的一切积极进步的东西，善于借鉴资本主义的长处，最终战胜资本主义。邓小平指出："学习资本主义国家的某些好东西，包括经营管理方法，也不等于实行资本主义。这是社会主义利用这种方法来发展社会生产力。把这当作方法，不会影响整个社会主义，不会重新回到资本主义。"④

第五，中国模式还充分说明，社会主义制度可以通过改革不断完善。

---

① 徐崇温:《国外有关中国模式的评论》,《红旗文稿》2009 年第 8 期。

② [俄] 阿·布坚科:《四条经验教训——中国特色的社会主义》,《国际社会与经济》1996 年第 10 期。

③ 《邓小平文选》第 3 卷, 人民出版社 1993 年版, 第 203 页。

④ 《邓小平文选》第 2 卷, 人民出版社 1994 年版, 第 236 页。

戈尔巴乔夫的新思维使苏联的社会主义制度被抛弃,似乎给人留下这样一种思维,社会主义国家的改革就是要放弃社会主义。而中国模式则表明,改革可以更好地发展社会主义,关键在于改革是否坚持了社会主义的方向。季塔连科指出:"苏联解体后,社会主义在全球范围内处于深刻危机和战略撤退的背景下,中国证实了社会主义可以成为改革的目标,并且制订出了解决中国国内和国际发展之间的社会经济和文明矛盾的最佳模式,这具有深远的历史意义"。①

(三) 深化了对马克思主义的认识

中国模式的探索,深化了对马克思主义的认识。从根本上来说,中国模式是在马克思主义指导下,依据中国国情探索出来的一种新的发展模式。中国模式的成功表明,苏联社会主义模式的失败,不是马克思主义的失败,而是脱离马克思主义所带来的失败。中国的成功表明,只要把马克思主义与本国实际结合起来,也只有把马克思主义与本国实际结合起来,才能真正发挥马克思主义的理论指导作用。中国模式与当年中国革命一样,再次向人们表明,马克思主义不是教条,马克思主义必须与本国实际相结合。中国模式的成功,也使西方对马克思主义有了新的认识,德国《世界报》评论指出:"中国将马克思主义同中国具体实际相结合,找到了解决时代课题的途径和方法,丰富和发展了马克思主义。这让西方重新认识了马克思倡导的社会主义理论。"②

另外,中国模式得以成功,在于中国模式在很多方面打破了对马克思主义的教条认识。例如,在基本经济制度方面,突破了只有单纯的公有制才是社会主义的认识,确立了公有制为主体,多种所有制共同发展的基本经济制度;在基本经济体制方面,突破了只有计划经济才是社会主义的片面认识,确立了社会主义市场经济体制等。还有社会主义初级阶段理论、一国两制的构想等,中国模式的确立在很多方面深化了对马

---

① 欧阳向英:《季塔连科:俄罗斯涉华问题国家级智囊》,《对外传播》2010 年第 9 期。
② 《德国媒体评论,中国丰富和发展了马克思主义 中国热带动马克思热》,《环球时报》2005 年 5 月 23 日第 18 版。

克思主义的认识。季塔连科这样指出，从马克思主义基本原理角度来说，中国特色社会主义的构想可以作为《共产党宣言》的第3章第4节，这一章是对各种类型社会主义、共产主义文献和思想进行的批判，而中国特色社会主义，从思想上和方法论上重新考虑了《共产党宣言》提出的一些重要原理。季塔连科认为，中国特色社会主义既能够"积极评价列宁的新经济政策，又能够重新考虑当代资本主义的价值"，放弃关于资本主义"腐朽"、"贫穷"和"垂死"等这些观点，并重新考虑资本主义和社会主义共处的问题，以及考虑在中国建设社会主义和共产主义的条件。[1] 从这一点来讲，中国模式是非常了不起的。

（四）有些学者认为中国模式误导了对社会主义的认识

除了认为中国模式对世界社会主义运动的积极推动作用之外，也有一些学者否认中国模式对世界社会主义运动的意义，甚至认为中国模式的成功在一定程度上阻碍了世界社会主义运动的发展和进步，为推进世界社会主义运动制造了障碍。其中的主要代表是美国左翼学者马丁·哈特—兰兹伯格和保罗·伯克特等。

在这些学者看来，中国模式在本质上并非社会主义的发展模式，只不过是打着社会主义的旗帜，实际上走的是资本主义道路，因此中国模式对世界社会主义运动没有任何借鉴之处。马丁·哈特—兰兹伯格和保罗·伯克特在《中国与社会主义：市场改革与阶级斗争》的开篇就指出："中国的经验仍然是建设社会主义的重要的经验源泉。可是，这些经验大多都是负面的。不幸的是，中国政府号称要振兴社会主义的'市场改革'，却导致中国越来越走向资本主义化，走上受外国支配的发展道路。结果是在国内外产生了庞大的社会成本。更为复杂的悲剧是，许多进步分子和社会主义的支持者，却仍然在为中国的经济政策辩护，并鼓励其他国家采纳中国这样的政策。"[2] 所以，中国的成功，不仅不会促进其他

---

[1] [俄] М. П. 季塔连柯：《对毛泽东、邓小平社会主义理论的比较研究》，《中共党史研究》2001年第6期。

[2] Martin Hart – Landsberg and Paul Burkett, China and Socialism: Market Reforms and Class Struggle, *Monthly Review Press*, 2005, p. 13.

社会主义国家的发展，很可能还会诱使其他国家走向资本主义。

对于中国特色的社会主义市场经济，兰兹伯格等人也认为，这会导致人们对社会主义本质的模糊认识。他们指出："对中国以及中国所谓的'社会主义市场经济'的认同，不仅是对中国改革经验的误解，更重要的是，这妨碍中国和其他希望发展社会主义的国家对社会主义理论与实践认识的发展。"① "如果能够正确理解中国改革的动力，就会支持马克思主义的立场，即市场社会主义终将崩溃（market socialism is an unstable formation）。但是，这一重要的见解被忽视了，因为在进步人士中间，广为流行的观点依然认为，中国还是一个社会主义国家。这种状况不仅无助于对社会主义本质的认识，反而导致对社会主义认识不清，还强化了那些反社会主义者的意识形态立场。"② 兰兹伯格等人还认为，走资本主义道路却打着社会主义幌子的中国模式极易混淆人们对马克思主义和社会主义的认识，而"对于中国改革经验的困惑，从深层次来讲是对马克思主义和社会主义理论与实践的困惑，将严重伤害我们建立一个免于异化、压迫与剥削的世界的集体努力"。③

兰兹伯格还指出，中国模式使人们认为中国开创了一种新型的社会主义，而这种看法是非常危险的。他指出，对中国改革的支持，有意无意地鼓励了一种错误的信念，即社会主义可以通过利用市场和全面融入全球资本主义积累机制（global capitalist accumulation dynamics）而最终达成。这种观念既误导了对社会主义本质的认识，也误导了对资本主义的认识。而这不仅仅是一个理论问题，更是一个实践问题。因为人们发现古巴、南非、巴西等许多国家的社会主义支持者，要求他们的政府也实施中国那样的市场改革。所以，我们对中国经验做出一个准确的判断和理解是至关重要的，不仅是帮助中国那些寻求恢复社会主义的人，还要

---

① Martin Hart‐Landsberg and Paul Burkett, China and Socialism: Market Reforms and Class Struggle, *Monthly Review Press*, 2005, p. 16.

② Martin Hart‐Landsberg and Paul Burkett, China and Socialism: Market Reforms and Class Struggle, *Monthly Review Press*, 2005, p. 16.

③ Martin Hart‐Landsberg and Paul Burkett, China and Socialism: Market Reforms and Class Struggle, *Monthly Review Press*, 2005, p. 18.

确保其他国家的社会转型，不因为受到对中国经验的错误理解而向市场至上和资本主义原则妥协。①

总的来说，国外学者对中国模式与社会主义的关系的研究相对较少，这其中有许多原因。一方面，大多数西方学者都不认为中国模式代表了一种新的社会主义发展模式，认为中国模式之所以成功，是因为采取了资本主义的方式，包括私有化、自由化、市场化等，所以，中国模式与社会主义没有什么直接联系。另一方面，即便一些学者承认中国模式与资本主义的发展模式有着显著的区别，但是也不愿意把它归结为社会主义的发展模式，因为如果中国模式代表了新的社会主义发展模式，那中国模式就真的成了美国等西方国家自冷战以来面临的最严重的挑战了，所以这些国外学者不愿意承认这一点，也正因为如此，研究中国模式对世界社会主义运动的意义的大多数学者主要来自俄罗斯。

我们认为，中国模式的成功，在某种意义上是对"历史终结论"的颠覆。就连福山也认为："客观事实证明，西方自由民主可能并非人类历史进化的终点。随着中国崛起，所谓'历史终结论'有待进一步推敲和完善。人类思想宝库需为中国传统留有一席之地。"福山尽管在这里没有承认中国模式代表着一种新的社会主义模式，他也不得不承认，中国的官员"由公正、普遍的考试制度选拔，而非西方或中东那样由世袭或门第操纵"，中国的"政治对人民负责，体现'民本主义'，强调当政者对人民负有道义责任，而非西方那样在特权阶层内部进行权力分配"② 等。这些其实都说明，中国代表着一种新的社会主义发展模式。

中国模式的成功，给世界社会主义运动带来了希望，为处于低潮的世界社会主义运动注入了新的活力。正如德国学者罗尔夫·贝特霍尔德指出的那样："所谓社会主义在社会实践中已经失败的说法是错误的。社会主义在欧洲遭遇到后果严重的失败，但这不是社会主义思想的失败。中国的发展给人们指出了一条摆脱全球资本统治的破坏性进程的出路，

---

① Martin Hart-Landsberg, "The Realities of China Today", Against the Current, Vol. 23, No. 5, 2008, pp. 21-22.

② ［美］弗朗西斯·福山：《中国模式代表集中高效》，《社会观察》2010 年第 12 期。

也使人们产生了一种对社会主义前景的希望。""一些西方政治家所谓的社会主义在实践中失败的说法是错误的","社会主义虽然在20世纪80年代末在欧洲遭遇失败,但中国却证明了马克思主义独特的生命力"。①"中国共产党从社会主义在苏联和欧洲的失败中吸取了教训,为其他国家的共产党发展社会主义树立了一个强有力的榜样。"②"在苏联失败之后,社会主义事业已经渡过了其最黑暗的时期。社会主义在中国的胜利(如果它能得到巩固)将意味着社会主义是人类在21世纪最好、最切实的希望。"③ 中国模式的成功的最重要的意义也许正在于此。

中国模式的成功为马克思主义重新正名。东欧剧变、苏联解体一度被认为是社会主义的最终结局,马克思主义已经过时,社会主义应该被扔进历史的垃圾箱。但中国模式的成功表明,苏联模式的失败并不代表马克思主义的失败,而恰恰是背离马克思主义必然要遭受的惩罚。中国共产党正是因为始终把马克思主义作为自己的指导思想,才能带领中国在"一穷二白"的基础上,探索出一种新的社会主义发展模式,逐步摆脱贫困、实现现代化,这恰恰表明马克思主义依然具有蓬勃的生命力。中国模式的成功再次证明,不是社会主义不好,而是很多国家没有搞好社会主义,只要根据本国实际,坚持实事求是,把马克思主义与本国实际结合起来,就有可能搞好社会主义,通过走社会主义道路实现本国经济社会的快速发展。邓小平指出:"只要中国不垮,世界上就有五分之一的人口在坚持社会主义。"④ 中国模式的成功,不仅证明世界上五分之一的人口坚持社会主义的选择是正确的,也将使世界上信仰社会主义的人们对社会主义的未来更加充满信心,从而推进世界社会主义运动的再度复兴。

---

① Rolf Berthold, Sinicization of Marxism (Part I) – Creative Application and Development of Marxism by the Communist Party of China, *China Today*, Vol. 60, No. 11, 2011, p. 48.

② Rolf Berthold, Sinicization of Marxism (Part II) – Creative Application and Development of Marxism by the Communist Party of China, *China Today*, Vol. 60, No. 12, 2011, p. 56.

③ [美]大卫·W. 尤因:《美国学者关于中国社会主义的争论》,周艳辉摘译,《国外理论动态》2004年第12期。

④ 《邓小平文选》第3卷,人民出版社1993年版,第321页。

四　中国模式对当代中国发展
　　进步的重要意义

相对于对中国模式的国际意义的分析来说，国外学者对中国模式对于中国发展的意义的分析相对少了很多。只有少数一些学者认为，中国模式的成功，对外提升了中国的软实力，对内促进了中国经济社会的发展和进步。

（一）中国模式提升了当代中国的软实力

在一些学者看来，中国模式对于中国来说，其最重要的意义就在于提升了中国的软实力。约瑟夫·奈等一些学者认为，一个国家的综合国力既包括由经济、军事、科技实力等组成的硬实力，也应包括由意识形态、政治制度、文化等带来的影响力所构成的软实力。改革开放以后，中国经济的快速发展，使中国的硬实力显著增强，但对中国文化了解的缺乏，对中国意识形态、政治制度的偏见等，使中国的软实力远远赶不上硬实力。但是，中国模式的形成，增强了中国的吸引力，提升了中国的软实力。布鲁塞尔当代中国研究所研究主任乔纳森·霍尔斯拉格认为，"中国模式"的成功具有转变为软实力的巨大潜力，并将赢得国际尊敬。①一些美国学者也指出，中国因为其成功的发展模式和对国际社会越来越开明的倡议，在国际上的"声音"变得"响亮"起来。正是凭借中国模式的吸引力，中国在世界很多问题上赢得了宝贵的话语权，2011 年在南非开普敦举办的世界经济论坛非洲会议上刮起了一阵"中国风"："中国发展模式""中非合作"成为各国政经界代表关注和热议的话题。所以，才有学者指出，中国模式对非洲发展具有重要借鉴意义，无论西方国家如何在非洲宣传中国恐惧（Sino‐phobia），中国都将是非洲未来发展的

---

①《"中国模式是上个世纪以来最为成功的"——外国专家评价"中国模式"之二》，人民网国际频道，2009 年 5 月 7 日，http：//www.chinadaily.com.cn/zgzx/2009‐05/07/content_7754068.htm。

最重要的参与者。①

另外，中国模式为当代中国塑造了良好的国际形象。里金钠·艾布拉米说，"中国模式"颠覆了新兴大国必定好战和富有侵略性的观点。从世界历史来看，因为资本主义发展的不平衡性，新崛起的国家为了争夺国际市场，必然试图颠覆现存的国际秩序，两次世界大战的爆发无不是如此。但中国共产党和中国政府一再坚称，中国坚持走和平发展道路、永远不称霸。艾布拉米认为，至少到目前为止，中国的崛起并没有增加一个新案例，反倒是增加了一个"反例"。如果说中国已经崛起，中国也是和平的崛起。② 中国通过和平发展赢得了良好的国际形象，提升了国家软实力。

当然，也有学者认为，"把中国的成功归因于中国模式会使人们产生误导，不利于全面理解中国的软实力反而会适得其反"。因为北京共识、中国模式的概念，反映了"中国不仅要把自己制造的廉价的蓝色牛仔裤销往世界各地，还想要借中国模式出口中国的思想"，一些国外学者炒作中国模式，就是"对中国输出精英威权主义模式的忧虑"③ 的明确反映。

（二）中国模式限制了对当代中国的客观认识

还有学者认为，实际上并不存在一个所谓的中国模式，并且中国也不希望出现所谓的北京共识或中国模式，因为北京共识或中国模式意味着对华盛顿共识的挑战，而中国目前需要的是融入现存的国际秩序，而不是去挑战它。甘斯德指出，北京共识"扭曲了中国在国际政治中的地位"。④ 北京共识或中国模式的提法既不是西方社会愿意看到的，也是中

---

① Jarso Galchu, "The Beijing consensus versus the Washington consensus: The dilemma of Chinese engagement in Africa", *African Journal of Political Science and International Relations*, Vol. 12, No. 1, 2018, pp. 1–9.

② 《"中国模式"挑战传统理论》，人民网国际频道2009年5月7日，http://world.people.com.cn/GB/1030/9259260.html。

③ Michael Barr, *Who's Afraid of China? The Challenge of Chinese Soft Power*, Zed Books Ltd, 2011, pp. 11, 15.

④ Scott Kennedy, "The Myth of the Beijing Consensus", *Journal of Contemporary China*, Vol. 19, No. 65, 2010, p. 462.

国不愿意接受的，因为它并不符合中国的现实，所以中国模式的说法不利于对中国形成正确的认识。中国领导人之所以不赞成使用中国模式这一概念，就在于中国当前的发展还存在许许多多亟待解决的问题，特别是在中国下一步如何发展的问题上，中国领导人之间甚至都还没有达成共识。2012年中国"两会"结束后，《金融时报》副主编、《金融时报》中文网主编张力奋刊文指出，中国的领导人在中国下一步发展的问题上，包括国家在市场和经济事务中的角色问题上，有不同的观点，并没有什么共识。① 也正因为如此，温家宝在2011年两会后回答法国《观点周刊》记者提问时，明确指出，中国的改革和建设还在探索当中，中国从来不认为自己的发展是一种模式。所以，在中国，并没有什么模式，更不存在什么所谓的共识。中国模式、北京共识的概念误导了人们对中国当前经济社会发展现实的客观认识。

　　我们认为，不管人们对中国模式持有怎样的看法和观点，都不能否认中国模式的价值和意义。显而易见的是，中国模式的最主要的意义就在于它使中国这样一个十几亿人口的东方大国逐渐摆脱了贫困，中国普通百姓再也不用为简单的温饱问题而苦苦挣扎，他们正在日益迈向一个更加全面的小康社会，并逐步实现现代化。虽然在发展的过程中，存在诸如贫富差距拉大、资源消耗过多、生态环境恶化等诸多问题，但瑕不掩瑜，不能因为这些问题的存在而淡化甚至丑化中国模式的价值和意义。当然，在中国模式不断走向完善、成熟的过程中，要努力克服这些问题。另外，我们也不认为，中国模式能够为发展中国家提供解决他们自身发展的现成方案，正如党的历代领导人所强调的那样，我们既反对教条主义，也反对经验主义，所以，我们也不希望一些发展中国家教条主义地对待中国模式，直接照搬中国模式去解决他们本国的问题。对于中国模式可能对自由资本主义理念所带来的挑战，我们认为，中国模式的出现，既不是为了挑战自由资本主义，也不是要去改变它，中国模式既不意味

---

① Lifen Zhang, Memo from Beijing: China model has lost all its luster, Finacial Times, March 16, 2012. http://www.ft.com/intl/cms/s/0/4bbc289a-6d03-11e1-a7c7-00144feab49a.html#axzz1pk6COrFC.

着"历史终结论"的终结,也不意味着它自己才是真正的"历史的终结"。江泽民曾经这样指出:"世界是丰富多彩的。如同宇宙间不能只有一种色彩一样,世界上也不能只有一种文明、一种社会制度、一种发展模式、一种价值观念。"① 我们认为,人类历史发展至今,在一个如此缤纷多彩的世界,不应该也不可能只存在一种发展模式,除了以美国主导的自由资本主义之外,还应该有其他的多种发展模式。中国模式只是世界多种发展模式中的一种,只是为这样一个多姿多彩的世界增添了一缕来自古老东方的色彩,至于它好不好看,似乎不能只由西方国家说了算,应该站在整个人类社会发展的高度,去衡量中国模式的价值和意义。我们生活在一个丰富多彩的多样化的世界里。不同社会制度和发展模式长期共存、取长补短,在竞争比较中共同发展,这才是人类文明进步的表现。②

(三) 中国模式促进了中国经济社会的快速发展

也有一部分学者认为,中国模式的成功,首先在于促进了中国经济社会的发展。里金钠·艾布拉米指出,"中国模式"首先应该说是解决中国经济问题的"实用模式",是注重增长的模式。艾布拉米的这一观点是比较客观的。改革开放以来,中国通过自己的发展模式实现了经济社会的快速发展,解决了十几亿人口的最基本的发展问题,这是中国模式的最重要的意义所在。美国《新闻周刊》一篇题为"中国为什么行得通"的文章也肯定了中国模式对中国发展进步的重要意义。文章指出,中国模式的成功表现在中国自身的成就,"30 年前中国有 9.63 亿人,其中 30% 处于饥饿状态。今天有 13 亿人,但现在 97% 的中国人可以填饱肚子"。③ 多米尼克·德·朗比尔(Dominique de Rambures)则指出,中国共产党不仅实现了经济增长,而且保持了稳定的政治和社会环境。而中国之所以能够保持经济持续快速的发展和社会的稳定,则在于中国模式

---

① 《江泽民文选》第 3 卷,人民出版社 2006 年版,第 110 页。
② 《江泽民文选》第 3 卷,人民出版社 2006 年版,第 526 页。
③ Rana Foroohar, "Why Chinese Capitalism Still Works", *Newsweek*, Vol. 153, No. 3, 2009, p. 29.

找到了国家和市场的平衡,使中国模式能够克服各种危机,表现出极强的韧性。正因为如此,无论是 20 世纪 80 年代末的通货膨胀、1997 年亚洲金融危机、2000 年互联网泡沫的破灭,还是 2008 年以来的世界经济危机等,都没有能够阻止中国经济增长的步伐。①

总的来说,国外学者对中国模式价值和意义的研究,因为其立场不同而有不同的观点。对于那些坚持西方中心主义的学者来说,他们研究中国模式的出发点就是要弄清楚并抵制中国模式给西方自由资本主义发展模式带来的挑战,所以,他们对中国模式价值和意义的认识不是"捧杀",就是"棒杀",无论是刻意抬高中国模式的价值和意义,还是刻意贬低中国模式的价值和意义,其目的都是为了消解中国模式对西方资本主义模式的冲击。因此,对于这些学者的观点,我们要辩证地看待,既不能因他们对中国模式价值和意义的高度肯定而沾沾自喜,也不能因为他们对中国模式的极力贬损而妄自菲薄。对于那些从比较客观的立场出发,对中国模式价值和意义的认识,我们应该积极回应,对他们正确的观点给予肯定,对他们的一些片面的观点予以纠正,使国际社会能够对中国模式的价值和意义形成一个更为客观的认识。

总之,无论国外学者对中国模式的价值和意义有怎样的认识,我们都应该坚定一点,那就是只有我们自己才最能体会中国模式的价值和意义。我们应该看到,改革开放以来中国经济社会发生的翻天覆地的变化,是任何人都不能否定的。中国人民的面貌、社会主义中国的面貌、中国共产党的面貌在改革开放以来所发生的深刻变化,就是中国模式价值和意义最生动的体现。

---

① Dominique de Rambures, *The China Development Model: Between the State and the Market*, Palgrave Macmillan, 2015, pp. 4, 70.

第六章

国外中国模式研究的特点、方法、存在的问题及其启示

国外学者对中国模式进行了深入的分析和研究,他们的研究有什么特点,采用了什么样的方法,又存在哪些问题,他们的研究对于我们研究中国模式又具有怎样的启示,这些也都需要我们做出进一步的评析。

一 国外中国模式研究的基本特点

自中国模式成为国外学者研究的热点以来,国外学者对中国模式的内涵、性质、特点、意义等问题进行了深入的分析。由于立场、角度、方法的不同,国外学者对中国模式的研究具有鲜明的特点。

(一)主张多维度研究

国外学者注重从经济政治文化等多角度研究中国模式。中国模式是一个非常复杂的概念,它不仅包含了经济,也包含着政治、文化、社会等方方面面的问题,所以中国模式不单是中国经济发展的模式,因此,从多维度研究中国模式,也是研究中国模式的客观要求。

虽然在很多学者看来,正是中国经济的飞速增长才使人们对中国模式侧目,但对中国经济的研究离不开对中国政治的分析,因为,如果离开了中国的政治环境,中国的经济制度和经济政策不可能存在。所以,在很多学者看来,要发现中国经济的奥秘,必须从中国的政治着手。中

国共产党长期执政,国家对市场的干预等,都是国外学者研究中国模式的重要方面。而中国之所以能够确立这样的政治制度,又需要从中国的文化背景发现其根源,所以,中国传统文化也是国外学者研究中国模式的重要方面。马丁·雅克等众多学者都对中国传统文化与中国模式的关系进行了详尽的分析,以期从文化视角探寻中国模式的奥秘。

所以,国外学者对中国模式的研究,是一个整体性的研究,经济虽然是切入点,但并没有局限于对中国基本经济制度、分配制度、经济体制等单纯经济问题的研究,而是一个多维度的研究。

从不同的维度对中国模式进行研究,可以发现中国模式的不同特点。郑永年强调,要从三个层面来研究中国模式。他指出,首先是中国模式的文明性,要把中国模式置于"大历史"的宏观层面上。唯有如此,才能发现中国模式的核心。他认为:"改革开放30年不够,还要看前面的30年。而前面的30年也不够,而要看中国近代以来的国家转型过程。在这个层面,研究中国模式就是要把那些恒定不变的结构性因素找出来。很简单,不管中国如何变化或者变革,中国总是中国,中国变成不了西方或者其他任何国家。实际上,随着中国文化自信的恢复,中国越来越像自己。那么,哪些是促使中国永远是中国的因素呢?这些因素就是中国模式的核心,不找出这些因素就不能理解中国模式,当然也会看不到这个模式的优势和劣势。"①

其次,郑永年认为,中国模式指的是中国的改革模式,也可以称为中国道路。"在这个层面,中国的改革很明显呈现出渐进性和分阶段性。""中国改革分三步走,即先经济改革、再社会改革、后政治改革。这并不是一个价值判断,即中国应当走这条道路。这是个经验观察,先进国家包括欧洲、亚洲的日本和'四小龙'的发展也有这个特征,也走过了这个过程。此外,这种改革模式也符合一些一般的常理。"②

最后,郑永年认为,可从具体的政策层面来谈论中国模式,也可以叫中国政策模式,可以从经济、社会和政治改革等各个不同领域来透视

---

① 郑永年:《何为"中国模式",认识仍未深入》,《环球时报》2011年2月22日第14版。
② 郑永年:《何为"中国模式",认识仍未深入》,《环球时报》2011年2月22日第14版。

中国模式。他指出，人们所说的"中国案例"就属于这个范畴。改革开放以来，中国已经为其他国家提供了很多改革政策案例。郑永年认为，从文明层面、改革层面来说，中国模式和中国改革模式值得肯定，但从政策模式层面出发，中国模式确实很多方面需要纠正或者改进。①

（二）强调全球化的时代背景

经济全球化是当今时代发展的最显著特点，国外学者在分析中国模式时，通常联系到全球化的时代背景。

第一，中国模式的形成离不开全球化的时代条件。在很多学者看来，开放性是中国模式的显著特征，而中国模式之所以具有开放性，能够汲取各种模式的长处，前提条件就是中国的改革开放处在一个全球化的时代，离开了这样的时代背景，中国模式难以形成。就连否定存在中国模式的陈志武也认为，中国经济发展取得如此巨大的成就，主要归因于当前的经济全球化的时代背景，如果没有经济全球化，中国不可能实现如此快速的发展。他指出："中国的经济发展是在搭上了全球化的便车之后才突发猛进的，没有这个背景，就没有中国经济的增长和发展。"② 陈志武认为，全球化对中国经济增长的重要意义是不能否定的。因为"如果把现在的改革开放重新放到19世纪晚清所处的世界秩序背景中，那么我们是否也能看到这么巨大的经济成功呢？答案肯定是'不能'"③。

第二，中国模式的最主要的意义在于，为其他发展中国家参与全球化提供了经验。雷默认为："中国向世界提供了一条全球化新路，即根据当地适应性的需求融合全球思想。""中国正成为吸引其他国家的模式，正在全世界产生涟漪效应，向其他国家提供其自身发展的观念，这可称为中国特色的全球化。""对全世界那些正苦苦寻找不仅发展自身，而且还要在融入国际秩序同时又真正保持独立和保护自己生活方式和政治选择出路的国家来讲，中国提供了新路。"④ 季塔连科也认为："对于发展中

---

① 郑永年：《何为"中国模式"，认识仍未深入》，《环球时报》2011年2月22日第14版。
② 陈志武：《没有中国模式这回事》，八旗文化2010年版，第55页。
③ 陈志武：《没有中国模式这回事》，八旗文化2010年版，第55页。
④ 刘桂山：《乔舒亚·库珀·拉莫：中国模式的世界价值》，《招商周刊》2004年第25期。

国家,中国适应经济的全球化及其善于利用全球化所提供的发展机遇的经验,有着特殊的意义。"①

第三,经济全球化是中国向世界推广中国模式的重要契机。在全球化时代,不仅是经济的全球化,各种思想文化也在交织碰撞,中国模式也正是利用了经济全球化的契机,扩大了自己在世界的影响。斯蒂芬·哈尔珀指出:"全球市场发挥了一条传输带的作用。透过这条传输带,北京不经意的加速运送它最令人担忧的出口产品:中国模式。"② 在很多学者看来,中国模式之所以比苏联模式更具威胁,就在于中国模式产生于这样一个全球化的时代。苏联模式也许有它的优势,但苏联模式局限在社会主义的阵营内部,不会对资本主义世界以及资本主义控制下的发展中国家产生影响,但现在情况大大不同,中国可以通过各种商业交流,利用经济全球化把中国模式向外传播,因此中国模式的影响力要远远超过苏联模式,中国模式的威胁也将大大提升。而这一切,都源于这样一个全球化的时代背景。

第四,中国模式使世界对全球化的理解发生变化。斯蒂芬·哈尔珀指出,对于全球化,"20 年前,我们都以为它是美国模式(American Brand)的全球化。全球化不过就是建立在美式资本主义以及另外两个基本理念之上:一是市场而非政府才是进步的原动力;二是民主是组织社会的最佳方式"。"但在今天,这些信条正在西方之外的世界逐渐遭到否定。"③

(三) 注重对中国模式的世界意义的研究

注重对中国模式的世界意义的研究是国外学者研究中国模式的一个特点。可以说,国外学者之所以热衷于研究中国模式,就是要搞清楚中

---

① [俄]季塔连科:《中国现代化经验的国际意义》,载《当代中国与它的外部世界——第一届当代中国史国际高级论坛论文集》,当代中国出版社 2004 年版,第 302 页。
② [英]斯蒂芬·哈尔珀:《北京说了算?中国的威权模式将如何主导二十一世纪》,王鑫、李俊宏等译,八旗文化 2010 年版,第 54 页。
③ [英]斯蒂芬·哈尔珀:《北京说了算?中国的威权模式将如何主导二十一世纪》,第 50 页。

国模式可能会给现存的美国主导的世界秩序带来什么样的挑战。无论是对中国模式研究热这一现象的分析，还是对中国模式内涵、性质、特征等问题的分析，其最根本的目的都是为了搞清楚中国模式的世界意义。

在众多国外学者看来，中国模式之所以引人关注，正是因为华盛顿共识的失败。恰如斯蒂芬·哈尔珀所指出的那样，华盛顿共识"这个得到广泛传播但最终还是失灵的模式，为那些边缘化的、无赖的和独裁的国家以及其他国家参加中国的盛宴布置好了餐桌"①。"中国在世界舞台上的崛起，恰逢以美国模式为代表的自由市场资本主义和西式民主陷入备受各国怀疑批判的低潮中。"② 华盛顿共识本来是美国为发展中国家走向所谓的自由民主而规划的标准路线，但中国模式的出现，可能会直接改写这一路线，把发展中国家引向前途难料的未知世界。所以，国外学者分析中国模式研究热这一现象，就是要分析中国模式可能对西方的自由民主所带来的挑战。

雷默提出北京共识以后，有学者把北京共识看作中国模式的内涵，但遭到了很多学者的反对，认为根本不存在所谓的北京共识。否认北京共识，从某种意义上来讲，就是说尽管华盛顿共识失败了，但并不存在一个可以替代华盛顿共识的来自中国的"共识"，其实也是为了否定中国模式的世界意义。也有学者把"经济自由加政治压制"看作是北京共识的内涵，对北京共识的这一描述，实际上从价值上否定了中国模式，因为如果没有政治上的自由，那么经济自由的果实不会被大多数人享有，中国只能是一个威权主义国家，经济自由也就失去了它应有的价值，中国模式自然也就失去了其意义。

对于大多数国外学者尤其是西方学者来说，他们都不承认中国模式的社会主义性质，要么认为中国模式是中国特色的新自由主义模式，要么认为是中国特色的国家资本主义模式，或者是实用主义模式。从一定程度上来讲，只要中国模式不是社会主义性质的，就不会对西方的资本

---

① ［英］斯蒂芬·哈尔珀：《北京说了算？中国的威权模式将如何主导二十一世纪》，王鑫、李俊宏等译，八旗文化2010年版，第74页。
② ［英］斯蒂芬·哈尔珀：《北京说了算？中国的威权模式将如何主导二十一世纪》，第55页。

主义世界构成真正的威胁。因为既然都是资本主义，就不存在理念上的根本对立。所以，国外学者对中国模式性质的分析中，也透露着对中国模式世界意义的分析。

针对发展中国家将抛弃华盛顿共识转而选择中国模式的说法，一些学者认为中国模式对发展中国家不具有任何可以借鉴的意义，更不用说可以照搬中国模式。虽然有些学者认为中国模式能够对发展中国家提供借鉴经验，但在他们看来，这些经验只是一些具体的措施和办法，并不是一种发展的理念，只要不对西方构成理念上的挑战，就不是真正的挑战。在西方学者看来，中国模式对世界秩序的挑战，主要是中国模式会改变发展中国家的发展路径，朝着不利于自由民主的方向在发展，这样一来，美国以自由民主统一世界的梦想就要彻底破灭。

（四）正确与错误的两种发展趋向

国外中国模式研究还有一个显著的特点是，众说纷纭、莫衷一是。关于中国模式的内涵、性质、特征、意义，总是正确的观点与错误的论断交织在一起，呈现正确与错误两种发展趋向。

就国外学者对中国模式内涵的分析而言，有学者认为，中国模式就是北京共识，北京共识的几个原理和定理概括了中国模式的核心内容。然而，就北京共识而言，又有不同的理解，在北京共识这一问题上，根本就不存在共识。也有学者认为，中国模式就是"经济自由加政治压制"，这种说法得到了很多学者的认同，但也有不少学者反对，反对的理由也不统一。有的认为中国根本就不存在经济的自由，虽然号称实行市场经济，但国家实行了严格的控制。有的则认为，中国的政治相当开放，并不是西方普遍认为的存在严重的政治压制。还有学者把中国模式的内涵概括为混合经济加一党政治等，总之，对中国模式的内涵并没有一致的认识。

关于中国模式的性质，同样不存在共识。很多学者认为，中国模式是资本主义性质的。但究竟是新自由主义，还是国家资本主义、官僚资本主义等，又没有一个统一的答案。也有学者认为，中国模式是实用主义的,既不讲社会主义,也不讲资本主义,只关注"猫是不是能抓住耗子"这样一个实用的道理。当然,也有学者认为,中国模式在性质上是社会主义的。

关于中国模式的特征的分析,因为立场、角度的不同,对中国模式特征的概括也不尽相同,甚至相差甚远。除了开放性、渐进性特征得到了普遍的认同以外,在其他方面很难有共同点。有的学者认为,高效、以人为本等是中国模式的特征,有的学者则相反,认为高额的环境成本、低廉的劳动力成本等是中国模式的特征。

关于中国模式意义的观点也不尽相同,有学者认为,中国模式为发展中国家提供了一条可行的通往现代化的发展道路,有学者则认为中国模式只能提供一些简单的经验。有学者认为中国模式具有普适性,有的学者则认为中国的国情太特殊,中国模式实际上对于其他国家不具有任何借鉴意义,甚至认为,根本就不存在什么中国模式。

总的来说,因为立场、角度的不同,国外学者对中国模式并没有形成基本的共识,在内涵、性质、特征、意义等方面达成一致,正是"横看成岭侧成峰,远近高低各不同"。

(五) 注重研究改革开放前后两个历史时期的关系

注重研究改革开放前后两个历史时期的关系是国外中国模式研究的又一个特点。虽然多数学者认为中国模式形成于1978年以后中国改革开放的实践,但是,这些学者也都普遍认为,要理解改革开放以后形成的中国模式,离不开中华人民共和国成立以来的历史,甚至离不开中国共产党成立90多年的历史,只有放在中华人民共和国成立、中国共产党成立这样的大背景下,才能真正认清中国模式的实质。

改革开放并非中国模式形成的起点,而是中国模式发展的一个里程碑。郑永年认为,"现在很多人讨论的'中国模式'好像是改革开放后才有的。实际上,如果不理解改革开放之前30年,很难理解现在的模式。现在的模式只是改革开放以前模式的改进和发展。国家总体的结构还是一样的，只是好多地方改进了。从这个角度来说，'中国模式'早就存在了。"① 俄罗斯学者波波夫认为，中国模式的基础是在改革开放前确定的，没有中华人民共和国成立以后近30年的发展，中国模式不可能取得如此巨大的成就，他指出："最近三十年中国成功的先决条件绝大部分是在1949—1976年创造的。毫不夸张地说，没有毛泽东政权所实行的政策，1979年以来的市场类型的改革不会取得现在这种令人瞩目的成就。在某种意义上，1979年以来的经济自由化仅仅是锦上添花。其余的要素，最重要的是强有力的制度和人力资本已经由以前的政权提供了。没有这些其他的要素，在任何时期和任何国家，单独的自由化是从来不会成功的，甚至有时候会适得其反，如20世纪撒哈拉以南非洲国家就是这样。"② 胡利奥·A. 迪亚斯·巴斯克斯认为，中国的经济社会发展可以分为两个重要时期，即毛泽东时代和邓小平时代。尽管毛泽东时代出现了一些偏差，但为1978年之后大力开展四个现代化建设创造了便利条件。③

总的来说，联系改革开放前后的两个历史时期来分析中国模式，正确认识改革开放前中国对适合自己的发展道路的探索对中国模式形成的重要作用，对于深入分析中国模式的本质具有重要意义。这一研究也非常值得我们借鉴，因为我们不能割断历史。特别是对于认清中国模式的社会主义本质来说，厘清改革开放前后两个历史时期的关系至关重要。阿里夫·德里克曾经指出："今天，有些人常用改革开放以来取得的成绩置疑革命时期的社会主义的政策。我认为，这些举措不仅奠定了中国自主走向全球化的经济、社会和政治基础，而且也是确保在参与新自由主义的全球经济进而有可能走向崩溃的过程中，能够保持最低程度的社会福利的基础。"④

---

① 《还不能告别"摸着石头过河"》，《瞭望东方周刊》2010年第3期。
② 毕文胜：《波波夫谈中国发展模式》，《国外理论动态》2011年第1期。
③ [古巴] 胡利奥·A. 迪亚斯·巴斯克斯：《新中国60年孕育新模式》，载王辉耀《中国模式——海外看中国崛起》，凤凰出版社2010年版，第6页。
④ [美] 阿里夫·德里克：《中国发展道路的反思：不应抛弃社会主义革命的历史遗产》，远山编译，《当代世界与社会主义》2005年第5期。

二 国外中国模式研究的主要方法

国外学者对中国模式的研究，主要采取了比较研究、实地考察研究、联系中国历史文化进行研究等方法，通过这些方法的运用，全面地认识中国模式的内涵、特点、意义等问题。

（一）通过比较研究揭示中国模式的独特性

比较研究是国外中国模式研究普遍使用的方法。从"模式"这一概念来讲，本身就带有比较的意思。之所以称为中国模式，就因为中国模式与苏联模式、拉美模式、印度模式、亚洲"四小龙"模式相比，具有自己的独特性，因此才被称为中国模式。所以，比较研究法是研究中国模式的一个基本方法。通过与其他各种模式的比较，才能发现中国模式的内涵，界定清楚中国模式的性质，概括出中国模式的特征，诠释清楚中国模式的特殊意义。

通过北京共识与华盛顿共识的比较，突出中国模式的特点和价值。在很多学者眼中，北京共识是中国模式的代名词，华盛顿共识则代表了自由资本主义模式。北京共识本来就是相对于华盛顿共识提出来的，因此，在和华盛顿共识的比较中，更能体现出北京共识的特性。例如，华盛顿共识主张私有化、自由化、市场化，而北京共识"既不强迫政治自由化，但又最大限度地引入市场经济因素"[①]，华盛顿共识要求一个最小的政府，而强势政府恰恰是北京共识的一个显著特点。比较北京共识与华盛顿共识的意义，雷默指出，华盛顿共识认为未来会是每个国家都实行市场机制、采取同样的政治模式的大同世界，这背离了历史经验。而北京共识承认路径依赖的作用，认为国情不同、初始起点不同会带来结果的不同。所以北京共识更符合世界的真实情况，也就是国际社会应该

---

① ［韩］李信和:《华盛顿共识和北京共识》，朝鲜日报中文网，2006年5月14日，http://chn.chosun.com/site/data/html_dir/2006/05/14/20060514000000.html。

存在各种不同的模式，而非只有单一模式。① 通过与华盛顿共识的比较，赵穗生认为："北京共识代表了对于美国霸权所代表的现状的对抗，因为中国已经成功地通过鼓励创新、提高生活品质与经济成长并重以及提供平等的环境以避免动乱，并维护了其独立和自决的地位，拒绝了西方强权施加其意志，而获得发展上的成功。"②

通过与印度模式的比较，分析中国模式的优势与不足。印度模式在很多人看来，是将来能够与中国模式相抗衡的另一种发展模式，甚至有人提出了"孟买共识"。但是，通过与印度模式的比较，可以发现，中国模式具有印度模式无法比拟的优势。第一，通过中国和印度现状的比较，可以看出中国模式所带来的巨大成就。③ 有学者指出，不同的发展模式使中印两国在世界上的地位相差甚远，"中国不再是一个处在襁褓当中的大国，而是一个货真价实的世界第三大经济体。印度当然也是一个巨人，但它却是一个'泥腿子'"。"客观地说，中国模式就好像打在印度模式脸上的一记响亮耳光，这一点在发展中世界表现得愈发明显。相对于中国，印度尚未苏醒。""中国与印度的经济差距就像遥远的地中海两岸一样无法弥合。"④ 第二，通过与印度模式的比较，也能发现中国模式存在的问题。《外交政策》一篇文章指出："由外部投资以及出口导向推动的中国经济腾飞，并没有为中国培养出能够参与世界竞争的私人企业，而印度却培养出了许多能够与欧美国家的企业竞争的尖端本土企业，例如软件巨头印孚瑟斯技术有限公司维普罗公司，生物制药企业兰巴克西公司和雷迪博士实验室。⑤ 也就是说，印度更加充分地利用了自己的资源，并鼓励创新，而中国对外依赖程度比较高。第三，通过与印度模式的比较，

---

① [美] 乔舒亚·库珀·雷默：《在"北京共识"下"共同进化"》，《国际先驱导报》2010年4月26日第20版。

② Suisheng Zhao, "The China Model: can it replace the Western model of modernization", Journal of Contemporary China, Vol. 19, No. 65, 2010, p. 421.

③ 《西报：相对于中国 印度还未苏醒》，环球网，2009年9月10日，https://oversea.huanqiu.com/article/9CaKrnJmp5P。

④ 《相对于中国 印度还未苏醒》，《营口晚报》2009年9月15日第C8版。

⑤ Yasheng Huang and Tarun Khanna, Can India Overtake China?, Foreign Policy, No. 137, 2003, p. 75.

可以发现中国政治制度的优势。印度被认为是一个民主国家，而中国则经常被指责缺乏民主。但是，通过中国模式与印度模式的比较，人们发现，中国的政治制度具有许多优势，对促进中国经济社会的发展起到了至关重要的作用。实际上，印度的所谓的民主制度并没有能够带来真正的民主结果，只是停留在形式上。印度公共政策选择中心主任、前财长顾问、经济学家和中国问题专家莫汉·古鲁斯瓦米指出："印度改革举步维艰，因为印度领导人很难在一些关键问题上达成共识，这是印度民主的代价。相比之下，中国政府却对普通民众的发展需求做出了更为积极有效的回应。"[1]

通过与俄罗斯改革模式的比较，分析渐进式改革与休克疗法的利弊。渐进式改革被认为是中国模式的一个突出特点，中国之所以在高速发展的过程中保持了稳定，一个重要的原因在于中国的改革是渐进式的，是摸着石头过河。渐进式改革被认为是中国模式成功的一个关键。而采用休克疗法式改革的俄罗斯，经济社会发展遇到了许多难题。因此，俄罗斯作家兼记者亚历山大·普罗哈诺夫说："中国的成功，对于俄罗斯是一种历史性的指责。"[2] 也有学者通过把中国模式与俄罗斯改革模式对比，指出中国模式的优势。俄罗斯东方学专家阿列克谢·基瓦指出，中国模式的实质是，逐步地、分阶段地为形成市场经济和代表制式的民主创造前提。"不搞'大跃进'，不搞'休克疗法'，不破坏经济，也不降低居民的生活水平。不打破社会关系体制，不破坏传统，也不破坏原有的习俗和道德观。"[3] 当然，也有学者通过中国模式与俄罗斯模式的比较认为，俄罗斯休克疗法虽然现在的效果不好，但毕竟打下了良好的基础，为未来的发展创造了条件。中国的渐进式改革虽然赢得了稳定，但根本的问题没有得到解决，相反会阻碍下一步的改革和发展。

通过和亚洲"四小龙"模式的比较，厘清中国模式与东亚模式的异

---

[1] Mohan Gurusway, *Chasing the Dragon: Will India Catch Up with China?* Pearson Education, 2010, p. 150.

[2] 赵荣、赵静：《"中国确实是一个社会主义国家"——析弗·尼·舍普琴科的中国特色社会主义观》，《当代世界与社会主义》2019年第3期。

[3] 孙振远：《俄罗斯学者关注中国改革和发展模式》，《经济研究参考》2005年第32期。

同。许多学者认为，中国模式与亚洲"四小龙"模式极其相似，所不同的只是中国的人口、经济规模要比"四小龙"大得多。① 傅高义指出，"日本、韩国和中国台湾地区虽然没有共产党，但是它们也是政府领导经济发展，刚开始也是权力比较集中，自由并不多。所以我觉得中国大陆与它们相同的地方还是很多，都属于亚洲后期快速发展的一种模式"。② 张维为比较全面地分析了中国模式与东亚模式的关系，认为二者有许多共同之处，包括：第一，中国也有一个强有力的、现代化导向的政府。这个政府有能力凝聚全民对于实现现代化的共识，保证政治和宏观经济的稳定，并在这种环境中进行大规模的改革开放。第二，中国也采取了出口导向型的经济，积极参与了全球化和国际竞争，并因此大大提高了中国整体的经济水平和综合竞争力，当然中国还有"四小龙"所不可比拟的巨大的国内市场，使中国经济也成为推动亚太经济，乃至世界经济的一个重要火车头。第三，中国也是高储蓄率，高投资率。第四，中国也重视教育和人力资源开发。第五，中国也实现了产业结构的深层次变革：由传统的农业经济转向工业经济、商业经济、服务经济。但张维为同样指出，中国模式并不等同于东亚模式，它有着自己的独特性。第一，作为一个有长期动荡历史的超大型国家，中国在处理稳定、改革和发展三者的关系方面找到了平衡点。第二，中国现代化进程的指导方针非常务实，即集中精力满足人民最迫切的需求，首先就是消除贫困，并在这个领域取得了显著的成绩。第三，实事求是，一切都要经过试验，不断地总结和汲取自己和别人的经验教训，不断地进行大胆而又慎重的制度创新。第四，拒绝"休克疗法"，推行渐进改革。第五，确立了比较正确的优先顺序。第六，以开放的态度，有选择地学习别人的一切长处，但

---

① 有些学者认为，中国模式与东亚模式还是有很多区别，除了人口与市场规模以外，还体现在其他层面，特别是在工业政策方面，中国大陆与日本、韩国、中国台湾地区是相反的，当日本、韩国、中国台湾地区由轻工业转向重工业的时候，中国大陆却抛弃毛泽东时代的重工业政策，转向轻工业。具体可见 Andrea Boltho and Maria Weber, "Did China Follow the East Asian Development Model?", *The European Journal of Comparative Economics*, Vol. 6, No. 2, 2009, p. 259。

② 《哈佛"中国通"谈中国研究与中国模式——专访傅高义教授》，《国际社会科学杂志》（中文版）2009 年第 1 期。

以我为主，绝不盲从。①

（二）通过调查走访获得具体材料

国外学者对中国模式的研究，除了从理论的视角进行分析以外，还有许多学者在中国进行了大量的走访调查，获取了关于中国改革开放以来发展变化的第一手资料，并在此基础上展开对中国模式的研究。这种实地考察的研究方法避免了从自我感觉出发的抽象的理论分析，使这些学者对中国模式的分析更加贴近中国的实际。

约翰·奈斯比特是通过实地考察研究法研究中国模式的代表。约翰·奈斯比特不懂中文，但却在天津财经大学成立了"奈斯比特中国研究院"，他选择28名大学生作为自己的助手，每天从中国100个城市的日报中搜寻新闻事件，进行分析和研究。他自己每天都精读《中国日报》，搜集整理资料。正是在此基础上，他创作了《中国大趋势》，提出了中国新社会的八大支柱，以独特的视角来解读中国模式。罗伯特·劳伦斯·库恩也是通过实地考察研究中国模式的代表。罗伯特·劳伦斯·库恩遍访中国各地，走访了许多地方领导干部、普通民众，走进工厂、社区等，获取改革开放以来中国发展变化的新鲜资料，并创作了《中国30年：人类社会的一次伟大变迁》。郑永年也曾参加"浙江连线"活动，到中国浙江考察，走访了绍兴、宁波、台州和温州等民营经济较为发达的地区，使其对浙江的发展多了一层理性的思考，对中国模式下企业、政府、社会的关系等问题有了更深刻的认识。

也有学者既坚持实地考察，又注重梳理中国学者的观点，并通过分析中国学者的观点来阐释中国模式的内涵、性质、特点等。英国学者马克·里欧纳德是其中的一个代表。他既走访了中国最偏远的乡村，也遍访中国最知名的社会学者，以全面了解当代中国的发展历程。马克·里欧纳德在《中国怎想》一书中，提到了数十位中国知名学者的观点，这些学者包括崔之元、甘阳、胡鞍钢、张维迎、郑必坚等。这可以说也是国外学者研究中国模式的一个突出特色。

---

① 张维为：《中国触动全球》，新华出版社2008年版，第36—38页。

实地考察对于国外学者深入分析研究中国模式具有重要意义。通过实地考察，一些国外学者对中国模式的内涵有了更清晰的认识，对中国的经济社会发展状况有了更深刻的理解，对中国模式在中国所创造的巨大成就有了更为直接的认识。使他们对中国模式的态度和看法更为科学，更容易去掉意识形态的偏见，从中国的实际出发看待中国模式。如果奈斯比特不到中国来，不去调查了解，他也可能会指责中国在政治上的独裁主义，但现在，他认为中国创造了一种新的民主形式，即纵向民主。也许正因为他对中国的了解，奈斯比特自己说，当西方学者总是报道一个糟糕的中国的时候，他总是报道一个繁荣崛起的中国。

（三）联系中国历史文化挖掘影响中国模式的深层因素

中国是一个拥有五千多年悠久历史的国家，这使当代中国的发展具有深厚的传统文化底蕴。要破解中国模式之谜，离不开对中国传统文化的深入剖析。《联合早报》评论员杜平指出："一个由共产党领导的国家，一个有别于西方成功模式的经济体，竟然保持高速经济增长这么多年，并且连续超越了好几个世界强国，这一事实使得所有现成的政治经济学理论都无法予以令人信服的解释。"[①] 而中国独特的文化传统是理解中国模式的钥匙。所以，国外学者特别重视中国传统文化与中国模式之间的关系。包括中国传统文化对中国模式形成的影响或中国模式背后的中国传统文化底蕴；中国模式中的文化因素；如何从文化和文明角度看中国模式对世界的意义和影响等。

第一，一些学者认为中国模式的形成离不开中国文化的某些特性。中国模式的开放性得益于中国文化的包容性。因为中国模式汲取了世界各种模式的合理因素，开放包容被认为是中国模式的主要特征之一，而这种开放性，来自中国文化的包容性。杜平指出："不可否认的一点是，中国最近 30 年来的快速进步，得益于思想的解放和门户的开放，得益于引进了先进的技术、资金和市场观念。但是，假若没有一个与外来观念

[①] 杜平：《中国崛起是一种文化现象》，中新网，2007 年 3 月 16 日，https：//www.chinanews.com/hr/news/2007/03 – 16/892892.shtml。

相容的文化,所有的技术、资金、观念和机制都不会产生效果,至少不会充分地发挥效果。性格决定一个人的命运,文化决定一个国家的兴衰。以'文化是决定性因素'的理论来解释中国的重新崛起,我们就不会感到有多大意外,因为这是文化基因所决定之事。"① 中国之所以能够独立自主探索出自己的发展模式,也得益于中国文化在具有包容性的同时,又具有自主性。《苏维埃俄罗斯报》一篇文章指出:中国不会把其他文明社会(哪怕是取得重大成就的社会)看作完美的标准和模仿的榜样。中国人一贯走的是自己的路,今后仍会走自己的路。他们吸收其他国家人民的成功经验,但不改变自己的文化社会的本质。②

第二,理解中国传统文化是理解中国模式的关键。在很多国外学者看来,中国模式最难以理解也是最具特色的方面就在于中国在促进经济快速发展的同时却没有同步实现西方的民主化,或者说在没有一个所谓的西方的民主政治条件下,居然实现了经济的长期快速增长。但是,如果理解了中国传统文化,这一问题就会迎刃而解。特别是对于理解中国的政治制度而言,离开了中国传统的文化,就不能对当代中国的政治运行做出一个合理的解释。郑永年认为:"人们必须对中国的政党制度作一种文化解释,而非简单地把中国的政党理解成西方的政党,尽管双方都在使用'政党'的概念。""中国近代政党概念来自西方。但是到了中国,这个概念就逐渐发生的质的变化。中国并没有多党政治的传统,多党竞争在中国缺乏足够的文化土壤。"③ 约瑟夫·奈也持有类似观点,他提出:"一些国外学者认为中国是市场列宁主义的威权国家,但是中国经济发展又很好,这让他们很不解。非洲、南美的一些威权国家发展很差,有些甚至是失败国家。为什么中国能发展好,可能就是因为中国文化。中国文化决定了中国的发展道路。"④

---

① 杜平:《中国崛起是一种文化现象》,中新网,2007年3月16日,https://www.chinanews.com/hr/news/2007/03-16/892892.shtml。
② 孙振远:《俄罗斯学者关注中国改革和发展模式》,《经验研究参考》2003年第32期。
③ 郑永年:《民主,中国如何选择》,浙江人民出版社2015年版,第276—277页。
④ 谷棣、谢戎彬主编:《我们误判了中国:西方政要智囊重构对华认知》,华文出版社2015年版,第10页。

第三，只有从文化视角出发，才能真正理解中国模式的世界意义。在一些学者看来，中国的崛起，在本质上是中华文化的复兴。杜平指出："中国的崛起不单单是一个经济现象，而更是一个文化现象；不只是表明国力在增强，而且更意味着文化在复兴。"① 甚至有一些学者提出，中国模式的成功将使中国文化一统世界。"中国模式的成功将颠覆一切西方认为是'现代'的内容，重新界定'现代'一词的含义，这将是一场全球意义上的'文化变革'。"② 马丁·雅克在《当中国统治世界》一书中，提出未来中国将以自己的文化统治世界。张维为在《中国震撼：一个"文明型国家"的崛起》一书中则提出，中国是一个"文明型国家"，而这种"文明型国家"一般具有超强的历史和文化底蕴，它既不会跟着别人亦步亦趋，也不会照搬其他任何模式，它只会沿着自己的特有轨迹和逻辑不断演变发展；在崛起的道路上它也可能会经历磕磕绊绊，但它崛起的势头不可阻挡，它崛起的方向不可逆转；这种"文明型国家"有能力汲取其他文明的一切长处而不失去自我，并对世界做出原创性贡献，"它给世界带来的可能是新一轮的'千年未有之大变局'"③。

三 国外中国模式研究存在的问题

国外对中国模式的研究，为我们研究中国模式提供了新的视角和方法，对我们全面认识中国特色社会主义具有重要意义。但是，国外中国模式研究也存在一些问题，应该引起我们的警惕，也需要我们对其做出深入分析。

(一) 呈现"捧杀"和"棒杀"两个极端

虽然国外学者中不乏对中国模式进行全面客观的研究与分析，但也

---

① 杜平：《中国崛起是一种文化现象》，中新网，2007年3月16日，https://www.chinanews.com/hr/news/2007/03-16/892892.shtml。
② 杨龙波：《文化视阈中的中国模式》，《前沿》2012年第3期。
③ 张维为：《中国震撼：一个"文明型国家"的崛起》，上海人民出版社2011年版，第2—3页。

有不少学者对中国模式的态度呈现两个极端,一个是"捧杀",另一个是"棒杀",对全面认识中国模式产生了不利的影响。

那些"捧杀"中国模式的学者,往往只看到中国模式的优势,很少分析甚至完全忽视中国模式存在的问题,极大地抬高中国模式的意义。布鲁塞尔当代中国研究所研究主任乔纳森·霍尔斯拉格指出,中国模式是 20 世纪以来最为成功的发展模式。① 一些俄罗斯学者也指出,中国的发展模式魅力无限,"对所有发展中国家具有难以抗拒的诱惑力"②。叶列娜·波多利科还强调,中国模式的主要原则是以人为本,并把中国模式描绘得无限美好。她认为:"在经济领域,和谐社会体现为降低收入差距和城乡发展差距,完善社会保障体系;在政治方面,和谐社会则体现为坚持社会主义制度,同时逐步降低政府专权,建设有中国特色的法制国家。""近几十年来的实践表明,中国正在成为一个全球强国,中国的崛起并非神话,而是现实。"③ 对于有些学者来说,本意也许并无"捧杀"中国模式之意,但是,把中国模式抬高到如此程度,实际上是给中国模式带来了太大的压力,无形中宣扬了"中国模式威胁论"。对于另一些学者来说,抬高中国模式的地位和意义,则纯粹是为了制造"中国模式威胁论",或者是宣扬"中国责任论"。不能不说,2018 年美国对中国挑起贸易战,就是这种"捧杀"的直接后果之一。郑永年指出,尽管中国强调不会输出模式,但对一些学者和政策研究者来说,"中国模式"的目标就是要打败西方模式了。"这种过度的宣传和解读无疑给西方制造了一种'恐惧',莫名其妙地感到西方要被中国所超越、所取代,而这种'恐惧感'又促成美国(和西方)改变其对华政策。"④

那些"棒杀"中国模式的学者,则往往只看到中国模式存在的问题,

---

① 《"中国模式是上个世纪以来最为成功的"——外国专家评价"中国模式"之二》,人民网国际频道,2009 年 5 月 7 日,http://www.chinadaily.com.cn/zgzx/2009-05/07/content_7754068.htm。

② [俄] 弗拉基米尔·波波夫:《中国的发展模式,对所有发展中国家具有难以抗拒的诱惑力》,《海外经济评论》2006 年第 42 期。

③ [俄] 叶列娜·波多利科:《中国的发展模式是对西方自由经济的真正挑战》,《海外经济评论》2007 年第 33 期。

④ 郑永年:《中美贸易战中我们暴露了怎样的弱点?》,《特区经济》2018 年第 11 期。

很少看到中国模式对中国乃至其他国家所带来的积极意义，一味地放大中国模式的弊端，甚至完全否定中国模式。一些学者认为，根本就不存在所谓的中国模式，中国所走过的路，其他国家也都走过，像陈志武所说的那样，"没有中国模式这回事"。对于那些"棒杀"中国模式的学者来说，之所以否定中国模式或者否定中国模式的意义，主要的原因恐怕是因为一方面对中国模式缺乏深刻的认识；另一方面，恐怕就是对中国模式的恐惧，害怕中国模式所带来的冲击，因此极力放大中国模式的弊端，否定中国模式的意义。就像美国《世界日报》一篇文章所指出的那样，"今天的中国，看上去正在走向强盛，有望成为全球领导大国，但在某种层面，有如当年'红楼梦'的荣宁二府，外表看上去风光，内里千疮百孔，最大的问题，正是其体制的弊端、其官员队伍的严重腐败、其特殊利益集团坐大失控、其官民关系的势若水火"①。考虑到中国模式对非洲国家的影响和意义，有学者认为，中国模式的影响"破坏了西方发起的非洲发展新伙伴计划，这一计划原本藉由援助来要求他们彼此监督各自的政府体制并调节冲突"，"中国效应使得像是种族屠杀之类的暴力活动不断发生"②。

在这些"捧杀"和"棒杀"中国模式的学者中，不能否认其中有些学者确实是自身的原因，没有能够看到中国模式的弊端或者是没有看到中国模式的优势，但他们都是基于一种客观的态度出发去分析中国模式的。然而，也不能否认其中的一些学者，其"捧杀"或"棒杀"中国模式都是基于某种特殊的目的出发，包括宣扬"中国责任论"或者是诋毁中国模式的形象等。但是，不管是不是故意"捧杀"还是"棒杀"中国模式，对于研究中国模式来说，都是不科学的，对中国模式的分析应该一分为二，既要看到中国模式的优势，也要看到中国模式的弊端，并且不应该仅仅指出其优势和弊端所在，还要分析其内在的根源，这才是研

---

① 《中国今年"周年"之年的历史启示》，美国《世界日报》2011年2月11日文章，http://www.crntt.com/crn-webapp/doc/docDetailCreate.jsp? coluid = 59&kindid = 0&docid = 101596016&page = 2&mdate = 0212080749。

② ［英］斯蒂芬·哈尔珀：《北京说了算？中国的威权模式将如何主导二十一世纪》，王鑫、李俊宏等译，八旗文化2010年版，第61页。

究中国模式的正确之道。

（二）强烈的意识形态偏见

部分国外学者特别是一些西方学者在研究中国问题时，总是习惯于戴着有色眼镜去看待中国发生的一切变化，他们总是否认中国取得的一切成就，而又总是放大中国所犯的一切错误。在研究中国模式这一问题上，一些西方学者同样犯了这样的错误，那就是他们对中国模式的一些观点，有意无意中带有强烈的意识形态偏见。郑永年指出："尽管中国本身不再强调意识形态，但西方不断要把中国再意识形态化，使用各种充满意识形态味道的概念如'权威资本主义'和'权威民族主义'来描述和打扮中国。"① 洛瑞塔·纳波莱奥尼也认为，西方世界对中国有着太多的误解，不能以谦虚、信赖的心态看待中国，而总是带着傲慢与偏见去看待中国的崛起。她指出："我们的宣传机器隐去了南非和中东的政治风暴，我们的媒体和领导人忽视了穆巴拉克在埃及坏透的人权纪录……本·阿里对突尼斯财富的窃取，却持续关注中国民主的缺失和政府的暴行，我们的媒体总是隐去中国经济奇迹的真实情况，以及我们自己的发展模式所存在的问题。"②

一方面他们认为，尽管中国经济取得了快速增长，但中国模式依然是一种专制模式，并不足以对其他国家产生吸引力。对于大多数国外学者来说，并不否定在中国模式引领下，中国的经济发展取得了巨大成就，中国模式在经济上是成功的，但是，在他们看来，中国政治的进步与经济的发展相比，严重滞后，中国甚至处在一种高压政治统治之下，根本没有任何自由民主可言。也正是因为如此，罗恩·卡利克才认为，中国模式的内涵就是经济自由加政治压制，并且他的这一观点得到了许多学者的赞同。实际上，国外学者在看待中国的政治改革时，总是以西方的政治制度为标准。如果中国的改革选择了一条西方式的道路，选择了多

---

① 郑永年：《为中国辩护》，浙江人民出版社2012年版，第9页。
② Loretta Napoleoni, Maonomics: why Chinese communists make better capitalists than we do, *Seven Stories Press*, 2011, p. ix.

党制、三权分立等，那么中国的政治就是进步的，而如果中国的政治改革没有向西方的政治制度看齐，那么，中国的政治改革就被认为是停滞不前，他们在看待中国政治改革时，丝毫不考虑中国的历史文化传统和现实国情，也不考虑中国如果采取西方的政治制度会产生什么样的后果，他们总是对俄罗斯的政治改革的后果视而不见，却总是赞扬依然存在种姓制度的印度是世界上最大的民主国家。在这些西方学者看来，只有西方的政治制度才是民主的政治制度，中国不可能也不能创造出一条有别于西方的政治发展道路。

另一方面，把中国模式看作对西方发展模式的威胁，宣扬"中国模式威胁论"。对于一些国外学者来说，他们研究中国模式，就是为了宣扬"中国威胁论"，他们把中国的一切成功都看作对西方世界的威胁。他们宣称，中国通过一系列西方民主国家所不齿的方式取得了成功，并对美国以及西方世界带来了极大的挑战。迈克尔·舒曼提出，"我们为什么会这样担心崛起的中国，却不担心崛起的印度？或者说，为什么一个经济强大的中国比一个更强大的欧洲更难以让人接受？"原因似乎很简单，印度的发展理念与西方是相似的，而中国则代表了另一种发展的理念。美国《国家利益》杂志甚至还发表了一篇题为"中国特色的霸权主义"的文章指出，"华盛顿试图孤立、压迫甚至是颠覆伊朗、朝鲜等专制的'流氓国家'，而北京却愿意与它们接触。这即使没有挫败华盛顿，也令事态复杂化。……共产党希望保住权力的愿望对国家政策的每一方面都有所影响。在外交方面，这意味着北京的最终目的是'确保世界适于推行独裁主义'，或至少是要继续确保实行一党专制政策。"① 这些学者完全无视中国一直以来所坚持的独立自主的和平外交政策，完全无视中国的快速发展既不是建立在争夺西方国家市场的基础上，也不是建立在对发展中国家掠夺的基础上这样一个基本事实。在独立自主的基础上，中国坚持互惠互利，发展同一切国家的外交关系。促进世界和平与发展，构建和谐世界，才是中国坚持和平发展道路的根本所在，也可以说是中国模式

---

① Aaron L. Friedberg, "Hegemony with Chinese Characteristics", *The National Interest*, No. 114, July/August 2011, p. 23.

的一个重要价值和意义所在。

(三) 回避当代中国发展进步的内在原因

多数西方学者都承认中国模式在经济上的成功,但总是回避中国模式取得成功的原因。而这一问题恰恰是研究中国模式最为重要的一个问题,这也反映出西方学者研究中国模式带有一定的政治立场。回避这个问题,关于中国模式的研究就不可能深入。他们不愿意研究中国模式成功的原因是很容易理解的,因为,如果发现中国模式成功的真正原因在于中国开辟了一条中国特色社会主义道路的话,那中国模式无疑对西方世界构成了极大的威胁,而这是西方学者在内心不愿意承认的。陈有为就曾指出:"西方可以承认中国的成就,但对成就原因是什么却讳莫如深。因为中国成就并非按照西方的价值标准取得。"[①]

很少谈中国经验。对于研究中国模式的西方学者来说,很少谈及中国的经验,或者说很少从正面来分析中国的经验。他们认为中国模式之所以成功,得益于渐进式改革、对西方发展模式的借鉴、强有力的政府干预等,而很少涉及中国如何在融入全球化的过程中坚持独立自主,如何在进行改革的同时,处理好改革、发展与稳定的关系等,胡锦涛提出的"十个结合",很少引起西方学者的注意,只有少数学者且基本上是非英美国家的学者曾经注意中国改革开放的这些经验。可能对于这些西方学者来说,真正客观总结中国的经验,会进一步提升中国模式的吸引力,而这是他们不希望看到的。

割裂经济与政治的联系。国外学者并不否认中国模式的成功,但仅仅认为是经济的成功,并且通常把经济取得成功的原因归于中国采取了私有化、自由化、市场化等西方的一些经济发展理念,很少考虑中国的政治制度对经济发展所起到的至关重要的作用。国外学者往往是肯定中国的经济,而否定中国的政治,并把这一点看作中国模式的一个突出特点。否定中国政治的进步,是西方学者基于自己的立场而做出的自然反应,但是割裂经济与政治的联系,不可能真正理解中国模式的内涵及其

[①] 陈有为:《西方年终如何看中国》,《海外经济评论》2008年第2期。

本质。

回避中国共产党的地位和作用。国外学者研究中国模式的一个最大问题，恐怕就是很少涉及中国共产党在中国模式产生、发展过程中的重要地位和作用。在中国这样一个共产党长期执政的条件下，离开了对中国共产党的研究，是不可能对中国模式进行深入彻底研究的。

当然，国外中国模式研究还存在其他一些问题，例如，总是把中国模式与美国模式联系起来、与华盛顿共识联系起来。也许中国模式之所以成为国际社会热议的对象，很大一部分原因要归于北京共识的提出，而与北京共识相对应的则是华盛顿共识，所以一些国外学者在研究和分析中国模式的同时，总是习惯于把中国模式与华盛顿共识相比较。这样导致国外对中国模式价值和意义的研究，只重视中国模式的世界意义，而忽视中国模式对当代中国发展进步的重要作用。另一个比较突出的问题是，在研究中国模式的国外学者中，也有一些人并非真正研究中国问题的专家，对中国也并不了解，似乎只是为了迎合中国模式研究的热潮，因此他们提出的许多观点并不符合中国的实际，不仅对认识中国模式毫无裨益，还会误导人们对中国模式的认识。

四 国外中国模式研究的启示

尽管国外中国模式研究存在这样和那样的问题，但国外学者对中国模式的研究还是给予我们很多启示。

（一）正视中国模式的概念及其意义

长期以来，国内有些学者总是以消极的态度回避中国模式这一概念，但从近几年国外学者掀起的一波又一波研究中国模式的热潮来看，对中国模式的消极回避并不能给中国模式研究热潮降温，消极回避并不能阻止别人依旧使用中国模式这一概念。中国模式这一概念，为中外学者就当代中国问题研究提供了一个新的舞台。在这一舞台上，我们应当争做主角，而不是消失在舞台背后，只是做一个看客。因为，你不去做主角，别人就自然成了主角，观众的眼光就自然集中在别人身上，观众不会因为你不在舞台上就自动离场。中国模式是一个争夺话语权的平台，我们要争取在这个平台上掌握主动权，只有这样，我们才能把我们所理解的当代中国呈献给整个世界。

另外，也不要回避中国模式的世界意义。国内有些学者在研究当代中国发展模式问题时，总是采取一种消极的态度对待中国模式的世界意义。强调中国模式对当代中国进步发展的首要意义是应该的，但也不应否认中国模式对其他国家特别是发展中国家所带来的借鉴意义。当代中国的发展就是借鉴了其他发展模式的很多有益因素，我们又为何一定要否认中国模式对其他国家的借鉴意义呢？实际上，任何一种成功的发展模式，都具有能被其他国家借鉴的地方。我们国内的很多学者之所以不谈中国模式的世界意义，主要是害怕引起所谓的"中国模式威胁论"或者是"中国责任论"，但是，我们不讲，不代表别人不讲。如果一味回避中国模式的世界意义，只讲中国模式对中国发展进步的影响，相反正中了一些国家对指责中国单边主义的陷阱。事实证明，尽管国内学者主张慎提中国模式，一些西方国家特别是美国借口抵制中国模式已经对中国采取了行动，2018年由美国挑起的愈演愈烈的中美贸易冲突就是最典型的例证。因此，如果我们不能从正面角度阐释中国模式的世界意义，就不能消除"中国威胁论"，相反会加剧西方国家对中国的猜测，只能会使"中国威胁论"在西方国家越来越有市场。

（二）拓展中国模式的研究思路

国内对中国模式的研究，一般是从改革开放以来经济、政治发展的角度出发，诠释中国模式的内涵，很少从历史、文化的视角对中国模式进行研究。而从中国历史、传统文化视角研究中国模式，是国外中国模式研究的一个重要方法，这对深刻揭示中国模式的内涵具有重要的意义。

国外一些学者注重分析改革开放前后两个历史时期的关系，强调毛泽东对当代中国发展的探索深刻影响了后来的改革开放以及中国模式的形成。郑永年指出："正是因为有毛泽东那么多充满价值的社会实践，毛泽东后的中国领导人才有了全然不同的探索。计划经济、高度集权、没有自由、封闭、贫穷社会主义等已经被证明行不通，才使得无论是领导层还是中国社会都接受并追求市场、分权、自由、开放和富裕生活等价值。"① 有的学者还提出，中国模式形成的起点应该是毛泽东对中国发展道路的探索，还有学者提出要把中国模式放在中国共产党成立近百年的历史背景中，甚至要把中国模式放在1840年鸦片战争以后中国探寻自己的发展道路的大的历史背景下。林春指出："'中国模式'来自近现代中国人民追求独立解放和繁荣富强的艰险历程，有深刻的时代渊源和路径依赖，是一部不应也无法割断的历史的一部分。"② 从历史的视角出发，分析中国模式得以产生的前因后果、中国模式的内涵、性质等，给我们研究中国模式提供了新的思路。

注重分析中国传统文化对中国模式的影响，也是国外中国模式研究给我们的一个重要启示。国内学者往往只重视从经济的角度看待中国模式，而忽视中国传统文化在中国模式中的地位和作用。从文化的视角分析中国模式形成的原因，以及中国模式可能会给世界带来的影响，是国外中国模式研究的一个重要创新。特别是许多国外学者提出中国是一个"文明型国家"，中国崛起所带来的真正挑战很可能是文化上的，因此要从理解中国传统文化出发理解中国模式。马丁·雅克在《当中国统治世界》中指出："为了分析中国崛起的真正含义，我们不但要了解它的经济发展过程，还要了解它的历史、政治、文化和传统。否则，我们就会陷入盲人摸象的境地，根本无法理解中国崛起的真正含义，只会感到惊慌失措。"③ 马丁·雅克等学者从文化的角度对中国模式的剖析，有助于我们理解当代中国一些不容易用西方的现代经济政治理论解释的谜题。例如，为什么中国人民愿意接受一个强大的中央政权，而不是像西方那样，只是把政府看作守夜人？为什么中国在融入全球化的过程中，能够保持自己的本色？国外学者的这些研究都给我们分析中国模式提供了新的思路。

---

① 郑永年：《中国模式——经验与困局》，浙江人民出版社2010年版，前言第4页。
② 林春：《"中国模式"议》，《政治经济学评论》2010年第4期。
③ [英]马丁·雅克：《当中国统治世界》，张莉、刘曲译，中信出版社2010年版，第159页。

中国的历史和文化确实是我们揭示中国特色之谜的一个重要方面。但一个必须正视的现实是，西方学者对中国历史和文化的了解远远赶不上我们自己深入，因此我们首先要对中国模式的历史文化基础给出自己的解释，防止因为国外学者对中国历史文化的曲解导致对中国模式的误解。而事实上，国外学者之所以产生对中国模式产生误解，也恰恰源于他们对中国历史文化缺乏深刻的理解。就国外学者习惯于把中国模式称为极权主义模式这一问题来说，在根本上不是因为中国实行的是社会主义制度，坚持的是马克思主义的思想指导，而在于他们认为中国始终把单一意识形态作为政权合法性的基础，尽管有些国外学者并不认为这种意识形态是社会主义性质的。因为在西方学者看来，用意识形态实现社会整合，只有在极权主义（totalitarianism）政体中才得到普遍运用。① 然而，他们不了解的是，用单一意识形态实现社会整合是中国自汉朝以来两千多年的历史文化传统，作为一个西方学者所谓的"文明型国家"，中国事实上一直是作为一个意识形态共同体来存在的。在中国因为习惯成为自然的事情，因为历史文化背景的不同，在西方学者那里却成了万万不能接受的，从而很容易造成对中国模式的误解。

（三）注重中国模式研究的整体性

国外中国模式研究带给我们的另一重要启示是，要用多维度整体性视角看待中国模式。中国模式是一个系统概念，它涉及经济，也涉及政治，还包括文化、社会等方方面面。所以，研究中国模式必须有一个整体性的视角，但国内学者往往把中国模式细化为经济模式、政治模式、文化模式、社会模式，然后进行分别研究。这种分别研究也是研究中国模式的一个重要方法，但是如果缺乏对这些相对独立的模式的综合研究，很难真正揭示中国模式的内在本质。因为，经济、政治、文化、社会等本身就是不可分割的整体。

相对于国内学者来说，国外学者更注重对中国模式的综合研究，他

---

① 金观涛、刘青峰：《中国现代思想的起源：超稳定结构与中国政治文化的演变》第一卷，法律出版社2011年版，第17页。

们十分注重经济发展与政治进步之间的内在关联,并把为什么在中国这样专制统治下实现经济增长视为他们研究中国模式的一个重点。虽然多数国外学者对中国的政治进步持否定态度,但他们这种研究的思路却给我们一个重要启示,我们要向世界阐释中国模式,也必须解释清楚中国的政治制度为什么能够被中国人民所接受,为什么在西方学者所谓的"政治专制"条件下,确立了市场经济并取得了经济持续多年的增长。我们研究中国模式,不单单是阐释什么是中国特色社会主义市场经济、中国特色社会主义政治制度等这些问题,我们研究的重点更应该是把经济、政治、历史、文化等联系起来,揭示中国模式成功的内在深层次原因。

结　语

　　中国模式是21世纪以来国际社会研究的热门话题之一。当代中国的快速崛起，使国际社会热衷于分析中国模式，以期解开当代中国快速发展之谜。中国究竟因何能够迅速崛起，中国模式能否持续发展下去，中国的崛起又将对西方资本主义世界甚至整个国际社会带来怎样的影响，正是带着这些疑问，国外学者开始了对中国模式的研究，并针对中国模式的内涵、性质、特征、意义等方面提出了各种各样的观点。这些观点有的符合中国实际，从某些方面揭示了中国模式的实质，有的则偏离中国实际，是对中国模式的误解。对于其正确的观点，我们应该给予充分肯定，对于其错误的观点，我们应予以坚决反驳，以消除国际社会对中国特色社会主义的错误认识，使国际社会能够更为客观地看待和认识中国特色社会主义，为中国进一步融入世界创造良好的国际舆论环境。实际上，无论对与错，国外学者有关中国模式的观点都反映了他们对中国特色社会主义的认识。对他们观点的梳理，有助于我们更好地了解国际社会对中国特色社会主义的认知和态度，也有助于我们认识中国特色社会主义的优势与不足，从而有的放矢，不断发展和完善中国特色社会主义，树立中国特色社会主义的良好国际形象。

　　近年来，虽然国外关于中国模式的研究如火如荼，但是由于对"模式"这一概念认识上的曲解，国内学界对国外关于中国模式的研究没有能够做出应有的回应，中国模式研究明显是外热内冷，无论是从研究的规模，还是研究的深度，国内对中国模式的研究严重滞后。特别是开始几年，国内一些学者明确提出要"慎言"中国模式，更是给中国模式研究蒙上一层阴影，不利于中国模式研究的深入。"慎言"中国模式一方面不能对国外有关中国模式的错误观点做出批判，等于是默认了国外学者对中国模式的批评。另一方面，"慎言"也不能对国外学者关于中国模式的肯定的观点给予呼应，明显表现出对中国改革开放所取得的成就缺乏应有的自信。"慎言"也是一种回应，但只是消极的回应，对研究中国模式毫无益处。国外对中国模式的研究不会因我们的"慎言"而止步，而我们也不应继续保持沉默。加强对中国模式的研究，通过国内外观点的交流与争锋，把一个清晰完整的中国模式呈现给整个世界，是我们应尽的责任。

　　内涵、性质、特征、价值和意义是国外中国模式研究的主要方面，也应该是我们研究中国模式的主要着力点。

　　关于中国模式的内涵，虽然国外学者提出了诸如"北京共识""经济自由加政治压制""混合经济加一党政治"等观点，但都不能真正概括中国模式的内涵。毕竟，国内外关于中国模式的研究还时间不长，且中国模式的复杂性前所未有，因此对中国模式内涵做出简洁而又精确的概括实属不易。但是，只要假以时日，随着中国模式的日益成熟，随着我们对中国模式的研究越来越深入，我们终会对中国模式的内涵做出简洁合理的概括。以我们今天的认识程度来说，中国模式就是中国特色社会主义道路。它是在马克思主义思想指导下，立足中国实际，把实现中华民族的伟大复兴的基本目标与实现共产主义的长远目标结合起来，建设和发展中国特色社会主义的多维框架。它既不同于苏联模式，也不同于东亚模式，既不同于民主社会主义模式，也不同于新自由主义模式，而是一种适合中国国情的新型社会主义发展模式。中国模式既坚持了科学社会主义的基本原则，彰显了社会主义的基本价值，又立足中国实际，带有鲜明的中国特色和时代特色。它既体现了社会主义发展的一般规律，又反映了我国社会主义初级阶段的特殊性，是普遍性和特殊性的统一。对于中国模式的内涵，习近平总书记在2013年《关于坚持和发展中国特色社会主义的几个问题》的讲话中已经给出了答案。他指出："我们始终认为，各国的发展道路应由各国人民选择。所谓的'中国模式'是中国人民在自己的奋斗实践中创造的中国特色社会主义道路。"①

关于中国模式的性质，特别需要我们从实际出发，正本清源，激浊扬清，坚决驳斥各种错误的观点。几乎没有国外学者质疑中国模式的效率，但也几乎没有西方学者肯定中国模式的社会主义性质。李成曾用一个比喻说明中国在改革开放的过程中失去了方向："在一次跨越太平洋飞行的中间，机长向乘客们宣布，有一个好消息和一个坏消息：'好消息是我们比计划飞得更快，坏消息是我们迷失了方向'。没有比这个故事更恰当地比喻当前中国现状了。"② 在李成看来，中国的发展确实取得了巨大的成就，但在某种程度上迷失了方向，因为它自己都搞不清楚自己究竟是坚持了社会主义的方向，还是已经走上了资本主义道路。但是，只要我们从实际出发，实事求是地看待中国模式，我们就会发现，中国在改革开放以来始终坚持了社会主义方向。众所周知的是，中国经济体制改革的目标是建立社会主义市场经济体制，即便鼓励和支持非公有制经济的发展，却不能动摇公有制经济的主体地位，社会主义的公有制经济仍然是基础；中国的政治体制改革始终坚持人民民主专政、坚持人民代表大会制度，改革没有动摇共产党的领导，也没有偏离社会主义道路，改革坚持的是党的领导、人民当家做主和依法治国相统一的民主政治发展道路；在指导思想上，中国也没有像苏联解体前那样搞意识形态的多元化，而是始终坚持以马克思主义为指导。

关于中国模式的特征，我们也需要从实际出发，特别是从我国社会主义初级阶段的现实国情出发，来理解为什么中国模式呈现这样的特色。渐进式改革是中国模式的一个显著特色，与新自由主义在苏东国家推行的"休克疗法"形成了鲜明的对比。事实上，"摸着石头过河"不仅是中国改革的独特经验，而且应是一个普遍经验，因为任何一个国家的改革，都需要根据自己的国情，一步一步探索，唯有如此，才能找到符合自己的发展模式。开放与包容也是中国模式的一大

---

① 《十八大以来重要文献选编》（上），中央文献出版社2014年版，第111页。
② Li Cheng, "Speed vs Direction", *China Security*, Vol. 4, No. 2, 2008, p. 5.

特色，但开放必须建立在独立自主的基础之上，包容的前提是不能违背四项基本原则。没有独立自主，不可能有真正的开放，没有自己坚持的原则，也没有真正的包容，有的只能是被同化。保持党领导下的"强势政府"同样是基于中国的特殊国情，一个落后的发展中国家要参与全球化，如果没有一个强势政府，有的就不是"积极参与全球化"，而只能是"被全球化"了。

关于中国模式的价值和意义，我们也需要做出正确的评判。中国模式最重要的意义在于它实现了当代中国经济社会的快速发展，不仅使几亿人摆脱了贫困，而且使国家快速迈向现代化，中国模式的这个意义是无论如何不能否定的，也是不可能被否定的。至于中国模式对其他发展中国家的意义，还是我们一直坚持的那样，我们的一些经验能够为发展中国家提供某种借鉴，但是，中国模式绝对不能照抄照搬。对于世界社会主义运动来说，中国模式为世界社会主义运动注入了生机与活力，同时这也是对资本主义的最大挑战，中国模式从某种程度上已经终结了"历史终结论"。至于中国模式能给西方国家带去多少反思，这还需要西方国家自己首先摘掉意识形态的偏光镜，拨开西方中心主义的遮蔽，客观地研究中国模式的真正内涵及其价值。事实上，一些西方学者也在反思，如果"中国只是创造一个成功的模式，而不把它强加给任何人，如果其他国家选择效仿中国的某些方面，任何人都没有权利反对"。而如果中国模式"可以摆脱人类的苦难，那么我们西方人没有权利反对，实际上应该鼓掌"①。

综观国外学者关于中国模式的不同观点，可以得出这样的基本判断。欧美等国研究中国模式的学者，主要从探求中国发展的内在根源、中国模式可能会对自由资本主义理念带来的冲击等方面出发，着重对中国的经济制度、政治制度进行分析，以期解开中国发展之谜。这些学者的观点主要可以分为三类。一类是中国的发展模式虽然取得了经济上的巨大成就，但还存在很多突出的问题，例如，民主、生态

---

① William H. Overholt, *China's Crisis of Success*, Cambridge University Press, 2018, p. 44.

等方面，中国模式因为这些问题的存在将难以持续，因此不会对西方的自由资本主义模式构成威胁。另一类是中国的发展模式在本质上和西方的发展模式并无二异，仅仅是"中国特色"多了一点，因此也不会对资本主义世界构成威胁。还有一类观点则认为，中国模式的成功直接构成了对自由资本主义的挑战，必须正视中国模式，这类观点实际上是宣扬了"中国模式威胁论"。同时，一些左翼学者强调中国的改革开放孵化出太多的社会问题，认为社会主义所强调的公平正义在中国模式下已经被抛弃，中国的发展已经严重偏离了社会主义的方向，中国正在进行的不是建立一种新的社会主义发展模式，而是走向资本主义的复辟。那些来自其他发展中国家的学者，则主要从探寻自己的发展模式为出发点，剖析中国模式中有哪些经验对本国的发展具有借鉴作用，他们主要分析了中国模式中"渐进式改革""强势政府""以经济建设为中心"等方面的优势。来自俄罗斯的学者则主要从比较中国与俄罗斯的不同转型道路出发，分析中国模式的优势以及俄罗斯改革与转型失败的原因，包括中国模式对当今俄罗斯发展具有哪些借鉴意义。在众多国外学者中，只有部分俄罗斯学者以及少数来自其他社会主义国家的学者认为，中国模式的成功探索为社会主义注入了生机与活力，对世界社会主义运动的复兴具有重要的推动意义。

对于中国模式的未来，国外学者给出了许多不同的答案，有的认为中国模式将不断走向完善、成熟，成为引领未来世界发展的新模式。有的则认为中国模式不可持续，在不久的将来就将走向崩溃。在我们看来，中国模式确实存在不少问题，例如，在贫富差距、生态环境、社会道德等方面都存在比较突出的问题，这些问题解决的好与坏，直接决定了中国模式的未来，毕竟单靠经济增长不可能永远"一白遮百丑"，经济社会的全面发展才是中国模式能够持续的根本保障。因此，加快政治体制改革、加大治理腐败的力度、改善生态环境，全面加强社会建设是未来我们必须努力去解决的问题。我们有理由相信，只要我们坚持以人民为中心，统筹推进"五位一体"总体布局，协调推进"四个全面"战略布局，中国社会的未来一定更美好，中国模式也将进一步得到国内外的认可。今天我们强调要树立道路自信、理论自信、制度自信、文化自信，这几种自信加起来就是对中国模式的自信，我们应该有这样的自信。

最后需要指出的是，尽管中国经济进入新常态，国外对中国模式的研究的热度有所下降，但国外学者关于中国模式的研究仍在不断深入，新的观点也不断出现，因此，我们还需要不断加强对国外学者观点的评析，从马克思主义的立场、观点和方法出发，联系中国独特的历史文化传统，构建中国模式研究的马克思主义话语体系。本书仅就近年来国外关于中国模式的不同观点做了简单的梳理和评析，由于能力所限，与最初的研究设想还有很大差距，还存在许许多多的问题，只能寄望在以后的学习和研究中能够得到解决。

参考文献

一　文献资料

《马克思恩格斯文集》第1—10卷，人民出版社2009年版。

《毛泽东文集》第1—8卷，人民出版社1993年、1996年、1999年版。

《邓小平文选》第2—3卷，人民出版社1994年、1993年版。

《江泽民文选》第1—3卷，人民出版社2006年版。

《胡锦涛文选》第1—3卷，人民出版社2016年版。

《习近平谈治国理政》第1—2卷，外文出版社2017年、2018年版。

《十二大以来重要文献选编》（上、中、下），中央文献出版社2011年版。

《十三大以来重要文献选编》（上、中、下），中央文献出版社2011年版。

《十四大以来重要文献选编》（上、中、下），中央文献出版社2011年版。

《十五大以来重要文献选编》（上、中、下），中央文献出版社2011年版。

《十六大以来重要文献选编》（上、中、下），中央文献出版社2011年版。

《十七大以来重要文献选编》（上、中、下），中央文献出版社2013年版。

《十八大以来重要文献选编》（上、中、下），中央文献出版社2014、2016、2019年版。

《十九大以来重要文献选编》（上），中央文献出版社 2019 年版。

《建国以来重要文献选编》第 1—20 册，中央文献出版社 2011 年版。

《三中全会以来重要文献选编》（上、下），中央文献出版社 2011 年版。

二　英文著作

Randall Peerenboom, *China Modernizes: Threat to the West or Model for the Rest?* New York: Oxford University Press, 2007.

Joshua Kurlantzick, *Charm Offensive: How China's Soft Power Is Transforming the World*, New Haven and London: Yale University Press, 2007.

Susan L. Shirk, *China: Fragile Superpower*, New York: Oxford University Press, 2007.

Christopher A. Mcnally, *China's Emergent Political Economy: Capitalism in the Dragon's Lair*, London: Routledge, 2008.

Mark Leonard, *What Does China Think?* London: Fourth Estate, 2008.

James Mann, *The China Fantasy: Why Capitalism Will Not Bring Democracy to China*, New York: Penguin Books, 2008.

Joseph Fewsmith, *China Since Tiananmen: From Deng Xiaoping to Hu Jintao*, New York: Cambridge University Press, 2008.

Li MinQi, *The Rise of China and the Demise of the Capitalist World – Economy*, London: Pluto Press, 2008.

Huang Yasheng, *Capitalism with Chinese Characteristics*, Cambridge: Cambridge University Press, 2008.

Eamonn Fingleton, *In the Jaws of the Dragon*, New York: Thomas Dunne Books, 2008.

Jamal S. Shrair, *The Giant Awakening: Is China Approaching True Socialism?* Boca Raton: Universal Publishers, 2000.

Robert Lawrence Kuhn, *How China's Leaders Think: The Inside Story of China's Reform and What This Means for the Future*, Singapore: John Willy & sons (Asia) Pte Ltd, 2009.

Martin Jacques, *When China Rules the World: The Rise of the Middle*

Kingdom and the End of the Western World, London: Allen Lane, 2009.

Teresa Wright, *Accepting Authoritarianism: State – Society Relations in China's Reform Era*, Stanford: Stanford University Press, 2010.

Edward S. Steinfeld, *Playing Our Game: Why China's Rise Doesn't Threaten the West*, New York: Oxford University Press, 2010.

S. Philip Hsu, *Yu – Shan Wu, Suisheng Zhao, In search of China's development model: beyond the Beijing Consensus*, New York: Routledge, 2011.

Loretta Napoleoni, *Maonomics: why Chinese communists make better capitalists than we do* (translated from the Italian by Stephen Twilley), New York: Seven Stories Press, 2011.

Johanna Bockman, *Markets in the Name of Socialism: The Left – Wing Origins of Neoliberalism*, Stanford: Stanford University Press, 2011.

Lance L. P. Gore, *The Chinese Communist Party and China's Capitalist Revolution*, Abingdon: Routledge, 2011.

Yip Kwok – Wah, *The Uniqueness of China's Development Model: 1842 – 2049*, Singapore: World Scientific publishing CO. Pte. Ltd. , 2012.

Ann Lee, *What the U. S. Can Learn from China*, Berrett – Koehler Publishers, Inc. , 2012.

Jonathan R. Woetzel, *Capitalist China: Strategies for a Revolutionized Economy*, Singapore: John Wiley and Sons (Asia) Pte Ltd, 2003.

David Runciman, *The Confidence Trap: A History of Democracy in Crisis from World War I to the Present*, Princeton and Oxford: Princeton University Press, 2013.

Joseph Fewsmith, *The Logic and Limits of Political Reform in China*, New York: Cambridge University Press, 2013.

Rowan Callick, *The Party Forever: Inside China's Modern Communist Elite*, New York: Black INC. , 2013.

James R. Gorrie, *The China Crisis: How China's Economic Collapse Will Lead to a Global Depression*, Hoboken: John Wiley & Sons, Inc. , 2013.

William Antholis, *Inside Out, India and China: Local Politics Go Global, Washington: Brookings Institution Press, 2013.

Michael Keith, Scott Lash, Jakob Arnoldi and Tyler Rooker, *China Constructing Capitalism: Economic life and urban change*, Abingdon: Routledge, 2014.

Laurence J. Brahm, *Fusion Economics: How Pragmatism Is Changing the World*, New York: Palgrave Macmillan, 2014.

Dominique de Rambures, *The China Development Model: Between the State and the Market*, New York: Palgrave Macmillan, 2015.

Daniel A. Bell, *The China Model: Political Meritocracy and the Limits of Democracy*, Princeton and Oxford: Princeton University Press, 2015.

Vinod K. Aggarwal & Sara A. Newland, *Responding to China's Rise*, London: Springer International Publishing, 2015.

Wu Yanrui, *China's Economic Growth: A miracle with Chinese characteristics*, London and New York: RoutledgeCurzon, 2004.

Lisa Toohey, Colin Picker & Jonathan Greenacre, *China in the International Economic Order: New Directions and Changing Paradigms*, New York: Cambridge University Press, 2015.

Hong Zhaohui, *The Price of China's Economic Development: Power, Capital, and the Poverty of Rights*, Lexington: The University Press of Kentucky, 2015.

Peter Hain, *Back To The Future Of Socialism*, Bristol: Policy Press, 2015.

Sangaralingam Ramesh, *China's Lessons for India: The Political Economy of Development (Volume I)*, Cham: palgrave macmillan, 2017.

Sebastian Heilmann, *China's Political System*, New York: Rowman & Littlefield, 2017.

Manoranjan Mohanty, *China's Transformation: The success story and the success trap*, New Delhi: Sage Publications, 2018.

Steven Rosefielde and Jonathan Leightner, *China's Market Communism*, New York: Routledge, 2018.

Catherine Jones, *China's Challenge to Liberal Norms*, London: Palgrave Macmillan, 2018.

Bruce Giliey, *China's Democratic Future*, New York: Columbia University Press, 2004.

Kjeld Erik Brodsgaard and Zheng Yongnian, *The Chinese Communist Party in Reform*, London and New York: Routledge, 2006.

David Harvey, *A Brief History of Neoliberalism*, Oxford University Press, 2007.

Frank S. Fang, *China Fever: Fascination, Fear, and the World's Next Superpower*, Berkeley: Stone Bridge Press, 2007.

James Kynge, *China shakes the world: A Titan's Rise and Troubled Future—and the Challenge for America*, New York: Mariner Books Press, 2007.

John Farndon, *China Rises: How China's Astonishing Growth Will Change the World*, London: Virgin Books, 2007.

三　中译本著作

[阿根廷] 吉列尔莫·奥唐奈:《现代化和官僚威权主义: 南美政治研究》, 王欢、申明民译, 北京大学出版社 2008 年版。

[澳] 马克林:《我看中国——1949 年以来中国在西方的形象》, 张勇先、吴迪译, 中国人民大学出版社 2013 年版。

[比] 约翰·思文、[美] 罗思高:《发展转型之路: 中国与东欧的不同历程》, 田士超译, 北京大学出版社 2008 年版。

[德] 弗朗克·泽林:《中国冲击: 看中国如何改变世界》, 强朝晖译, 社会科学文献出版社 2013 年版。

[德] 赫尔穆特·施密特、佛朗克·西伦:《理解中国——对话德国前总理施密特》, 梅兆荣、曹其宁、刘昌业译, 海南出版社 2009 年版。

[德] 卡尔·皮尔尼:《印度中国如何改变世界》, 陈黎译, 国际文化出版公司 2008 年版。

[法] 埃里克·伊兹拉勒维奇:《中国傲慢?——来自〈世界报〉前社长的"盛世危言"》, 范吉宏译, 中央编译出版社 2014 年版。

[法] 魏柳南:《中国的威胁?》, 王宝泉、叶寅晶译, 人民日报出版

社 2009 年版。

［法］伊兹拉莱维奇：《当中国改变世界》，姚海星等译，中信出版社 2005 年版。

［加］贝淡宁：《贤能政治：为什么尚贤制比选举民主制更适合中国》，吴万伟译，中信出版社 2016 年版。

［加］贝淡宁：《中国新儒家》，吴万伟译，徐志跃校，上海三联书店 2010 年版。

［加］马耀邦：《美国衰落——新自由主义的穷途末路》，林小芳、李冬梅、林贤剑译，当代中国出版社 2010 年版。

［美］彼得·J. 卡赞斯坦主编：《中国化与中国崛起：超越东西方的文明进程》，魏玲、韩志立、吴晓萍译，上海人民出版社 2018 年版。

［美］大卫·哈维：《新自由主义简史》，王钦译，上海译文出版社 2010 年版。

［美］方绍伟：《中国不一样》，中国发展出版社 2013 年版。

［美］弗拉季斯拉夫·祖博克：《失败的帝国：从斯大林到戈尔巴乔夫》，李晓江译，社会科学文献出版社 2014 年版。

［美］格雷厄姆·艾利森、罗伯特·D. 布莱克威尔、阿里·温尼编：《李光耀论中国与世界》，蒋宗强译，中信出版社 2013 年版。

［美］霍华德·威亚尔达主编：《非西方发展理论——地区模式与全球趋势》，董正华、昝涛、郑振清译，北京大学出版社 2006 年版。

［美］劳伦·勃兰特、托马斯·罗斯基编：《伟大的中国经济转型》，方颖、赵扬等译，格致出版社、上海人民出版社 2009 年版。

［美］李侃如：《治理中国：从革命到改革》，胡国成、赵梅译，中国社会科学出版社 2010 年版。

［美］龙安志：《世界的未来：中国模式对全球新格局的重塑》，石盼盼译，中国人民大学出版社 2017 年版。

［美］罗伯特·劳伦斯·库恩：《中国 30 年：人类社会的一次伟大变迁》，吕鹏等译，上海人民出版社 2008 年版。

［美］迈克尔·巴尔：《中国软实力：谁在害怕中国》，石竹芳译，中信出版社 2013 年版。

［美］乔纳森·安德森：《走出神话：中国不会改变世界的七个理由》，余江、黄志强译，中信出版社 2006 年版。

［美］斯蒂芬·哈尔珀：《北京说了算？中国的威权模式将如何主导二十一世纪》，王鑫、李俊宏等译，八旗文化 2010 年版。

［美］熊玠：《大国复兴：中国道路为什么如此成功》，李芳译，湖北教育出版社 2018 年版。

［美］约翰·奈斯比特、［德］多丽丝·奈斯比特：《中国大趋势：新社会的八大支柱》，魏平译，中华工商联合出版社 2009 年版。

［美］詹姆斯·R. 汤森、布兰特利·沃马克：《中国政治》，顾速、董方译，江苏人民出版社 2007 年版。

［美］战略与国际研究中心、彼得森国际经济研究所：《账簿中国——美国智库透视中国崛起》，隆国强等译，中国发展出版社 2008 年版。

［美］邹至庄：《中国经济转型》，曹祖平等译，中国人民大学出版社 2005 年版。

［匈牙利］玛利亚·乔钠蒂：《自我耗竭式演进：政党—国家体制的模型与验证》，李陈华、许敏兰译，中央编译出版社 2008 年版。

［意］洛丽塔·纳波利奥尼：《中国道路：一位西方学者眼中的中国模式》，孙豫宁译，中信出版社 2013 年版。

［意］乔万尼·阿里吉：《亚当·斯密在北京：21 世纪的谱系》，路爱国、黄平、许安结译，社会科学文献出版社 2009 年版。

［英］波特兰·罗素：《中国问题：哲学家对 80 年前的中国印象》，秦悦译，经济科学出版社 2012 年版。

［英］大卫·哈维：《新帝国主义》，初立忠、沈晓雷译，社会科学文献出版社 2009 年版。

［英］罗伯特·艾什等编：《中国观察：欧洲、日本与美国的视角》，黄彦杰译，浙江人民出版社 2013 年版。

［英］马丁·雅克：《当中国统治世界：中国的崛起和西方世界的衰落》，张莉、刘曲译，中信出版社 2010 年版。

［英］珍妮·克莱格：《中国的全球化战略——走向一个多极世界》，

葛雪蕾、洪曼、李莎译，新华出版社 2010 年版。

赵启正、[美] 约翰·奈斯比特、[奥] 多丽丝·奈斯比特：《对话中国模式》，新世界出版社 2010 年版。

四　中文著作

蔡德贵：《中国和平论——中国和平文化研究》，山东人民出版社 2007 年版。

陈家刚：《危机与未来：福山中国讲演录》，中央编译出版社 2012 年版。

陈平：《新自由主义的兴起与衰落——拉丁美洲经济改革（1973—2003）》，世界知识出版社 2008 年版。

陈文江、商艳光、赵秉前：《中国模式：中国社会年报 2009》，兰州大学出版社 2010 年版。

陈志武：《陈志武说中国经济》，山西经济出版社 2010 年版。

陈志武：《没有中国模式这回事》，八旗文化 2010 年版。

成龙：《国外中国模式研究评析》，人民出版社 2018 年版。

成龙：《海外马克思主义中国化理论研究》，广东人民出版社 2009 年版。

崔桂田：《当代社会主义发展模式比较研究》，山东人民出版社 2005 年版。

丁学良：《辩论中国模式》，社会科学文献出版社 2010 年版。

董振华等：《中国道路的成功密码》，北京联合出版有限公司 2018 年版。

董正华：《世界现代化历程（东亚卷）》，江苏人民出版社 2010 年版。

杜艳华、董慧：《中国特色社会主义现代化模式研究》，学林出版社 2008 年版。

范畴：《中国是谁的？从台北看北京》，八旗文化 2012 年版。

复旦大学发展与政策研究中心：《全球化与中国发展》，上海人民出版社 2007 年版。

谷棣、谢戎彬主编：《我们误判了中国：西方政要智囊重构对华认知》，华文出版社 2015 年版。

关海庭、吴群芳：《渐进式的超越——中俄两国转型模式的调整与深化》，北京大学出版社 2006 年版。

韩保江：《中国奇迹与中国发展模式》，四川人民出版社 2008 年版。

寒竹：《中国道路的历史基因》，上海人民出版社 2018 年版。

胡键：《角色·责任·成长路径——中国在 21 世纪的基础性战略问题》，上海人民出版社 2010 年版。

胡伟：《现代化的模式选择——中国道路与经验》，上海人民出版社 2008 年版。

黄平、崔之元：《中国与全球化：华盛顿共识还是北京共识》，社会科学文献出版社 2005 年版。

贾高建：《社会发展理论与社会发展战略》，中共中央党校出版社 2005 年版。

江金权：《中国模式研究——中国经济发展道路解析》，人民出版社 2007 年版。

景跃进等：《理解中国政治：关键词的方法》，中国社会科学出版社 2012 年版。

赖海榕等编：《海外中国研究报告（2014）》，中央编译出版社 2014 年版。

李凤华：《中国经济崛起的 10 大秘密——读懂中国模式》，中国商业出版社 2010 年版。

李建中：《中国模式：一个文明大国的复兴与崛起》，西北工业大学出版社 2010 年版。

李凯林：《中国改革的哲学解读》，高等教育出版社 2006 年版。

李慎之、何家栋：《中国的道路》，南方日报出版社 2000 年版。

林祥、郭海、章泽武、梁泳梅：《崛起的中国》，海天出版社 2010 年版。

林毅夫、姚洋主编：《中国奇迹——回顾与展望》，北京大学出版社 2009 年版。

卢正涛：《新加坡威权政治研究》，南京大学出版社 2007 年版。

吕增奎：《民主的长征：海外学者论中国政治发展》，中央编译出版社 2011 年版。

罗崇敏：《中国发展战略概论》，云南人民出版社 2007 年版。

潘世伟、黄仁伟主编：《海外中国观察》，中共中央党校出版社 2014 年版。

潘维：《中国模式——解读人民共和国的 60 年》，中央编译出版社 2009 年版。

潘维、玛雅：《人民共和国六十年与中国模式》，生活·读书·新知三联书店 2010 年版。

齐世泽：《论中国模式》，中国方正出版社 2010 年版。

沈云锁、陈先奎：《中国模式论》，人民出版社 2007 年版。

宋鲁郑：《中国能赢：中国的制度模式何以优于西方》，红旗出版社 2012 年版。

宋鲁郑：《中国能赢：中国政治自信从何而来》，红旗出版社 2015 年版。

宿景祥、齐琳：《国外著名学者政要论中国崛起》，中共中央党校出版社 2007 年版。

王辉耀：《中国模式——海外看中国崛起》，凤凰出版社 2010 年版。

王新颖：《奇迹的构建：海外学者论中国模式》，中央编译出版社 2011 年版。

吴建华：《东亚现代化与中国》，中央编译出版社 2004 年版。

吴敬琏：《中国增长模式抉择》，远东出版社 2006 年版。

萧功秦：《中国的大转型》，新星出版社 2008 年版。

辛向阳：《中国发展论》，山东人民出版社 2006 年版。

徐牧：《大变局：中国模式的崛起于西方模式的衰落》，九州出版社 2010 年版。

徐贵相：《大国策：通向大国之路的中国模式》，人民日报出版社 2009 年版。

徐贵相：《中国发展模式研究》，人民出版社 2008 年版。

阎学通、孙学峰：《中国崛起及其战略》，北京大学出版社 2005

年版。

杨宏雨：《中国特色社会主义现代化的多维审视》，学林出版社2006年版。

杨其静：《市场、政府、企业：对中国发展模式的思考》，中国人民大学出版社2010年版。

姚洋：《中国道路的世界意义》，北京大学出版社2011年版。

俞可平：《中国模式与"北京共识"——超越"华盛顿共识"》，社会科学文献出版社2006年版。

张维为：《中国震撼：一个"文明型国家"的崛起》，上海人民出版社2011年版。

张宇：《中国的转型模式：反思与创新》，经济科学出版社2006年版。

赵剑英、吴波：《论中国模式（上、下）》，中国社会科学出版社2010年版。

郑必坚：《论中国和平崛起发展新道路》，中共中央党校出版社2005年版。

郑必坚：《思考的历程——关于中国和平发展道路的由来、根据、内涵和前景》，中共中央党校出版社2006年版。

郑永年：《民主，中国如何选择》，浙江人民出版社2015年版。

郑永年：《为中国辩护》，浙江人民出版社2012年版。

郑永年：《中国的文明复兴》，东方出版社2018年版。

郑永年：《中国模式：经验与挑战》（修订版），中信出版社2015年版。

郑永年：《中国模式——经验与困局》，浙江人民出版社2010年版。

周艳辉：《增长的迷思：海外学者论中国经济发展》，中央编译出版社2011年版。

朱峰、［美］罗伯特·罗斯：《中国崛起：理论与政策的视角》，上海人民出版社2008年版。

朱佳木：《当代中国与它的发展道路》，当代中国出版社2010年版。

邹东涛：《金融危机考验中国模式（2008－2010）》，社会科学文献出版社 2010 年版。

邹东涛:《中国道路与中国模式 (1949 – 2009)》,社会科学文献出版社 2009 年版。